TOEIC®テスト
公式問題で学ぶ
ボキャブラリー

一般財団法人 国際ビジネスコミュニケーション協会

ETS, the ETS logo, PROPELL, TOEIC and TOEIC BRIDGE are registered trademarks of Educational Testing Service, Princeton, New Jersey, U.S.A., and used in Japan under license. Portions are copyrighted by Educational Testing Service and used with permission.

目 次

はじめに／本書の特長 …………………………………………… 3
本書の構成と学習方法 …………………………………………… 4

■ 覚えておきたい語句 200 ………………………… 11

■ 公式問題で学ぶ！ Part 別語句

― Listening Section より ―

Part 3「会話問題」を使った学習 ………………… 67
Part 4「説明文問題」を使った学習 …………… 149
- ▶ 電話メッセージ ………… 150
- ▶ お知らせ ………………… 162
- ▶ ニュース・ラジオ ……… 178
- ▶ トーク …………………… 190

― Reading Section より ―

Part 5「短文穴埋め問題」を使った学習 ……… 231
Part 7「読解問題」(文書) を使った学習 ……… 282
- ▶ 広告 ……………………… 284
- ▶ お知らせ ………………… 292
- ▶ ビジネス ………………… 316
- ▶ 記事 ……………………… 374

INDEX ………………………………………………………… 418

はじめに

　本書は、米国の非営利テスト機関である Educational Testing Service (以下 ETS) が制作した TOEIC®テスト公式問題を元に、文脈の中で語彙を学習するという新しいコンセプトの教材です。本書で学習することによってテスト本番に向けた準備ができ、同時にビジネスや旅行などの実生活に役立つ語彙を習得することもできます。

※ TOEIC (トーイック) とは、ETS が開発した英語のコミュニケーション能力を評価する世界共通のテスト。日本における同テストの実施・運営は、一般財団法人 国際ビジネスコミュニケーション協会が行う。

【TOEIC テストの問題形式】

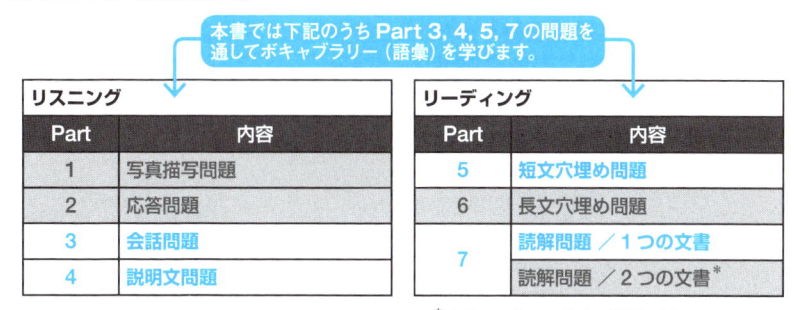

本書では下記のうち Part 3, 4, 5, 7 の問題を通してボキャブラリー(語彙)を学びます。

リスニング

Part	内容
1	写真描写問題
2	応答問題
3	会話問題
4	説明文問題

リーディング

Part	内容
5	短文穴埋め問題
6	長文穴埋め問題
7	読解問題／1つの文書
	読解問題／2つの文書*

*本書では2つの文書の問題は扱っていません。

本書の特長

ETS が制作した E メールなどの実用的な素材から語彙を学べます。

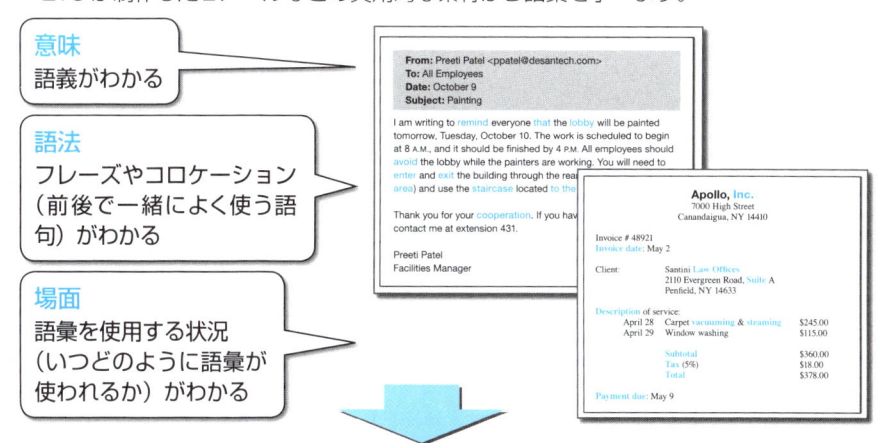

意味
語義がわかる

語法
フレーズやコロケーション(前後で一緒によく使う語句)がわかる

場面
語彙を使用する状況(いつどのように語彙が使われるか)がわかる

文脈で語彙を学ぶと理解が深まり、記憶に残りやすい。

● TOEIC®テスト形式の設問を収録。
● 音声は ETS のナレーターが録音。(Part 5、7 はリーディングセクションのため、音声はありません。)

本書の構成と学習方法

本書は語彙学習をより効果的にするために、まずは覚えておきたい 200 語句を学び、その後 Part 別に文脈で語句を学びます。

● 覚えておきたい語句 200

ETS 制作の TOEIC® テスト新公式問題集シリーズから、出現頻度の高い重要語句を、公式問題集編集部が厳選し例文を作成。実社会で役立つ語彙を学習できます。

- TOEIC テストを初めて受験する方から上級者まで必須の 200 語句。
- 例文は ETS が入念に確認して録音。音声を聴きながら、例文ごと覚えて語彙を習得しましょう。
- 目と耳で 200 語句をマスターし、p.67 からの「公式問題で学ぶ！Part 別語句（Part 3, 4, 5, 7）」での学習の基礎を固めます。

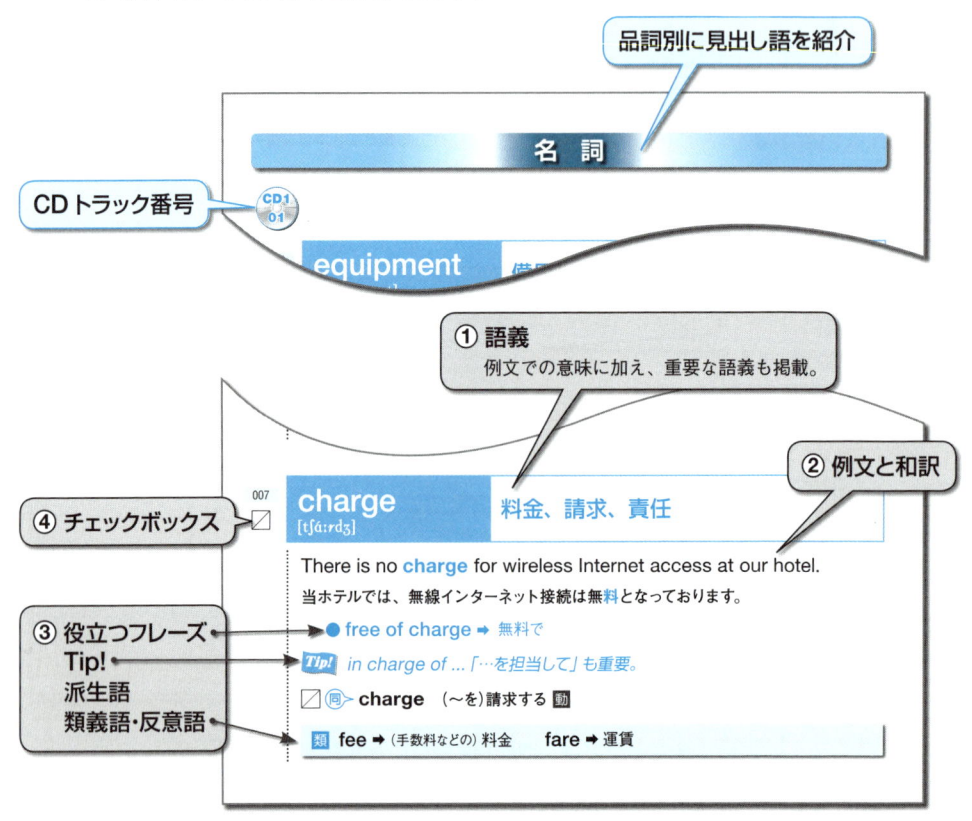

品詞別に見出し語を紹介

名　詞

CD トラック番号　CD1 01

equipment

① 語義
例文での意味に加え、重要な語義も掲載。

② 例文と和訳

007
charge　料金、請求、責任
[tʃɑ́ːrdʒ]

④ チェックボックス

There is no charge for wireless Internet access at our hotel.
当ホテルでは、無線インターネット接続は無料となっております。

③ 役立つフレーズ
Tip!
派生語
類義語・反意語

● free of charge ➡ 無料で
Tip! in charge of ... 「…を担当して」も重要。
☑ 動➤ charge　(〜を)請求する 動
類 fee ➡ (手数料などの)料金　　fare ➡ 運賃

4

【学習方法】

① **語義**を確認。
② **例文**と**和訳**を読んで文脈の中で語義を理解。
③ **役立つフレーズ**や **Tip!** を確認。**派生語**、**類義語・反意語**も併せて覚える。
④ **チェックボックス**にチェック。
⑤ 2 ページ分の語句を学習したら、見出し語の語義を隠して、語義がすぐに言えるか確認。言えなかったものは繰り返し学習する。
⑥ **CD** で音声を聞き、音読。CD には見出し語と例文の音声を収録。

本書で使われている記号の説明

● ………… 役立つフレーズ
　見出し語と一緒に使われることが多い語やフレーズを紹介。

Tip! ………… 役立つ情報
　学習者が注意すべきポイントや追加で覚えておくとよい情報等を紹介。

➡ p. XX …… XX ページを参照
　見出し語として既出の場合、前出のページを記載。

名 … 名詞　　動 … 動詞　　形 … 形容詞
副 … 副詞　　接 … 接続詞　前 … 前置詞
同 … 見出し語と同形だが異なる品詞の語（「覚えておきたい語句 200」のみ）
類 … 類義語　　反 … 反意語

〔　〕………… 前の語と交換可能　　*do* ………… 動詞の原形が入る
＜　＞……… 用法の補足説明　　　*doing* ……… 動詞の ing 形が入る
（　）………… 意味の補足

発音記号

参照用に、原則として米語音を掲載。主な発音が 2 種類以上ある場合は [prásès, próu-] のように併記。[́] が第 1 アクセント、[`] が第 2 アクセント。派生語はアクセントの位置のみ表記。研究社の「リーダーズ英和辞典」第 3 版の発音表記を主に引用しています。

以上は「公式問題で学ぶ！ Part 別語句」でも同様です。

● 公式問題で学ぶ！Part 別語句

　ETS が TOEIC テストの本番と同様に、何段階もの精査を経て制作した問題を素材に、語彙を学習します。会話や文書の文脈を通して語彙を学習することで理解が深まり、記憶に残りやすくなります。さらに、その単語が持つほかの語義も覚えることで、効率的な学習が可能です。問題を解いて正解したか不正解だったかにかかわらず、語句を学習することが英語力の強化につながります。

Part 3・4 (Listening)

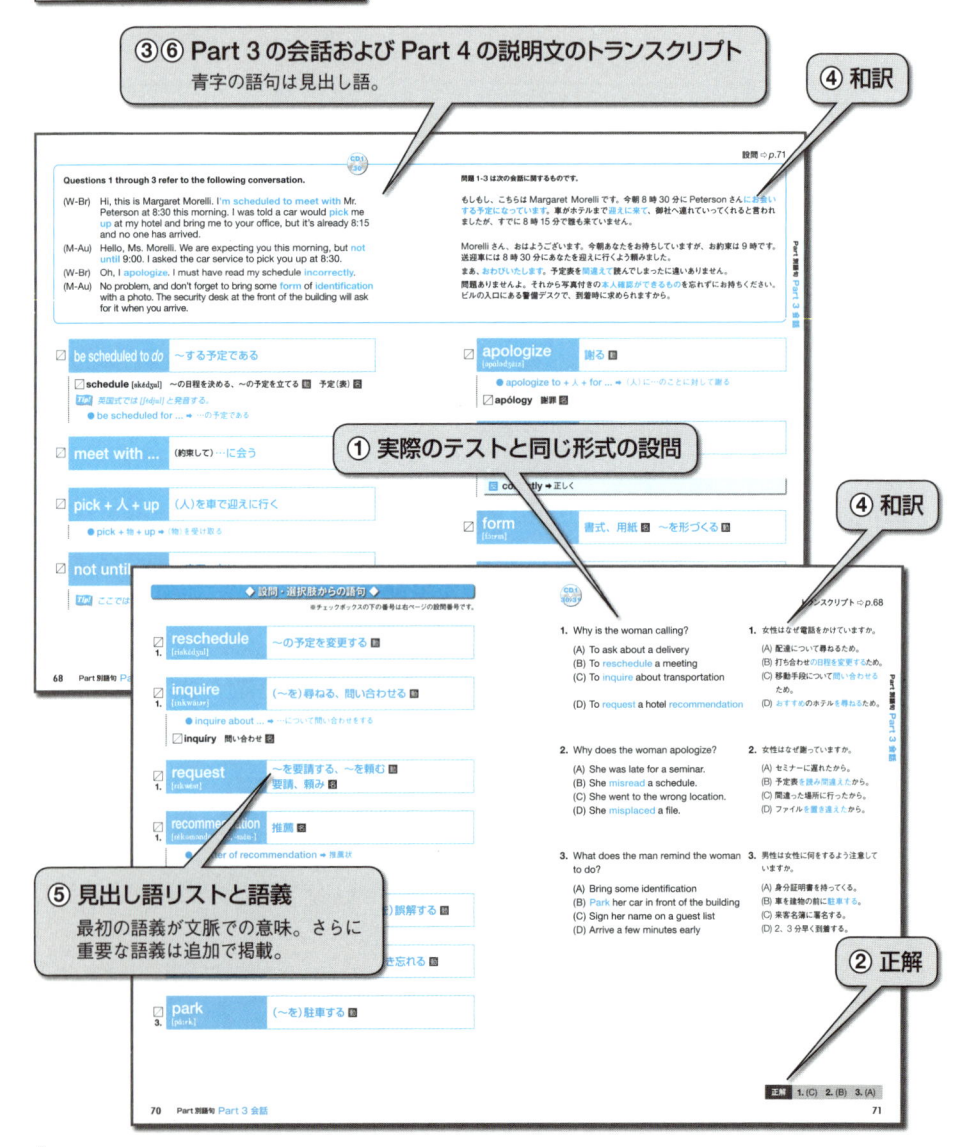

③⑥ Part 3 の会話および Part 4 の説明文のトランスクリプト
　青字の語句は見出し語。

④ 和訳

① 実際のテストと同じ形式の設問

④ 和訳

⑤ 見出し語リストと語義
　最初の語義が文脈での意味。さらに重要な語義は追加で掲載。

② 正解

【学習方法】

① トランスクリプトを見ずに、CDを聞いて設問を解く（設問はトランスクリプトの3ページ後に掲載）。その際、設問の右側の和訳と正解を隠すこと。
② 設問の正解を確認する。
③ トランスクリプトを読み、間違えた部分や聞き取れなかった部分を確認する。トランスクリプトを見てもわからない語句がある場合は、前後の文脈や背景知識から意味を推測する。
④ 必要に応じてトランスクリプトの和訳を確認する。設問と選択肢の和訳も併せて確認。
⑤ 見出し語リストのすべての語句を確認。役立つフレーズ、派生語も併せて覚え、チェックボックスにチェック。類義語や反意語、Tip! なども参考にしながら語彙の理解を深める。
⑥ トランスクリプトを見ながらもう一度CDを聞き、音読する。場面をイメージしながら目と耳で学ぶとより効果的。

最初から設問に解答するのが難しい場合は、以下の方法がおすすめです。

❶ トランスクリプトを見ながらCDで音声を聞く。
❷ 再度トランスクリプトを読む。わからない語句があっても前後の文や背景知識から推測する。
❸ 見出し語リストを確認する。
❹ CDを聞いて設問を解く（設問はトランスクリプトの3ページ後に掲載）。その際、設問の右側の和訳と正解を隠すこと。
❺ 正解を確認し、トランスクリプトの和訳および設問と選択肢の和訳も確認する。
❻ 見出し語リストのすべての単語を再度確認。派生語等も併せて覚え、チェックボックスにチェック。
❼ トランスクリプトを見ながらCDで音声を聞き、音読する。目と耳で学ぶとより効果的。

Part 3, 4 トランスクリプト中の略語

M … 男性　　W … 女性
Am … 米国の発音　　Br … 英国の発音
Cn … カナダの発音　　Au … オーストラリアの発音

Part 5 (Reading) ※ CDに音声は収録されていません。

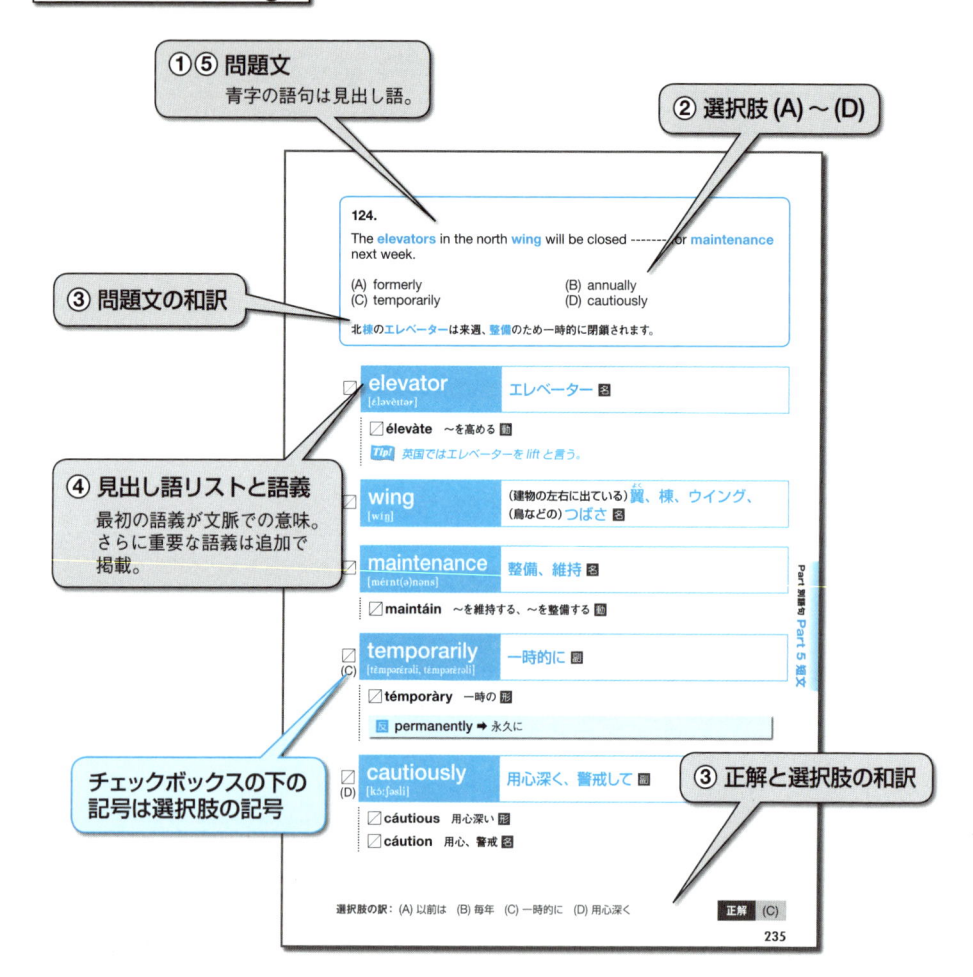

① ⑤ 問題文
　青字の語句は見出し語。

② 選択肢 (A) 〜 (D)

③ 問題文の和訳

④ 見出し語リストと語義
　最初の語義が文脈での意味。
　さらに重要な語義は追加で
　掲載。

チェックボックスの下の
記号は選択肢の記号

③ 正解と選択肢の和訳

124.
The elevators in the north wing will be closed ------- or maintenance next week.

(A) formerly　　　　　(B) annually
(C) temporarily　　　 (D) cautiously

北棟のエレベーターは来週、整備のため一時的に閉鎖されます。

☐ **elevator** [élavèitar]　エレベーター 名
☐ élevàte 〜を高める 動
Tip! 英国ではエレベーターを lift と言う。

☐ **wing** [wíŋ]　(建物の左右に出ている)翼、棟、ウイング、(鳥などの)つばさ 名

☐ **maintenance** [méint(a)nans]　整備、維持 名
☐ maintáin 〜を維持する、〜を整備する 動

☐ **temporarily** [témpərèrəli, témpərèrəli]　一時的に 副
(C)
☐ témporàry 一時の 形
反 permanently ➡ 永久に

☐ **cautiously** [kɔ́ːʃəsli]　用心深く、警戒して 副
(D)
☐ cáutious 用心深い 形
☐ cáution 用心、警戒 名

選択肢の訳：(A) 以前は (B) 毎年 (C) 一時的に (D) 用心深く

正解 (C)

235

【学習方法】

① 問題文を読む。わからない語句があっても前後の語句から意味を推測する。
② 選択肢 (A) 〜 (D) の中から解答を1つ選ぶ。
③ 一番下に掲載されている正解を確認。問題文と選択肢の和訳も確認する。
④ 見出し語リストの語句をすべて確認。派生語等も併せて覚え、チェックボックスにチェック。
⑤ 正解の語句を入れて問題文を音読する。

Part 7 (Reading)

※ CD に音声は収録されていません。

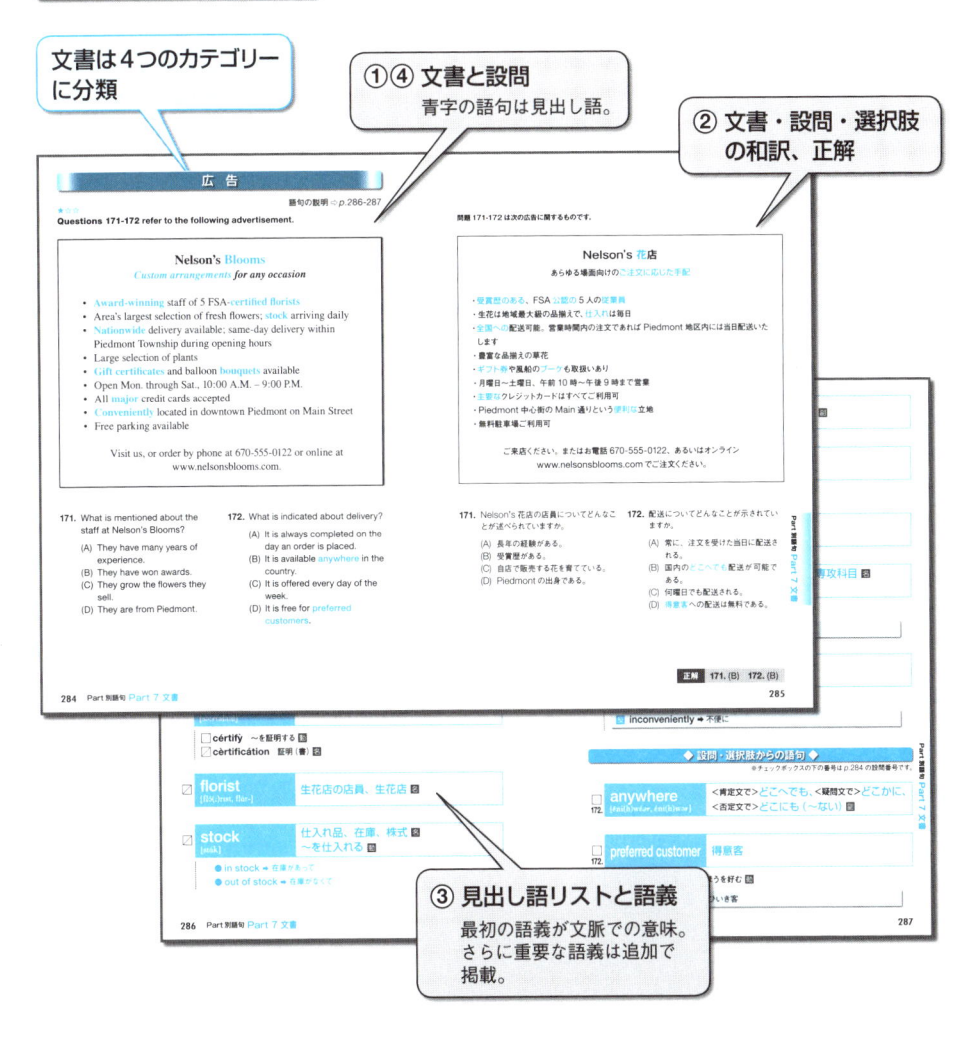

文書は4つのカテゴリーに分類

①④ 文書と設問
青字の語句は見出し語。

② 文書・設問・選択肢の和訳、正解

広告

語句の説明 ➡ p.286-287

Questions 171-172 refer to the following advertisement.

Nelson's Blooms
Custom arrangements for any occasion

- Award-winning staff of 5 FSA-certified florists
- Area's largest selection of fresh flowers; stock arriving daily
- Nationwide delivery available; same-day delivery within Piedmont Township during opening hours
- Large selection of plants
- Gift certificates and balloon bouquets available
- Open Mon. through Sat., 10:00 A.M. – 9:00 P.M.
- All major credit cards accepted
- Conveniently located in downtown Piedmont on Main Street
- Free parking available

Visit us, or order by phone at 670-555-0122 or online at www.nelsonsblooms.com.

171. What is mentioned about the staff at Nelson's Blooms?
(A) They have many years of experience.
(B) They have won awards.
(C) They grow the flowers they sell.
(D) They are from Piedmont.

172. What is indicated about delivery?
(A) It is always completed on the day an order is placed.
(B) It is available anywhere in the country.
(C) It is offered every day of the week.
(D) It is free for preferred customers.

問題 171-172 は次の広告に関するものです。

Nelson's 花店
あらゆる場面向けのご注文に応じた手配

- 受賞型のある、FSA 公認の 5 人の従業員
- 生花は地域最大級の品揃えで、仕入れは毎日
- 全国への配送可能、営業時間内の注文であれば Piedmont 地区内には当日配送いたします
- 豊富な品揃えの草花
- ギフト券や風船のブーケも取扱いあり
- 月曜日～土曜日、午前 10 時～午後 9 時まで営業
- 主要なクレジットカードはすべてご利用可
- Piedmont 中心部の Main 通りという便利な立地
- 無料駐車場ご利用可

ご来店ください、またはお電話 670-555-0122、あるいはオンライン www.nelsonsblooms.com でご注文ください。

171. Nelson's 花店の店員についてどんなことが述べられていますか。
(A) 長年の経験がある。
(B) 受賞歴がある。
(C) 自店で販売する花を育てている。
(D) Piedmont の出身である。

172. 配送についてどんなことが示されていますか。
(A) 常に、注文を受けた当日に配送される。
(B) 国内のどこへでも配送が可能である。
(C) 何曜日でも配送される。
(D) 得意客への配送は無料である。

正解 171. (B) 172. (B)

---

③ 見出し語リストと語義
最初の語義が文脈での意味。さらに重要な語義は追加で掲載。

□ certify 〜を証明する
□ certification 証明(書)

□ florist 生花店の店員、生花店
□ stock 仕入れ品、在庫、株式／〜を仕入れる
　● in stock 在庫にある
　● out of stock 在庫がなくて

□ inconveniently 不便に

◆ 設問・選択肢からの語句 ◆

□ anywhere ＜肯定文で＞どこへでも、＜疑問文で＞どこかに、＜否定文で＞どこにも［〜ない］

□ preferred customer 得意客

【学習方法】

① 文書を一度読み、設問に答える。わからない語句がある場合は、前後の文脈や背景知識から推測する。

② 正解を確認し、文書を再度読む。理解できない箇所がある場合は、文書の和訳を参考にする。設問と選択肢の和訳も併せて確認する。

③ 見出し語リストですべての語句を確認。役立つフレーズ、派生語も併せて覚え、チェックボックスにチェック。類義語や反意語、Tip! なども参考にする。

④ もう一度文書を読む。語句のコロケーションなどを意識して音読するとより効果的。

※ 各文書の左上にある★～★★★は読みやすさのレベルを表しています（★が少ないほど読みやすい）。これは本書の学習の目安として付けているもので、TOEIC®テストのデータに基づくものではありません。

◆本書を利用した応用学習法◆

さらに以下の方法でアウトプットすると、語彙が記憶に定着しやすくなります。スピーキングやライティング能力向上にも役立ちます。

- ▶ 見出し語を使って例文を作成したり、身近な物事を表現したりしてみる。
- ▶ 会話や説明文、文書の要約を作成する。
    ① 日本語で作成
    ② 英語で作成

CD について（2枚）

CD1 ➡ 「覚えておきたい語句200」と「Part 3 会話問題」 p.12-147

CD2 ➡ 「Part 4 説明文問題」 p.150-229

＜収録内容＞
覚えておきたい語句200：見出し語と例文
Part 3：会話と設問
Part 4：説明文と設問

※ CD1 は巻頭の見返しに、CD2 は巻末の見返しに添付されています。CD は傷つきやすいため、ご購入後は書籍から取り出して保管することをお勧めします。

覚えておきたい

語句200

名詞

001 equipment [ɪkwípmənt]
備品、器具、装置

The cooking school bought new pots and pans and other **equipment**.
その料理学校は、なべ類やその他の備品を新しく購入しました。

equíp ～を備え付ける、～を装備する 動

002 material [mətíəriəl]
素材、材料、資料

Who is preparing the training **materials** for the new employees?
新入社員のための研修資料を準備しているのは誰ですか。

同 **material** 物質の、物質的な 形

003 host [hóʊst]
(テレビ、ラジオの)司会者、主催者

Michael Hernandez has been the **host** of a popular talk show for years.
Michael Hernandez は長年、人気トーク番組の司会を務めています。

Tip! host は男女問わず用いられる。

同 **host** ～を主催する 動

004 issue [íʃu]
発行(物)、(雑誌などの)～号、問題(点)

I'd like to ask about an article in the latest **issue** of *Fine Arts Magazine*.
Fine Arts Magazine の最新号の記事について伺いたいのですが。

同 **issue** ～を発行する、(宣言、命令など)を出す 動

12　覚えておきたい語句 200

005 **construction** [kənstrʌ́kʃ(ə)n]　建設、建築、工事

Harper Road will be closed to traffic during construction.
工事中、Harper街道は通行止めとなるでしょう。

- construction site ➡ 建設現場
- under construction ➡ 建設中で

constrúct　～を建設する 動

006 **application** [æ̀pləkéɪʃ(ə)n]　申込(用紙)、応募、適用

Applications for Spanish classes must be handed in to the language center by the 13th.
スペイン語講座の申込用紙は、13日までに言語センターへ提出されなければなりません。

applý　申し込む、～を適用する 動

- apply for ... ➡ …に申し込む

ápplicant　応募者 名

007 **charge** [tʃɑ́ːrdʒ]　料金、請求、責任

There is no charge for wireless Internet access at our hotel.
当ホテルでは、無線インターネット接続は無料となっております。

- free of charge ➡ 無料で

Tip! in charge of ... 「…を担当して」も重要。

(同) **charge**　(～を)請求する 動

類 fee ➡ (手数料などの) 料金　　fare ➡ 運賃

覚えておきたい語句200

13

008 facility
[fəsíləti]

施設、設備

New sports **facilities**, including a swimming pool, are currently being built on the factory site.

スイミングプール併設の新しいスポーツ施設が、現在、工場の跡地に建設されているところです。

009 résumé
[rézəmèɪ, réɪ-, rèzəméɪ]

履歴書

To apply for the position of fitness instructor, please send us your **résumé** by e-mail.

フィットネスインストラクターの職に応募するには、当社にEメールで履歴書を送信してください。

Tip! アクサンテギュ（eの上の記号）を付けずに、resumeとつづることも多い。

□ **resume** [rɪzúːm] 〜を再び始める、再開する 動

010 agenda
[ədʒéndə]

議題（表）、協議事項、予定表

Have you printed out the **agenda** for tomorrow's board meeting?

明日の役員会議の議題表は印刷しましたか。

011 process
[práses, próʊ-]

過程、手順、処理

Our company runs several tests during the product development **process**.

当社では商品開発過程においていくつかのテストを行います。

□ 同 **process** 〜を処理する 動
□ **procéed** 進む、続ける 動

類 **procedure** ➡ 手順、処置

14　覚えておきたい語句200

012 discount
[dískàunt]
割引

Customers can receive a 10 percent **discount** during weekends in September.

9月の週末の間、顧客は10％の割引を受けることができます。

● discount ticket ➡ 割引券

discount 〜を割引する 動

013 participant
[pɑːrtísəp(ə)nt]
参加者

The number of **participants** in the music festival has risen compared to five years ago.

その音楽祭の参加者数は5年前に比べて増加しました。

partícipàte 参加する 動

● participate in ... ➡ …に参加する

014 property
[prápərti]
資産、不動産、所有物

The government owns many of the city's historical **properties**, such as the old city hall.

政府は旧市庁舎などその町の歴史的資産の多くを所有しています。

類 real estate ➡ 不動産

015 advertisement
[ǽdvərtáɪzmənt]

広告、宣伝
省略形は ad [ǽd]

When did you post the job **advertisement** for a computer programmer on the Web site?

いつウェブサイトにコンピュータ・プログラマーの求人広告を載せたのですか。

- **ádvertìse** 〜を広告する、広告を出す 動
- **ádvertìsing** 広告すること、<集合的に>広告 名

Tip! 英国では advértisement [ədvə́ːtəsmənt] と、アクセントと発音が異なる。また、英国では advert [ǽdvəːrt] ともいう。

016 launch
[lɔ́ːntʃ]

(新商品の) 発売、開始、立ち上げ

The **launch** of the sales campaign for the new music player is planned for March 1.

新しい音楽プレーヤーの販売キャンペーンの開始は3月1日に予定されています。

- 同 **launch** (新商品)を売り出す、〜を開始する 動

017 representative
[rèprɪzéntətɪv]

代表者、担当者

Our sales **representatives** will show you how to use the machine.

弊社の営業担当者が機械の使用方法を実演いたします。

- ● sales representative ➡ 販売代理店〔人〕、営業担当者
- 同 **representative** 代表の 形
- **rèprésént** 〜を代表する、〜を表す 動

018 fee
[fíː]

(手数料などの) 料金、報酬

A handling **fee** is included in the group tour price.

団体旅行の値段には手数料が含まれています。

- 類 fare ➡ 運賃　　charge ➡ 料金

16　覚えておきたい語句 200

019 **headquarters** [hédkwɔ̀ːrtərz] 本社、本部
省略形は hdqrs. や HQ など

Some of the branch members will be moved to the company's **headquarters** in Tokyo.
支店社員の一部は東京にある本社に異動になるでしょう。

類 main office / head office ➡ 本社

---

020 **policy** [pɑ́ləsi] 方針、規定、政策

Where can I get detailed information about your return **policy**?
御社の返品規定に関する詳細な情報はどこで手に入れられますか。

● company policy ➡ 会社の方針

---

021 **position** [pəzíʃ(ə)n] 職、職務、地位

Have you received any applications for a part-time teaching **position**?
非常勤講師の職への応募はありましたか。

同 position 〜を置く 動

類 post ➡ 職、地位

---

022 **expert** [ékspə̀ːrt] 専門家

Dr. McCain, an **expert** in child education, will make a speech at the seminar.
児童教育の専門家である McCain 博士がセミナーで演説を行います。

同 expert 専門の、熟練した 形
èxpertíse 専門知識〔技術〕名

類 specialist ➡ 専門家   professional ➡ プロ

023 option [ápʃ(ə)n] 選択(肢)

We offer a variety of **options** for each course, or you can order from the set menu.

各コースでさまざまな選択肢をご用意しており、またセットメニューからご注文いただくことも可能です。

□ **óptional** 任意の、選択の 形

類 **choice** ➡ 選択(肢)

Tip! option は choice よりやや堅い言葉。

024 strategy [strǽtədʒi] 戦略、方策

We need a sales **strategy** that focuses on our long-term goals.

長期目標に的を絞った販売戦略が必要です。

□ **stratégic** 戦略的な 形

025 view [vjúː] 眺め、視界、視野

I'd like to reserve a double room with a **view** of the ocean.

海を眺められるダブルルームを予約したいのですが。

□ 同 **view** 〜を見る、〜を調査する 動

026 business [bíznəs] 事業、企業、店舗、業務

A new nursing-care **business** will open near the community center in April.

新しい介護事業所が4月に公民館の近くに開業する予定です。

● **small businesses** ➡ 中小企業

18　覚えておきたい語句 200

027 chart
[tʃɑ́ːrt]

図表、グラフ、海図

The **chart** shows how much money we paid for raw materials.
図表は当社が原料に支払った金額を表しています。

類 table ➡ 表、一覧表

028 conference
[kɑ́nf(ə)rəns]

会議、協議会

Economic issues were discussed at last year's **conference**.
昨年の会議では経済問題が議論されました。

● conference call ➡ 電話会議

類 convention ➡ 代表者会議

029 deadline
[dédlàɪn]

締め切り

We need to hire a new employee if we are going to meet the **deadline**.
締め切りに間に合うようにするならば、新しい従業員を雇う必要があります。

● meet a deadline ➡ 締め切りに間に合う
● miss a deadline ➡ 締め切りに遅れる

類 due date ➡ 期日

030 department
[dɪpɑ́ːrtmənt]

(会社などの)部署、課、(大学の)学部

I have been working in the advertising **department** for five years.
私は5年間宣伝部で働いています。

☐ depàrtméntal 部門の 形

類 division ➡ 部門、課

031 firm [fə́ːrm]
事務所、会社

Some of my former colleagues started a new marketing **firm**.
以前の同僚の何人かが新しいマーケティング会社を設立しました。

- **firm** 堅い、堅固な 形

Tip! farm [fάːrm]「農場」との発音の違いに注意。

032 performance [pərfɔ́ːrməns]
公演、演奏、実績

Tickets for the evening dance **performance** are sold out.
夜のダンス公演のチケットは完売しました。

- **perfórm** (〜を)行う、(〜を)演じる 動

033 summary [sʌ́məri]
概要、要約

Here's a brief **summary** of Mr. Yang's presentation.
これが Yang さんのプレゼンテーションの簡単な概要です。

- **súmmarize** (〜を)要約する 動

類 outline ➡ 概要

034 task [tǽsk]
任務、仕事

Since I became a team leader, I need to handle several **tasks** at one time.
チームリーダーになったので、一度に複数の仕事を処理する必要があります。

類 duty ➡ 職務　　assignment ➡ (割り当てられた)任務

035 workshop [wə́ːrkʃɑ̀p]
講習会、研修会、ワークショップ

If you're interested in attending the photography **workshop**, please e-mail me.

写真術の講習会への参加にご興味があれば、私に E メールをお送りください。

036 contract [kɑ́ntrækt]
契約（書）

USP, Inc., signed a **contract** with us to develop new software.

USP 社は新しいソフトウェアを開発するため、当社との契約書に署名しました。
※ Inc.(incorporated の省略形)は「株式会社」を表す。

● **sign a contract** ➡ 契約書に署名する

同 **contract** （〜を）契約する 動

類 **agreement** ➡ 契約（書）

037 executive [ɪgzék(j)ətɪv]
役員、重役、経営幹部

Mr. Davidson became an **executive** of the firm in 2010.

Davidson 氏は 2010 年にその企業の役員になりました。

● **chief executive officer (CEO)** ➡ 最高経営責任者

類 **board member** ➡ 役員、重役

038 line [láɪn]
品揃え、商品（の種類）、列

Many customers will show interest in our new **line** of flavored teas.

多くのお客様が、当社のフレーバーティーの新しい品揃えに興味を示すでしょう。

同 **line** 〜を一列に並べる 動

039 reception [rɪsépʃ(ə)n]

（ホテル、会社などの）**受付、歓迎会、宴会**

Please leave your room key at **reception** when you go out.
外出される際は、受付にお部屋の鍵をお預けください。

- **recéptionist** 受付係 名
- 類 **front desk** ➡ 受付、フロントデスク

040 award [əwɔ́ːrd]

賞

The **award** is given to artists who have contributed to the music industry.
その賞は音楽産業に貢献したアーティストに与えられます。

- ● **win an award** ➡ 賞をとる
- ● **awards ceremony** ➡ 授賞式
- 同 **award** （賞など）を授与する、～を与える 動
- 類 **prize** ➡ 賞、賞品

041 brochure [brouʃúr]

パンフレット、小冊子

Where can I get a **brochure** about international group tours?
海外団体旅行のパンフレットはどこでもらえますか。

- 類 **pamphlet** ➡（薄い）小冊子

042 budget [bʌ́dʒət]

予算（案）

We have decided to cut the **budget** for advertising campaigns this year.
今年は広告キャンペーンの予算を削減することを決定しました。

覚えておきたい語句 200

043 committee [kəmíti] 委員会

Members of the planning **committee** meet once a month.
企画委員会の委員は月に一度、会議を行います。

- awards committee ➡ (賞の) 選考委員会

044 complaint [kəmpléɪnt] 苦情、不平

My duties include dealing with customer questions and **complaints**.
私の職務は、お客様からの質問や苦情に対応することを含みます。

- **compláin** 苦情を言う、不満を言う 動

Tip! 「苦情」の意味で使われている「クレーム」は和製英語。claim の正しい意味は「主張、要求」。

045 copy [kápi] 写し、～部〔冊、通〕

Could you give me a **copy** of the presentation so that I can check it?
確認できるよう、プレゼンテーションの書類を1部いただけますか。

- a copy of ... ➡ …を1部、…の写し

- 同 **copy** (～を)写す、～をコピーにとる 動
- **cópier** コピー機 名
- **phótocòpier** コピー機 名

046 laboratory [lǽb(ə)rətɔ̀ːri] 研究室、実験室

省略形は lab [lǽb]

Be sure to wear gloves when entering the **laboratory**.
実験室に入るときは必ず手袋を着用してください。

Tip! 英国では labóratory [ləbɔ́rət(ə)ri] と、アクセントと発音が異なる。

location
[loʊkéɪʃ(ə)n]

場所、所在地

The tour covers most of the best-known **locations** in the city.
そのツアーは市内の最もよく知られた場所のほとんどを網羅しています。

- **lócàte** 〜を置く、〜(の場所)を捜しあてる 動
  - ● be located ➡ 位置する

management
[mǽnɪdʒmənt]

管理、経営(陣)、取り扱い

Is Maria in charge of project **management**?
プロジェクトの管理を担当しているのは Maria ですか。

- **mánage** 〜を管理する、〜を経営する、何とかする 動
- **mánager** 管理者、経営者 名
- **mànagérial** 管理の、経営の 形

paperwork
[péɪpərwə̀ːrk]

事務書類、事務処理

Please hand in the completed **paperwork** to your manager by next Friday.
次の金曜日までに、完成させた事務書類を上長に提出してください。

amount
[əmáʊnt]

(金)額、量、総額

The total **amount** of your monthly car payment will be $200.
あなたの月々の車の支払いは、計 200 ドルになります。

- 同 **amount** 総計〜に達する 動

051 exhibit
[ɪgzíbət]

展示、展示品、展示会

Can I see the special **exhibit** of African art with this ticket?
このチケットでアフリカ美術の特別展示を見ることはできますか。

- 同 **exhibit** 〜を展示する 動
- **èxhibítion** 展示品、展覧会 名

類 **display** ➡ 展示、陳列

052 furniture
[fə́ːrnɪtʃər]

家具

This product helps you move big pieces of **furniture** such as desks and bookcases.
この製品は机や本棚のような大きな家具を動かすのに役立ちます。

- **fúrnished** 家具付きの 形
- **fúrnish** 〜に家具を備え付ける 動

Tip! furniture は不可算名詞。数える時は *a piece of ..., two pieces of ...* のように使う。

053 individual
[ìndəvídʒ(u)əl]

個人

I'm happy to be working in this department with highly motivated **individuals**.
この部署で意欲の高い人々と働くことができてうれしいです。

- 同 **individual** 個別の、個人的な 形
- **indivídually** 個々に 副
- **indivídualize** 〜に個性〔特色〕を与える 動

054 instruction
[ɪnstrʌ́kʃ(ə)n]

教えること、<複数形で>指示、説明書

Please read the **instructions** before setting up the printer.
プリンターを設置する前に、説明書を読んでください。

- **instrúct** ～に教える、～に指示する 動
- **instrúctor** 講師、インストラクター 名

類 **direction** ➡ <複数形で> 指示、説明（書）

055 preparation
[prèpəréɪʃ(ə)n]

準備

Have you reserved a room and made other **preparations** for tomorrow's meeting?
明日の会議のための部屋の予約と、その他の準備は終わりましたか。

- **prepáre** (～を)準備する 動
  - prepare A for B ➡ B のために A を準備する

類 **arrangement** ➡ <複数形で> 準備、手配

056 attention
[ətɛ́nʃ(ə)n]

注意、配慮

Employees must pay special **attention** to the careful handling of this material.
従業員はこの素材を慎重に取り扱うことに特別な注意を払わなければなりません。

- pay attention to ... ➡ …に注意を払う

057 career
[kəríər]

職業、経歴、キャリア

George Lee will leave our company today after a 14-year **career** in marketing.
George Lee は 14 年間にわたるマーケティングのキャリアを積み、本日当社を退職します。

058 colleague [kɑ́líg] 同僚

Miguel will bring his **colleagues** from his division to the party on Friday.

Miguelは金曜のパーティーに、同じ部署の同僚を連れてきます。

類 **coworker** ➡ 同僚　　**associate** ➡ 仕事仲間

059 comfort [kʌ́mfərt] 快適さ、心地よさ

The new line of dresses was designed for both **comfort** and beauty.

新しいドレスのコレクションは、快適さと美しさの両方を求めてデザインされました。

同 **comfort** ～を快適にする 動
cómfortable 快適な、心地よい 形

060 community [kəmjúːnəti] 地域社会、共同体

The library plays an important role in this **community**.

図書館は、この地域社会において重要な役割を果たしています。

061 coupon [kúːpɑ̀n] クーポン、割引券

You can exchange this **coupon** for a soft drink in the cafeteria.

このクーポンはカフェテリアでソフトドリンクと交換できます。

類 **voucher** ➡ 引換券、割引券

062 customer
[kʌ́stəmər]

顧客

This AX car model is popular among many of our **customers** who drive to work.

この AX 型の車は、車で通勤している当社の多くの顧客の間で人気があります。

- **customer support** ➡ 顧客サポート
- **loyal customer** ➡ ひいき客

☐ **cústomìze**　〜をカスタマイズする、〜を注文に応じて作る 動

類 **client** ➡ 顧客、クライアント

063 departure
[dɪpáːrtʃər]

出発（便）

Please let us know where you are traveling to and the date of your **departure**.

どこへ旅行に行くのかと、出発日を知らせてください。

☐ **depárt**　出発する 動

反 **arrival** ➡ 到着（便）

064 direction
[dərékʃ(ə)n, daɪ-]

方向、指揮、
＜複数形で＞道順、指示、説明（書）

Could you give me **directions** to the Eiffel Tower from the hotel?

ホテルからエッフェル塔までの道順を教えていただけますか。

☐ **diréct**　（〜を）指揮する、（〜に）指示する 動

☐ **diréctor**　管理者、重役、監督 名

類 **instruction** ➡ ＜複数形で＞ 指示、説明書

065 feedback
[fíːdbæk]

感想、意見、評価

I will give you my **feedback** after looking at your project plans.

あなたのプロジェクト案を見てから、私の意見を伝えます。

066 figure
[fíɡjər, -ɡər]

数字、(総額を表して)高

We are happy to report that the company's sales **figures** have continued to rise this year.
我が社の売上高が今年上昇し続けたことを報告できて、うれしく思います。

同 figure ～を計算する 動

067 foundation
[faʊndéɪʃ(ə)n]

創設、財団、基金、基礎

This concert is supported by several cultural **foundations** and other non-profit organizations.
このコンサートは複数の文化財団とその他の非営利組織によって後援されています。

fóund ～を設立する 動

068 institution
[ìnstət(j)úːʃ(ə)n]

機関、施設、設立

Hunter Law School is a well respected educational **institution**.
Hunter 法科大学院は大変評判のよい教育機関です。

類 institute ➡ 研究所、学会

069 item
[áɪtəm]

品物、品目

All of the **items** in the showcase are on sale at 20 percent off.
陳列棚のすべての品物は 20％割引で販売中です。

070 judge [dʒʌ́dʒ]
審査員、判断を下す人

Pamela's performance was highly praised by the **judges** of the contest.
Pamela の演奏はコンテストの審査員から高く評価されました。

- **judge** (〜の)審査をする、(〜を)判断する 動
- **júdgment** 審査、判断 名

071 notice [nóutəs]
お知らせ、予告、通知

I hope that this late **notice** of my arrival does not cause you any inconvenience.
私の到着を知らせるのが遅れたことで、ご不便をおかけしなければよいのですが。

- **notice** 〜に気がつく、(〜に)注意する 動
- **nótify** 〜に通知する 動

類 **announcement** ➡ 告知、通知

072 passenger [pǽs(ə)ndʒər]
乗客

Passengers going to the airport, please transfer at the next station.
空港へ行かれる乗客の方は、次の駅でお乗り換えください。

073 patient [péɪʃ(ə)nt]
患者

Dr. Sato does not see **patients** in his clinic after 4:00 P.M.
Sato 医師は、午後 4 時以降は診療所で患者の診察をしません。

- **patient** 忍耐強い 形

074 **quarter** [kwɔ́ːrtər] 四半期、4分の1

We are planning to open ten stores in South America during the first quarter of next year.
来年の第1四半期に、南米で10店舗を開店する予定です。

- **quárterly** 四半期ごとの、季刊の 形　季刊で 副　季刊誌 名

075 **revision** [rɪvíʒ(ə)n] 改訂（版）、修正

A revision of the construction guidelines has recently been released.
建築指針の改訂版が最近公表されました。

● make revisions to ... ➡ …に修正を加える

- **revíse** 〜を見直す、〜を修正する 動
- **revísed** 改訂された 形

076 **transportation** [trænspərtéɪʃ(ə)n] 交通手段、輸送機関

I'll make arrangements for transportation to the airport.
空港までの交通手段を手配します。

● public transportation ➡ 公共交通機関

- **transpórt** 〜を輸送する、〜を運ぶ 動

動詞

077 feature
[fíːtʃər]

～を特集する、～を目玉〔呼び物〕にする

The gallery's exhibit **features** famous European artists.
その画廊の展示では有名なヨーロッパの画家を特集しています。

- **feature** 特徴、機能、呼び物 名

078 review
[rɪvjúː]

～を見直す、～を(再)検討する、～を批評する

We must all **review** the financial statement carefully to check for possible errors.
起こりうる間違いをチェックするために、財務表をすべて注意深く見直さなければなりません。

- **review** 再検討、批評 名
- **revíewer** 批評する人 名

079 update
[ʌpdéɪt]

～を更新する、～を最新のものにする

Please **update** the document with the latest information by the end of the week.
週末までにその文書を最新の情報に更新してください。

- **úpdàte** 最新情報、更新 名
- **ùpdáted** 更新された、最新の 形

080 complete [kəmplíːt] ～を完了する、～を完成させる

I will **complete** my sales report by 5:00 P.M. today.
今日の午後5時までに売上報告書を仕上げる予定です。

- **complete** 完全な、全部そろった 形
- **complétely** 完全に、すっかり 副
- **complétion** 完了 名

類 finish ➡ ～を終える　finalize ➡ ～を仕上げる

081 submit [səbmít] ～を提出する、～を投稿する

Have you **submitted** your time sheet for this month to your manager?
今月の勤務表を上長に提出しましたか。

- **submíssion** 提出(物)、投稿(物) 名

類 hand in ... ➡ …を提出する

082 install [ɪnstɔ́ːl] ～を設置する

I had a new air conditioner **installed** in my bedroom window.
寝室の窓に新しい空調を設置してもらいました。

- **ìnstallátion** 設置、(取り付けられた)設備 名

083 purchase [pə́ːrtʃəs] ～を購入する

Can I **purchase** discount tickets for tomorrow's show, or are they still full price?
明日のショーの割引券を購入できますか、それともまだ正規の値段のままですか。

- **purchase** 購入(品) 名

084 recommend [rèkəménd]
〜を推薦する

I have eaten here before, and I **recommend** that you try the seafood dish.
以前ここで食事をしたことがあり、シーフード料理を試してみるよう**お薦めします**。

☐ **rècommendátion** 推薦(状) 名

085 replace [rɪpléɪs]
〜を交換する、〜に取って代わる

I'd like you to **replace** the broken parts of my bicycle with new ones.
私の自転車の壊れた部品を新しいものと**交換して**いただきたいのですが。

● replace A with B ➡ A を B と取り換える

☐ **replácement** 取り換え、交換(品) 名

類 exchange ➡ (〜を)交換する

086 fill [fíl]
〜を満たす、満ちる

After you **fill** out the form, please send it back to us.
書類に**記入**後、弊社までご返送ください。

● fill out ➡ (書類など)に記入する

087 attend [əténd]
〜に出席する、〜に参加する

I'll ask Rory to **attend** our team meeting tomorrow.
Rory に明日のチーム会議**に出席する**ように頼みます。

☐ **atténdance** 出席、出席者(数) 名
☐ **attèndée** 出席者 名

088 register [rédʒəstər]

(〜を)登録する

You need to **register** in advance to join the museum tour because numbers are limited.
博物館の見学ツアーは人数が限られているため、参加するには事前に登録する必要があります。

- **règistrátion** 登録 名

類 **sign up for ...** ➡ …を登録する　**enroll** ➡ （〜を）登録する

089 note [nóut]

〜に注意する、〜に言及する、〜を書きとめる

Please **note** that this PC is for office use only.
このパソコンは社内での使用に限られることに注意してください。

- 同 **note** 注記、メモ、(短い)手紙 名
- **nóted** 有名な、著名な 形
- **nótable** 注目すべき、有名な 形

090 offer [ɔ́(ː)fər, áf-]

〜を提供する、〜と申し出る

Mr. Kim **offered** to give us a ride to the factory.
Kim さんは我々を工場まで車で送ると申し出ました。

- 同 **offer** 提供、申し出 名

類 **provide** ➡ 〜を提供する

091 repair [rɪpéər]
(〜を)修理する

My computer is broken and needs to be **repaired** as soon as possible.
私のコンピュータは壊れていて、できる限り早く修理する必要があります。

- 同 **repair** 修理 名
  - 類 **fix / mend** ➡ 〜を修理する　　**restore** ➡ 〜を修復する

092 schedule [skédʒul]
〜の日程を決める、〜の予定を立てる

Could you let me know when you're free, so we can **schedule** a meeting?
あなたの空いている時間をお知らせいただけますか。そして打ち合わせの日程を決めましょう。

- ● **be scheduled to** *do* ➡ 〜する予定である
- ● **be scheduled for ...** ➡ …の予定である
- 同 **schedule** 予定（表）名

093 accommodate [əkámədèɪt]
〜を収容する、〜を適応させる

I'd like to book a room that can **accommodate** up to 500 people.
最大で 500 名収容できる部屋を予約したいのですが。

- **accòmmodátion** 宿泊施設 名
- **accómmodàting** 親切な、人当たりのよい 形

094 exceed [ɪksíːd]
超過する、〜を超える

We can't accept online orders **exceeding** $1,000.
1,000 ドルを超えるオンラインでのご注文は承ることができません。

- **excéss** 超過、過度 名
- **excéssive** 過度の、極端な 形

覚えておきたい語句 200

095 provide [prəváɪd]
〜を提供する

In order to **provide** customers with the best service, Jones Corporation hires only experienced programmers.
お客様に最高のサービス**を提供する**ために、Jones 社は経験のあるプログラマーしか雇いません。

- provide + 人 + with ... ➡ （人）に…を提供する

類 **supply** ➡ 〜を供給する　　**offer** ➡ 〜を提供する

096 arrange [əréɪndʒ]
〜を整理する、〜をきちんと並べる、〜を調整する

Books and magazines are **arranged** on the shelf in the corner.
本や雑誌が隅の棚に**きちんと並べ**られています。

☐ **arrángement**　整頓、配置 名

097 encourage [ɪnkə́ːrɪdʒ, en-, -kʌ́r-]
〜を勧める、〜を促す

People who plan to go to the gym daily are **encouraged** to buy the premium membership.
毎日ジムに通う予定の方は、プレミアム会員権を購入するように**勧め**られます。

☐ **encóuragement**　奨励、促進 名

098 last [lǽst]
続く、持ちこたえる

The effects of this medicine will **last** for 12 hours.
この薬の効き目は 12 時間**続く**でしょう。

> Tip! last には形容詞で「すぐ前の、最後の」という意味もあるので混同しないように注意。

類 **continue** ➡ 続く

099 post [póust]
~を掲示する、（インターネットなどに）~を載せる

This article was **posted** on the Web site by the managing editor.
当記事は編集長によってウェブサイトに掲載されました。

100 reduce [rɪd(j)úːs]
（価格など）を下げる、~を減らす、減少する

By ordering a larger amount of beef, you can **reduce** the price of hamburgers.
より大量の牛肉を注文することで、ハンバーガーの価格を下げることができます。

☐ **redúction** 割引、削減 名

類 **decrease** ➡ ~を減らす、減る　　**lower** ➡ ~を下げる、下がる

101 allow [əláu]
~を許す、~を認める

The larger budget **allowed** us to hire more people.
多額の予算があったおかげで、より多くの人員を雇うことができました。

● allow ＋人＋ to do ➡ （人）が~するのを可能にする、（人）が~するのを許す

類 **permit** ➡ ~を許す

102 announce [ənáuns]
~を発表する、~を知らせる

The committee has **announced** the change in working conditions to the company's staff.
委員会は社員に勤務条件の変更を発表しました。

☐ **annóuncement** お知らせ 名
☐ **annóuncer** アナウンサー 名

103 focus [fóukəs] ～の焦点を合わせる、焦点が合う

In order to succeed in the Internet industry, we need to **focus** on meeting deadlines.
インターネット産業で成功するために、我々は締め切りを守ることに集中する必要があります。

- focus on ... ➡ …に焦点を合わせる、…に集中する

同 **focus** 焦点、中心 名

104 supply [səpláɪ] ～を供給する、～を提供する

Could you check the data **supplied** to us by the marketing research firm?
市場調査会社から我々に提供されたデータを確認していただけますか。

- supply ... to +人 ➡ （人）に…を供給する
- supply +人+ with ... ➡ （人）に…を供給する

同 **supply** 供給、＜複数形で＞備品、必需品 名

- office supplies ➡ 事務用消耗品

supplíer 供給業者 名

105 transfer [trænsfə́ːr] ～を転勤させる、移動する、転勤する

James was **transferred** from the branch office to the company headquarters.
James は支社から本社に転勤しました。

同 **tránsfèr** 転勤、移動 名

106 enclose
[ɪnklóuz, ɛn-]
〜を同封する、〜を囲む

With this letter, I have **enclosed** a copy of the contract for you to sign.
この手紙に、署名していただきたい契約書を1部同封しています。

- **enclósed** 同封された 形
  - ● Enclosed is ... ➡ …が同封されている
- **enclósure** 封入物 名

107 estimate
[éstəmèɪt]
〜を見積もる、〜を推測する、〜を評価する

Although we can't be sure, we **estimate** that the population of the city will reach 100,000 within five years.
定かではありませんが、我々は市の人口が5年以内に10万人に達すると予測しています。

- 同 **éstimate** 見積もり、評価 名

108 list
[líst]
(名簿などに)〜を載せる、〜を列挙する

Our products are **listed** in this catalog in alphabetical order.
弊社の商品はこのカタログにアルファベット順で記載されています。

- 同 **list** 表、リスト 名

109 postpone
[poʊs(t)póʊn]
〜を延期する

Would you mind if I **postpone** our meeting till next week?
打ち合わせを来週に延期しても差し支えないでしょうか。

- 類 put off ... ➡ …を延期する

110 promote [prəmóut]
~を促進する、~を宣伝販売する、~を昇進させる

One of my colleagues has been **promoted** to sales manager.
同僚の1人が営業部長に昇進しました。

- **promótion** 販売促進、昇進 名
- **promótional** 販売促進の 形

111 reach [ríːtʃ]
(電話などで)~と連絡を取る、~に到着する

You can **reach** me more easily if you call my mobile phone.
私の携帯電話にかけていただければ、より連絡がつきやすいです。

類 contact ➡ ~に連絡する

112 require [rɪkwáɪər]
~を必要とする、~を要求する

The position **requires** strong communication skills because you will work with clients.
その職務は顧客と接しながら仕事をするため、高いコミュニケーション能力を必要とします。

● be required to *do* ➡ ~することを必要とされる

- **requírement** 必要品、必要条件 名

113 suppose [səpóuz]
~と思う、(~と)推測する

I **suppose** that IPE, Inc., is also trying to lower their prices.
IPE社も価格を下げようとしているのだと思います。

● be supposed to *do* ➡ ~することになっている

114 adjust [ədʒʌ́st] ～を調整する、(～に)順応する

I'll **adjust** my schedule according to how the art project goes.
美術プロジェクトの進捗状況に合わせて自分の予定を調整するつもりです。

□ **adjústment** 調整、適応 名

類 adapt ➡ ～を適合させる、順応する

115 follow [fálou] ～に続く、～に従う

The interns should **follow** the instructions given by their team leaders.
研修生は、チームリーダーから与えられた指示に従うべきです。

□ **fóllowing** 次の、下記の 形

116 handle [hǽndl] ～を扱う、～に対処する

The public relations office **handles** requests from the press.
広報課はメディアからの要望に対処します。

□ 同 **handle** 取っ手、ハンドル 名

類 deal with ... ➡ …に対処する

117 increase [ɪnkríːs, ínkriːs]
～を増やす、増える

The number of overseas tourists **increased** by 15 percent this summer.
この夏の海外旅行者数は 15%増えました。

- **íncrèase** 増加 名
- **incréased** 増加した 形
- **incréasingly** ますます、だんだん 副

反 decrease ➡ ～を減らす、減る

118 mail [méɪl]
～を郵送する

The bills from the power company are **mailed** at the end of every month.
毎月月末に電力会社から請求書が郵送されてきます。

- ● mailing address ➡ 郵送先住所
- 同 **mail** 郵便 名

Tip! 英国では mail の代わりに post が「～を郵送する、～をポストに入れる」という意味で用いられることもある。

119 confirm [kənfə́ːrm]
～を確認する、～を承認する

I'm calling to **confirm** my appointment with Mr. Okuda at 3 P.M. tomorrow.
Okuda さんとの明日の午後 3 時の約束を確認するためにお電話を差し上げています。

- **cònfirmátion** 確認(書) 名

120 consider [kənsídər]
(～を)よく考える、～とみなす

If you are **considering** entering a new market, we can assist you in many ways.

新しい市場への参入を検討されているのでしたら、弊社がさまざまな方法でお手伝いできます。

- **considerátion** 考慮、思いやり 名

121 double [dʌ́b(ə)l]
～を2倍にする、2倍になる

Sales of Star Chocolate have **doubled** because of magazine advertisements.

Starチョコレートの売上は、雑誌の広告のおかげで2倍になりました。

- 同 **double** 2倍の 形 2倍 名

122 guarantee [gæ̀r(ə)ntíː]
～を保証する

We **guarantee** that you will lose extra fat with this exercise belt.

このエクササイズ・ベルトで、余分な脂肪を落とせると保証いたします。

- 同 **guarantee** 保証、保証人 名

123 hire [háɪər]
～を雇う

How is the new consultant you recently **hired**?

あなたたちが最近雇った新しいコンサルタントの調子はどうですか。

- 同 **hire** （新入）社員、雇用 名
- **híring** 雇用 名

類 **employ** ➡ ～を雇う　**recruit** ➡ ～を採用する

124 improve
[ɪmprúːv]

～を改善する、～を向上させる、進歩する

The company introduced the latest equipment to improve productivity.

会社は生産性を向上させるため、最新の機器を導入しました。

□ **impróvement** 改良(点)、向上 名

125 maintain
[meɪntéɪn, mən-]

～を維持する、～を保守する

Getting proper exercise such as yoga and jogging will help you to maintain good physical health.

ヨガやジョギングなどの適度な運動は、身体の健康を保つのに役立つでしょう。

□ **máintenance** 保守、整備 名

126 obtain
[əbtéɪn]

～を得る、～を手に入れる

You must obtain permission from the manager to access the database.

データベースにアクセスするには、部長から許可を得なければなりません。

127 operate
[ɑ́p(ə)rèɪt]

(交通機関が)運行する、(機械が)作動する、～を操作する

At the end of the year, the Central Line operates on a special schedule.

年末、Central 線は特別スケジュールで運行します。

□ **òperátion** 操作、作業 名
□ **óperàtor** 操作者 名

128 remind [rɪmáɪnd]
〜を思い出させる、〜に気づかせる

This is a notice to **remind** you of tomorrow's welcome party.
これは明日、歓迎会があることを思い出してもらうためのお知らせです。

● remind + 人 + of ... ➡ (人)に…を思い出させる

remínder リマインダー、思い出させるための注意 名

129 share [ʃéər]
〜を共有する

Thank you for **sharing** your ideas with us at the recent meeting.
先日の会議で、あなたのアイディアを私たちと共有してくれてありがとうございます。

● share ... with + 人 ➡ (人)と…を共有する

同 **share** 分け前、割り当て 名

130 ship [ʃíp]
〜を発送する、〜を出荷する

We will **ship** your order within 7 days of receiving payment.
お支払いいただいてから7日以内にご注文の品を発送いたします。

shípment 出荷(品)、発送(品) 名
shípping 発送 名

131 achieve [ətʃíːv]
〜を達成する

Michael's continuous efforts have led him to **achieve** his goal.
Michaelのたゆまぬ努力が自身の目標の達成につながりました。

achíevement 業績、偉業 名

類 **accomplish** ➡ 〜を成し遂げる

46　覚えておきたい語句 200

132 affect
[əfékt, æ-]
〜に影響を及ぼす

The bad weather will **affect** the quality of this year's oranges.
悪天候が今年のオレンジの品質に影響するでしょう。

類 influence ➡ 〜に影響を及ぼす

133 refer
[rifə́ːr]
（〜を）参照する、言及する

For details, please **refer** to the attached document.
詳細は添付書類をご参照ください。

● refer to ... ➡ …を参照する、…に言及する

□ **réference** 参照、言及、推薦状 名

134 respond
[rispánd]
（〜と）答える、反応する

We will **respond** to your request as soon as possible.
我々はできるだけ早くお客様のご要望にお答えいたします。

● respond to ... ➡ …に反応する、…に返事をする

□ **respónse** 返事、反応 名
□ **respóndent** 応答者 名

類 reply ➡ （〜と）答える

135 result
[rizʌ́lt]
（〜という結果に）終わる

A weight loss plan can **result** in failure if you continue to eat sugar.
減量計画は、糖分をとり続けると失敗に終わる可能性があります。

● result in ... ➡ …という結果になる、…に終わる

□ 同 **result** 結果 名

136 seem [síːm] ～のように思われる

I've had a quick look at your plan, and your project proposal **seems** realistic in terms of scheduling.

プランをざっと見せていただいたところ、あなたの企画案はスケジュールの点では現実的**のように思われます**。

● seem to *do* ➡ ～するように思われる

137 extend [ɪksténd] ～を延長する、伸びる

Would it be possible for you to **extend** the deadline till next Monday?

期限を次の月曜日に延長していただくことは可能でしょうか。

- **exténsion** 延長、内線（番号）名
- **exténsive** 広範囲にわたる 形
- **exténded** （期間を）延長した、長期の 形

138 fit [fít] （時間・空間などに）～をうまく入れる、～に納める

I'm afraid we are fully booked, and we can't **fit** you in this afternoon.

あいにく予約が一杯で、本日の午後は時間をお取りすることができません。

- 同 **fit** 適当な、ふさわしい 形
- **fítting** 合わせること、調整 名

139 impress [ímprés]
～を感動させる、～に印象を与える

My boss was **impressed** with your wonderful presentation at the medical conference.

私の上司は、医学会議でのあなたの素晴らしいプレゼンテーションに感動いたしました。

- be impressed by〔with〕... ➡ …に感動する

- **impréssion** 印象 名
- **impréssive** 印象的な 形

140 inform [ɪnfɔ́ːrm]
～に知らせる、～に通知する

This e-mail is to **inform** club members of the date of our next sports event.

この E メールは、当クラブの会員に次回のスポーツイベントの日程についてお知らせするものです。

- inform + 人 + of ... ➡ （人）に…を知らせる

- **infórmative** 情報を与える、有益な 形
- **informátional** 情報の、情報を提供する 形

類 **notify** ➡ ～に通知する

141 organize [ɔ́ːrɡənàɪz]
(催しなど)を準備する、～を整理する、～を組織する

Would you like to help me **organize** the company picnic this year?

今年、私が会社の野外親睦会を準備するのを手伝っていただけますか。

- **órganìzer** 主催者 名
- **órganìzed** 整った 形
- **òrganizátion** 組織、団体 名

142 own [óun] 〜を所有する

The building is **owned** by BOC Ltd., and we rent it from them.
そのビルは BOC 社によって**所有され**ており、当社が借りています。

※ Ltd.(limited の省略形)は「有限会社、株式会社」を表す。

- 同 **own** 自分自身の 形
- **ówner** 所有者 名

類 **possess** ➡ 〜を所有する

143 produce [prəd(j)úːs, prou-] (〜を)製造する、(〜を)生産する

These panels help to **produce** energy from sunlight.
これらのパネルは日光からエネルギー**を作り出す**助けをします。

- **prodúcer** 製造者、生産者 名
- **próduct** 製品、(工業)生産物 名
- **prodúction** 製造、生産 名

144 vary [véəri] 変わる、〜を変える

Ticket prices **vary**, depending on which seats you choose.
お選びになる席によってチケットの値段は**異なります**。

- **várious** さまざまな 形
- **váried** さまざまな、変化に富んだ 形
- **váriable** 変わりやすい 形
- **varíety** 変化、多様性 名

覚えておきたい語句 200

145 book [búk] ～を予約する

Can you **book** a direct flight to Vancouver for me?
私のためにバンクーバーまでの直行便を予約してくれませんか。

- **bóoking** 予約 名
- 類 reserve ➡ ～を予約する

146 check [tʃék] (～を)確認する、調べる

I will **check** with my boss about the number of catalogs to print before I place an order.
発注する前に、印刷するカタログの数を上司と相談するつもりです。

- ● check with ... ➡ …と相談する、…に問い合わせる
- 同 **check** 検査、照合、小切手 名

147 communicate [kəmjúːnəkèɪt] ～を伝える、連絡を取り合う

Even if you move overseas, we can still **communicate** by e-mail.
あなたが海外に引っ越しても、変わらず E メールで連絡を取り合うことができます。

- **commùnicátion** 意思疎通、伝達 名

148 deliver [dɪlívər] ～を配達する、～を伝える、(演説など)をする

Any items you order today will be **delivered** within five business days.
本日ご注文の品物はいずれも、5 営業日以内に配達されます。

- **delívery** 配達(物) 名

149 evaluate
[ɪvǽljuèɪt]

〜を評価する

After **evaluating** your performance, we have decided to raise your salary.

あなたの業績を評価した上で、あなたの給与を上げることを決定しました。

- **evàluátion** 評価 名

150 expand
[ɪkspǽnd]

〜を広げる、〜を発展させる、発展する

Since its founding, MEXTO has **expanded** rapidly and now has branches in three countries.

創立以来 MEXTO 社は急速に成長し、現在では 3 か国に支社があります。

- **expánded** 拡充した 形
- **expánsion** 拡張、発展 名

151 finalize
[fáɪn(ə)làɪz]

〜を仕上げる、〜を最終的に決定する

Can you **finalize** the agreement with our new client by the end of the week?

新しいクライアントとの契約書を今週末までに仕上げてくれませんか。

- **fínal** 最終の、決定的な 形
- **fínally** 最後に、ついに 副

類 **complete** ➡ 〜を仕上げる

152 mention
[ménʃ(ə)n]

〜に言及する

The researcher **mentions** the effect of this new medicine in his article.

その研究者は、記事の中でこの新薬の効果に言及しています。

- 同 **mention** 言及 名

類 **refer to ...** ➡ …に言及する

153 negotiate
[nɪgóuʃièɪt]

(〜を)交渉する

We'll have to **negotiate** the cost of car parts to try to get a lower price.
車の部品の経費について、より低価格で購入できるよう交渉しなければならないでしょう。

- **negótiable** 交渉の余地がある 形
- **negòtiátion** 交渉 名
- **negótiàtor** 交渉者 名

154 pack
[pǽk]

(〜を)荷造りする、〜を詰め込む

If you wish, the items can be **packed** in our special gift box.
ご希望であれば、商品は弊社の特別ギフトボックスに詰められます。

- ● be packed with ... ➡ …でいっぱいである
- 同 **pack** 荷物 名
- **pácking** 荷造り 名
- 反 **unpack** ➡ 荷を解く、〜を開けて中身を取り出す

155 recruit
[rɪkrúːt]

(〜を)採用する、(〜を)募集する

Our company is **recruiting** new engineers on our Web site.
弊社はウェブサイト上で、新しい技術者を募集しています。

- 同 **recruit** 新入社員 名
- 類 **hire / employ** ➡ 〜を雇う

156. remain [rɪméɪn]
とどまる、引き続き～のままである

The New Hampshire store will **remain** open until the end of September.
New Hampshire 店は 9 月末まで引き続き営業する予定です。

- 同 **remain** ＜複数形で＞残り 名
- **remáining** 残りの 形

157. reserve [rɪzə́ːrv]
～を予約する

I'd like to **reserve** a table for six at 7 P.M. tomorrow evening.
明日の夜 7 時に 6 名で席を予約したいのですが。

- **resérved** 予約してある、予備の 形
  - ● reserved seat ➡ 予約席
- **rèservátion** 予約 名

> 類 **book** ➡ ～を予約する

158. retire [rɪtáɪər]
退職する、引退する

Jay Howell will fill the position of vice president after Eric Styner **retires**.
Eric Styner が退職した後は Jay Howell が副社長の職に就きます。

- **retírement** 退職 名
- **retirée** 退職者 名

159. expect [ɪkspékt]
～を期待する、～を予期する、～が来るのを待つ

I'm **expecting** my client at 3 o'clock today.
今日 3 時に私の顧客が来る予定です。

- **èxpectátion** 予想、期待 名

形容詞

160 additional
[ədíʃ(ə)n(ə)l]
追加の

Do I have to pay an additional fee for the show, or is it included?
そのショーに追加の料金を払う必要がありますか、それとも料金は含まれていますか。

- addítionally 加えて、さらに 副
- ádd ～を加える 動
- addítion 追加、付加 名

類 extra ➡ 余分の、追加の

161 current
[kə́:rənt, kʌ́r-]
現在の

We need to come up with ideas to improve the current situation.
現在の状態を改善するための案を見つけ出す必要があります。

- 同 current （川・空気などの）流れ、傾向 名
- cúrrently 現在、今は 副

類 present ➡ 現在の

162 annual
[ǽnjuəl]
年に一度の、毎年（恒例）の

The annual robotics conference is held in New York this year.
年に一度のロボット工学の会議が、今年はニューヨークで開かれます。

- ánnually 毎年 副

類 yearly ➡ 年に一度の

163 available
[əvéɪləb(ə)l]

(手が)空いている、入手できる、利用可能な

Are there any rooms **available** on the night of April 14th?
4月14日の夜に空いている部屋はありますか。

avàilabílity 利用〔入手〕できること 名

反 unavailable ➡ 利用できない

164 efficient
[ɪfíʃ(ə)nt]

効率のよい、能率的な

We're introducing an **efficient** and lightweight vacuum cleaner that is quicker and easier to use.
より速くて使いやすい、効率のよい軽量掃除機をご紹介します。

effíciency 能率、効率 名

反 inefficient ➡ 効率の悪い

165 previous
[príːviəs]

以前の

I was a director of product development at my **previous** company, so I'm sure I can handle this project.
私は以前の会社で商品開発部長をしていたため、このプロジェクトを指揮できる自信があります。

préviously 以前に 副

類 former ➡ 前の、元の

166 financial
[fənǽnʃ(ə)l, faɪ-]

財務の、金融の

PD Corporation is expected to receive **financial** support from its parent company.
PD社は親会社から財政援助を受けると予測されています。

● financial report ➡ 決算報告書   ● financial services ➡ 金融サービス

foánce 財政、財務、金融 名

56　覚えておきたい語句200

167 electronic
[ɪlèktrάnɪk, ìːlek-]
電子の、電子化した

Please turn off all **electronic** devices during the performance.
上演中はすべての電子機器の電源をお切りください。

● electronic device ➡ 電子機器

- **electrónics** 電子機器 名
- **elèctrónically** コンピュータを用いて、Eメールで 副

168 commercial
[kəmə́ːrʃ(ə)l]
商業的な、営業用の

The limited-time-only sales campaign was a huge **commercial** success.
期間限定の販売キャンペーンは商業的大成功となりました。

● commercial district ➡ 商業地域

- 同 **commercial** 広告放送、CM 名
- **cómmerce** 商業、取引 名
- **commércially** 市販用に、商業的に 副

169 temporary
[témpərèri]
一時的な、臨時の、仮の

Two-thirds of the workers at our plant are **temporary** staff who will leave at the end of the season.
当工場の社員の3分の2は、シーズンの終わりに工場を去る臨時社員です。

- **tèmporárily** 一時的に 副

反 **permanent** ➡ 永続する、常設の

170 corporate
[kɔ́ːrp(ə)rət]

企業の、法人組織の

You will find our **corporate** policies described on our Web site.
弊社の企業方針は、ウェブサイトに掲載されているのをご確認いただけます。

- **còrporátion** 法人、株式会社 名

171 potential
[pətén ʃ(ə)l]

潜在的な、可能性〔見込み〕のある

Our presence at the trade fair will help us to find **potential** customers.
当社がこの展示会に参加することは、見込み顧客を見つけるのに役立つでしょう。

- 同 **potential** 可能性、潜在能力 名
- **poténtially** 潜在的に 副

172 initial
[ɪníʃ(ə)l]

初めの

A 10 percent discount will be offered on your **initial** purchase.
初回購入時には10%の割引が適用されます。

- **inítially** 初めに 副
- **inítiàte** 〜を始める 動

173 reliable
[rɪláɪəb(l)e)l]

信頼性のある、信頼できる

Finding **reliable** sources of energy is top priority for the nation.
信頼できるエネルギー源を見つけることが国家の最優先事項です。

- **relìabílity** 信頼性 名
- **relý** 頼る、信頼する 動

174 introductory [ìntrədʌ́kt(ə)ri] 紹介の、導入の、入門の

Our **introductory**-level Chinese classes are rated highly by students.
当校の入門レベルの中国語クラスは、生徒から高く評価されています。

- **introdúction** 紹介、導入 [名]
- **introdúce** 〜を紹介する、〜を導入する [動]

175 extra [ékstrə] 余分の、追加の

I'm afraid we do not have an **extra** bed to place in your room.
あいにくお客様のお部屋に入れる追加のベッドがありません。

● extra fee〔charge〕 ➡ 追加料金

- [同] **extra** 余分なもの [名]
- [類] **additional** ➡ 追加の

176 former [fɔ́ːrmər] 前の、元の

The **former** president of our company became the head of a college last month.
先月、当社の前取締役が大学の学長になりました。

- **fórmerly** 以前は [副]
- [類] **previous** ➡ 以前の

177 minimum [mínəməm]
最低(限)の、最小限の

Raising the **minimum** driving age has been a heated topic in this state.

この州内では、運転できる最低年齢の引き上げが、白熱した議論の的となっています。

- 同 **minimum** 最低限、最小限 名
- **mínimìze** ～を最小限にする 動

> 反 **maximum** ➡ 最大(限)の

178 reasonable [ríːz(ə)nəb(ə)l]
(値段が)手ごろな、妥当な

The store is famous for selling the latest electronic devices at surprisingly **reasonable** prices.

その店は最新の電子機器を驚くほど手ごろな価格で売ることで有名です。

- **réasonably** ほどよく、理にかなって 副

> 類 **inexpensive** ➡ (値段が)高くない　**cheap** ➡ 安い

179 routine [ruːtíːn]
決まりきった、日常の

Did you get used to the **routine** work that we carry out here every day?

我々が毎日ここで行っている日常業務には慣れましたか。

- 同 **routine** 日常業務 名
- **routínely** 決まって 副

副詞、前置詞

180 unfortunately
[ʌ̀nfɔ́ːrtʃ(ə)nətli]

残念ながら、あいにく

Unfortunately, we don't carry the VF washing machine anymore.
残念ながら、弊社ではもう VF 洗濯機を扱っておりません。

- **ùnfórtunate** 不運な 形
- 反 **fortunately** ➡ 幸運にも

181 however
[hauévər]

どんなに～でも、
<接続詞的に> しかしながら

However busy you may be, you can relax with a cup of our herbal tea.
どんなに忙しいとしても、当社のハーブティー 1 杯でリラックスできます。

182 online
[ɑ́nláɪn]

ネットワークに接続して、オンラインで

Please shop **online** at www.foxbox.com for our seasonal products.
当店の季節限定商品は www.foxbox.com にてオンラインでお求めください。

- 同 **online** ネットワーク上の、オンラインの 形

183 throughout
[θruáut]

～の間中、～全体にわたって

A short video will be played **throughout** the one-week exhibition.
1 週間におよぶ展覧会の期間中、短編映画が上映されます。

- 同 **throughout** 隅から隅まで 副

フレーズ

184 as soon as ...　…するとすぐに

Could you check your e-mail **as soon as** you get back to the office?
会社に戻り次第すぐに E メールを確認していただけますか。

- as soon as possible ➡ できるだけ早く

185 according to ...　…によると

According to the article, the art gallery will close in a month.
記事によると、画廊は 1 か月後に閉鎖となるそうです。

186 sign up　（参加）登録する、契約を結ぶ

You can **sign up** for a free trial dance lesson.
ダンスの無料体験レッスンに参加登録できます。

- sign up for ... ➡ …に登録する、…に申し込む

187 at least　少なくとも

Requirements include **at least** three years of experience as a sales clerk.
条件には少なくとも 3 年間の販売員としての経験が含まれます。

反 at most ➡ 多くて

62　覚えておきたい語句 200

188 instead of ... …の代わりに

Why don't we eat out **instead of** having dinner at home tonight?
今夜は家で食事をする代わりに外食しませんか。

189 put together ～をまとめる、～を組み立てる

I have to **put together** my proposal by Friday morning.
金曜の朝までに企画案をまとめる必要があります。

190 ask for ... …を要求する、…を頼む

I received a lot of mail that **asked for** donations to charity at the end of the year.
年末の慈善事業への寄付を求める郵便物がたくさん届きました。

類 request ➡ ～を求める、～を頼む

191 either *A* or *B* A か B かどちらか

Students of the cooking class can choose from **either** a monthly **or** a yearly payment plan.
その料理講座の受講者は月会費か年会費かどちらかの支払いプランを選べます。

Tip! A も B も両方を否定する場合は neither A nor B「A でも B でもない」。

192 make sure 確かめる

Please **make sure** to bring your invitation to the event.
イベントには必ず招待状をお持ちください。

● make sure to *do* ➡ 必ず～する

rather than ... …よりもむしろ

We found out that customers looked at the price **rather than** the design of a product.
顧客は製品のデザイン**よりもむしろ**価格を気にするということがわかりました。

by oneself 自分で、1人で

Hanna Thompson handles the entire wooden toys manufacturing and sales process **by herself**.
Hanna Thompson は木製のおもちゃの製造・販売のすべての工程を**1人で**こなします。

on time 予定通りに、定刻に

Flight 826 from Sydney has arrived **on time**.
シドニーからの 826 便は**定刻に**到着しました。

Tip! in time「間に合って、遅れずに」と混同しないように注意。

out of stock 在庫がなくて

I'm sorry, but the large size of this sweater is currently **out of stock**.
すみませんが、このセーターの大きなサイズは現在、**在庫切れ**です。

反 **in stock** ➡ 在庫があって

prior to ... …より前に、…に先だって

I'd like to confirm the schedule **prior to** the session tomorrow.
明日の会合**に先だって**、スケジュールを確認したいのですが。

198 set up
〜を設定する、〜を設置する、（コンピュータなど）をセットアップする

Can you give me a hand with **setting up** the computer?
コンピュータを**セットアップする**のを手伝ってくれませんか。

199 up to ...
（最高で）…まで

Up to 8 players can join the online game at one time.
8名**まで**のプレーヤーが、一度にそのオンラインゲームに参加できます。

200 whether A or B
A か B か、A であろうと B であろうと

Whether you pay in cash **or** by card, we charge a five percent service fee for dinner.
現金払い**でも**カード払い**でも**、ディナーには 5%のサービス料をいただきます。

Memo

公式問題で学ぶ！Part 別語句

― Listening Section より ―

Part 3 会話問題を使った学習

Questions 1 through 3 refer to the following conversation.

(W-Br) Hi, this is Margaret Morelli. I'm scheduled to meet with Mr. Peterson at 8:30 this morning. I was told a car would pick me up at my hotel and bring me to your office, but it's already 8:15 and no one has arrived.

(M-Au) Hello, Ms. Morelli. We are expecting you this morning, but not until 9:00. I asked the car service to pick you up at 8:30.

(W-Br) Oh, I apologize. I must have read my schedule incorrectly.

(M-Au) No problem, and don't forget to bring some form of identification with a photo. The security desk at the front of the building will ask for it when you arrive.

☐ **be scheduled to do** ～する予定である

☐ **schedule** [skédʒul] ～の日程を決める、～の予定を立てる 動　予定(表) 名

Tip! 英国式では [ʃédjul] と発音する。

- be scheduled for ... ➡ …の予定である

☐ **meet with ...** （約束して）…に会う

☐ **pick + 人 + up** （人）を車で迎えに行く

- pick + 物 + up ➡ （物）を受け取る

☐ **not until ...** …まで～ない

Tip! ここでは「9時まであなたが来るとは思っていない」という意味。

設問 ⇨ *p.71*

問題 1-3 は次の会話に関するものです。

もしもし、こちらは Margaret Morelli です。今朝 8 時 30 分に Peterson さんにお会いする予定になっています。車がホテルまで迎えに来て、御社へ連れていってくれると言われましたが、すでに 8 時 15 分で誰も来ていません。

Morelli さん、おはようございます。今朝あなたをお待ちしていますが、お約束は 9 時です。送迎車には 8 時 30 分にあなたを迎えに行くよう頼みました。
まあ、おわびいたします。予定表を間違えて読んでしまったに違いありません。
問題ありませんよ。それから写真付きの本人確認ができるものを忘れずにお持ちください。ビルの入口にある警備デスクで、到着時に求められますから。

Part 別語句　Part 3 会話

☐ **apologize** [əpάlədʒὰɪz]　謝る 動

- apologize to + 人 + for ... ➡ （人）に…のことに対して謝る

☐ **apólogy**　謝罪 名

☐ **incorrectly** [ìnkəréktli]　間違って 副

☐ **incorréct**　間違った 形

反 **correctly** ➡ 正しく

☐ **form** [fɔ́ːrm]　書式、用紙 名　〜を形づくる 動

☐ **identification** [aɪdèntəfəkéɪʃ(ə)n, ə-]　同一であることの確認、身分証明（書）名

- form of identification ➡ 本人確認できるもの
- identification card ➡ 身分証明書

☐ **idéntify**　〜が同一（人）物であると認める 動

69

◆ 設問・選択肢からの語句 ◆

※チェックボックスの下の番号は右ページの設問番号です。

☐ **reschedule** [rìskédʒul] 〜の予定を変更する 動
1.

☐ **inquire** [ɪnkwáɪər] (〜を)尋ねる、問い合わせる 動
1.
- ● inquire about ... ➡ …について問い合わせをする
- ☐ **inquíry** 問い合わせ 名

☐ **request** [rɪkwést] 〜を要請する、〜を頼む 動 / 要請、頼み 名
1.

☐ **recommendation** [rèkəməndéɪʃ(ə)n, -mèn-] 推薦 名
1.
- ● a letter of recommendation ➡ 推薦状
- ☐ **rècomménd** 〜を推薦する 動

☐ **misread** [mìsríːd] (〜を)読み違える、(〜を)誤解する 動
2.

☐ **misplace** [mìspléɪs] 〜を置き違える、〜を置き忘れる 動
2.

☐ **park** [páːrk] (〜を)駐車する 動
3.

トランスクリプト ⇨ p.68

1. Why is the woman calling?

   (A) To ask about a delivery
   (B) To reschedule a meeting
   (C) To inquire about transportation
   (D) To request a hotel recommendation

1. 女性はなぜ電話をかけていますか。

   (A) 配達について尋ねるため。
   (B) 打ち合わせの日程を変更するため。
   (C) 移動手段について問い合わせるため。
   (D) おすすめのホテルを尋ねるため。

2. Why does the woman apologize?

   (A) She was late for a seminar.
   (B) She misread a schedule.
   (C) She went to the wrong location.
   (D) She misplaced a file.

2. 女性はなぜ謝っていますか。

   (A) セミナーに遅れたから。
   (B) 予定表を読み間違えたから。
   (C) 間違った場所に行ったから。
   (D) ファイルを置き違えたから。

3. What does the man remind the woman to do?

   (A) Bring some identification
   (B) Park her car in front of the building
   (C) Sign her name on a guest list
   (D) Arrive a few minutes early

3. 男性は女性に何をするよう注意していますか。

   (A) 身分証明書を持ってくる。
   (B) 車を建物の前に駐車する。
   (C) 来客名簿に署名する。
   (D) 2、3分早く到着する。

正解　1. (C)　2. (B)　3. (A)

Questions 4 through 6 refer to the following conversation.

(M-Cn) I think everything's almost **ready for** our **presentation** to the **board of directors** on Friday. Have the color charts been printed yet?

(W-Am) Yes, the printer sent me a sample copy and it looks great—I told him to **go ahead** and print them **right away**. We should have them by tomorrow.

(M-Cn) Great. Once they get here we can **work on** putting everything together in those nice black **folders** with the company logo. I think that'll look very **polished** and **professional**.

☑ **be ready for ...** …の用意ができている

- ☑ **ready** [rédi] 用意ができて 形
  - ● be ready to *do* ➡ ～する用意ができている

☑ **presentation** [prèz(ə)ntéɪʃ(ə)n] プレゼンテーション、発表、授与 名

- ☑ **presént** ～を発表する、～を与える 動

☑ **board of directors** 役員会、役員

- 類 **board meeting** ➡ 役員会議

☑ **go ahead** （仕事などを）進める

- ● go ahead with ... ➡ …を先に進める
- ● Go ahead. ➡ お先にどうぞ。

設問 ⇨ p.75

問題 4-6 は次の会話に関するものです。

金曜日の役員会でのプレゼンテーションに向けてほぼすべての準備が整ったと思うよ。色見本はもう印刷されているかい。

ええ、印刷会社の人が見本を1部送ってくれて、素晴らしい出来よ。作業を進めて、すぐにそれらの印刷をするよう、彼に伝えたわ。明日までには手元に届くはずよ。

素晴らしいね。色見本が届いたら、会社のロゴがついたその立派な黒いフォルダーにすべてをまとめる作業ができるよ。とても洗練されていて、プロにふさわしく見えると思うな。

☐ **right away** すぐに

> 類 right now / at once ➡ すぐに　immediately ➡ ただちに

☐ **work on ...** …に取り組む

☐ **folder** [fóuldər] (書類などの)フォルダー 名

> ☐ **fóld** (紙など)を折る、折り重なる 動

☐ **polished** [pálɪʃt] 洗練された 形

> ☐ **pólish** 〜を磨く 動

☐ **professional** [prəféʃ(ə)n(ə)l] 専門職にふさわしい、専門的な 形
(アマチュアに対して)プロ 名

> ☐ **proféssionally** 専門的に 副
> ☐ **proféssion** 職業、専門職 名

73

◆ 設問・選択肢からの語句 ◆

※チェックボックスの下の番号は右ページの設問番号です。

☐ 4. client [kláɪənt]
顧客、クライアント 名

類 customer ➡ 顧客

☐ 4. interview [íntərvjùː]
〜と面接する 動　（入社などの）面接 名

☐ ínterviewer　面接官 名
☐ ìnterviewée　面接を受ける人 名

☐ 4. prospective [prəspéktɪv]
将来の、見込みの（ある） 形

☐ próspèct　＜複数形で＞ 見込み、可能性 名

類 potential ➡ 可能性〔見込み〕のある　　promising ➡ 見込みのある

☐ 5. approve [əprúːv]
〜を承認する、〜に賛成する 動

☐ appróval　承認、賛成 名

反 disapprove ➡ 〜を否認する、〜に不賛成である

☐ 6. inexpensive [ìnɪkspénsɪv]
（値段が）高くない、安い 形

反 expensive ➡ 高価な

類 reasonable ➡ （値段が）手ごろな

トランスクリプト ⇨ p.72

4. What are the speakers scheduled to do on Friday?

   (A) Hold a conference call
   (B) Visit a client
   (C) Give a presentation
   (D) Interview a prospective employee

4. 2人は金曜日に何をする予定ですか。

   (A) 電話会議を行う。
   (B) 顧客を訪問する。
   (C) プレゼンテーションを行う。
   (D) 採用予定の従業員と面接をする。

5. What has the woman approved?

   (A) A budget
   (B) A printing order
   (C) A meeting agenda
   (D) A project extension

5. 女性は何を承認しましたか。

   (A) 予算
   (B) 印刷の注文
   (C) 会議の協議事項
   (D) プロジェクトの延長

6. Why does the man want to use the black folders?

   (A) They are inexpensive.
   (B) They look professional.
   (C) They are in stock.
   (D) They come in various sizes.

6. 男性はなぜ黒いフォルダを使いたいと思っていますか。

   (A) 値段が高くないから。
   (B) プロらしく見えるから。
   (C) 在庫があるから。
   (D) さまざまな大きさがあるから。

正解 **4.** (C) **5.** (B) **6.** (B)

Questions 7 through 9 refer to the following conversation.

(M-Au) Hello, this is Ian Kowalski from the **personnel** department. I just **got into work**, and when I tried to **log on** to my computer, my password was **rejected**.

(W-Br) I'm sorry about that, Mr. Kowalski. The company updated its security protocols last night, and since then we've received a lot of calls about password problems. **At this point**, every member of the IT support team is working on one of those other requests, so it may be several hours before one of them can **call** you **back**.

(M-Au) That's OK. I'm **leading** a recruiting workshop at ten and it goes until noon—so I won't be back at my desk until twelve-thirty. Please call me then as I have another **appointment** at one o'clock.

personnel
[pə̀ːrs(ə)nél]

人事部、人員、全職員 名

- **personnel department** ➡ 人事部

類 **human resources** ➡ 人事部

get into work

仕事を始める

log on

ログインする

- **log on to ...** ➡ …にログインする

類 **log in** ➡ ログインする

反 **log out / log off** ➡ ログオフする

設問 ⇨ p.79

問題 7-9 は次の会話に関するものです。

もしもし、人事部の Ian Kowalski です。今、仕事に取りかかったところで、コンピュータにログインしようとしたら、パスワードが拒否されました。

Kowalski さん、それは申し訳ありません。昨夜、会社がセキュリティ・プロトコルを更新して、それ以来、私たちはパスワードの問題に関する電話をたくさん受けています。現在、IT サポートチームは全員そうしたほかの要望に対応しているので、チームの誰かが折り返しご連絡するまでに数時間かかってしまうかもしれません。

結構ですよ。私は 10 時に採用研修を行い、それが正午まで続きます。ですから、12 時半まではデスクに戻りません。そのころ私に電話してください。1 時には別の約束がありますので。

☐ **reject** [rɪdʒékt]　〜を拒絶する 動

　☐ **rejéction** 拒絶 名
　　類 **refuse** ➡ 〜を拒絶する
　　反 **accept** ➡ 〜を受け入れる

☐ **at this point**　現在、この時点で

☐ **call + 人 + back**　（人）に折り返し電話をかける

　　類 **return one's call** ➡ （人）に折り返し電話をかける

☐ **lead** [líːd]　〜を指揮する、〜を案内する 動　先導 名

　☐ **léader** 指導者 名

77

☐ **appointment**
[əpɔ́ɪntmənt]
約束、予約、指名 名

● make an appointment with + 人 ➡ (人)と会う約束をする

☐ **appóint** (時、場所)を約束して決める、(〜を)指名する 動

◆ 設問・選択肢からの語句 ◆

※チェックボックスの下の番号は右ページの設問番号です。

☐ 7. **missing**
[mísɪŋ]
あるべき所にない、不足している 形

☐ 7. **document**
[dάkjəmənt]
書類、文書 名　〜を文書で記録する 動

☐ **dòcuméntary** 文書の 形　記録作品 名

☐ 8. **off-site**
現場から離れて 副　現場から離れた 形

反 on-site ➡ 現場で

☐ 8. **session**
[séʃ(ə)n]
会合、活動 名

☐ 8. **replacement**
[rɪpléɪsmənt]
交換(品)、取り換え 名

☐ **repláce** 〜を取り換える 動

トランスクリプト ⇨ p.76

7. What problem does the man report?

   (A) A computer cable is missing.

   (B) A password is not working.

   (C) A computer file will not open.

   (D) A document will not print.

8. What does the woman say about the support team?

   (A) They are working off-site.

   (B) They are in a training session.
   (C) They are waiting for some replacement parts.
   (D) They are busy helping other employees.

9. When does the man ask the support team to call him?

   (A) At 10:00 A.M.
   (B) At 12:00 noon
   (C) At 12:30 P.M.
   (D) At 1:00 P.M.

7. 男性はどんな問題を報告していますか。

   (A) コンピュータのケーブルが見当たらない。

   (B) パスワードが機能しない。
   (C) コンピュータのファイルが開かない。

   (D) 書類が印刷できない。

8. 女性はサポートチームについて何と言っていますか。

   (A) 現場から離れたところで働いている。

   (B) 研修会に出ている。
   (C) 交換用の部品を待っている。

   (D) ほかの社員を手伝うのに忙しい。

9. 男性はいつサポートチームに電話をかけてほしいと言っていますか。

   (A) 午前10時
   (B) 正午
   (C) 午後12時30分
   (D) 午後1時

正解　7. (B)　8. (D)　9. (C)

Questions 10 through 12 refer to the following conversation.

(M-Cn) Nancy, I heard that you're transferring to our office in Hong Kong. What will you be doing there?

(W-Br) Oh, it'll be the same thing I've been doing here. The company's ready to start **marketing** our new speech **recognition** software in Asia—and since my team's had a lot of **success** selling the product here, they've asked me to move to Hong Kong to **head up** the sales **efforts** there.

(M-Cn) That sounds like a great **opportunity**. You know, my cousin works in Hong Kong for a big **retailer**. I'll give you her e-mail address **in case** you want to **contact** her. I'm sure she'd be happy to help you find an apartment there.

☐ **market** [mɑ́ːrkət]　(品物)を市場に出す 動　市場 名

☐ **recognition** [rèkəgníʃ(ə)n, -kɪg-]　認識 名

　☐ **récognìze**　〜を認める 動

☐ **success** [səksés]　成功 名

　☐ **succéed**　成功する 動
　☐ **succéssful**　成功した 形
　☐ **succéssfully**　うまく、首尾よく 副
　　反 **failure** ➡ 失敗

☐ **head up**　〜を率いる、〜の先頭に立つ

設問 ⇨ p.83

問題 10-12 は次の会話に関するものです。

Nancy、香港支店に異動するって聞いたよ。向こうで何をするんだい。

あら、ここでやっているのと同じことよ。会社が新しい音声認識ソフトをアジアで売り出す準備ができたの。私のチームはここでその製品を売って多くの成功を収めたから、会社が私に香港へ移って、あちらで販売活動を率いるように求めたの。

素晴らしいチャンスみたいだね。ところで、僕のいとこが香港の大手の小売店で働いてるんだ。彼女に連絡を取りたくなった場合に備えて、彼女のEメールアドレスを教えておくよ。君が向こうでアパートを見つけるのを、きっと喜んで手伝ってくれると思うよ。

effort
[éfərt]
（協力して行う）活動、努力 名

● make an effort ➡ 努力する

opportunity
[àpərt(j)ú:nəti]
機会、好機 名

類 chance ➡ 機会、チャンス

retailer
[rí:tèilər]
小売業者 名

☑ rétàil 小売り 名　〜を小売りする 動
Tip!「卸売業者」は wholesaler と言う。

in case ...
…の場合に備えて、もし…なら

Tip! 後ろに＜主語＋動詞 ...＞の形が続く。

| ☐ | contact [kάntækt] | ～に連絡する、～と接触する 動
連絡、接触 名 |

◆ 設問・選択肢からの語句 ◆

※チェックボックスの下の番号は右ページの設問番号です。

| ☐ 10. | itinerary [aɪtínərèri, ə-] | 旅行日程（表） 名 |

| ☐ 10. | campaign [kæmpéɪn] | キャンペーン 名 |

| ☐ 11. | human resources | 人事部、人材
省略形は HR |
| | 類 personnel ➡ 人事部 | |

| ☐ 11. | real estate | 不動産 |

☐ 12.	agreement [əgríːmənt]	契約（書）、同意、一致 名
	☐ agrée 同意する 動	
	類 contract ➡ 契約（書）	

10. What are the speakers mainly discussing?

 (A) A job transfer
 (B) A trip itinerary
 (C) A store opening
 (D) An advertising campaign

10. 2人は主に何を話していますか。

 (A) 転勤
 (B) 旅行の日程
 (C) 店の開業
 (D) 広告キャンペーン

11. What most likely is the woman's job?

 (A) Human resources manager
 (B) Real estate agent
 (C) Sales team leader
 (D) Computer programmer

11. 女性の仕事は何だと思われますか。

 (A) 人事部長
 (B) 不動産代理業者
 (C) 販売チームのリーダー
 (D) コンピュータ・プログラマー

12. What will the man give the woman?

 (A) A business card
 (B) An e-mail address
 (C) A rental agreement
 (D) A résumé

12. 男性は女性に何を渡しますか。

 (A) 名刺
 (B) Eメールアドレス
 (C) 賃貸契約書
 (D) 履歴書

正解　10. (A)　11. (C)　12. (B)

Questions 13 through 15 refer to the following conversation.

(W-Br) Hi Carl, I'm Helen Klein, the laboratory **supervisor**. I'll give you a **brief tour** of our research facilities and then we'll start your training.

(M-Au) It's nice to meet you, Helen. Before I **came over** to the lab, I **filled out** some paperwork at human resources. They told me to give the documents to my supervisor.

(W-Br) Thanks, I'll take that paperwork. **While** we tour the lab, you'll have to wear a lab coat and some **safety glasses**. Let's get them from the **supply closet** now, and then we'll **be on our way**.

☐ **supervisor** [súːpərvàɪzər]　監督者、上司 名

　☐ **súpervìse**　～を監督する 動

　　類 **manager** ➡ 管理者、経営者　　**director** ➡ 管理者、監督

☐ **brief** [bríːf]　簡潔な、短時間の 形　概要 名

　● to be brief ➡ 手短に言えば

　☐ **bríefly**　簡単に、手短に言えば 副

☐ **tour** [túər]　（工場などの）見学、周遊 名
　～を見学する、（～を）旅行する 動

☐ **come over**　やって来る

☐ **fill out**　～に記入する

　類 **fill in** ➡ ～に記入する

設問 ⇨ p.87

問題 13-15 は次の会話に関するものです。

こんにちは、Carl。私は Helen Klein、実験室の管理者です。当社の研究施設を簡単に案内してから、研修を始めましょう。

はじめまして、Helen。実験室に来る前に、人事部で書類に記入しました。その書類を自分の上司に渡すように言われました。

ありがとう。その書類を預かります。実験室を見学する間、実験用の白衣と保護めがねを着用しなければなりません。早速、備品庫でそれらを取ってから向かいましょう。

☐ **while** [(h)wáɪl]　〜する間　接

> Tip! while は、「ところが一方」という逆接の意味を表すこともある。

☐ **safety glasses**　保護めがね

☐ **supply closet**　備品の保管庫

> ☐ **supply** [səpláɪ]　備品、供給 名　〜を供給する 動
> ☐ **closet** [klázət, klɔ́:-]　押し入れ、物置 名

☐ **be on one's way**　出かける

> Tip! be on one's way は「(目的地への)途中にいる」「(物事が)進行中である」という意味を表すこともある。

◆ 設問・選択肢からの語句 ◆

※チェックボックスの下の番号は右ページの設問番号です。

☐ **clothing** [klóuðɪŋ]
13.
<集合的に>衣類 名

　類 clothes ➡ 衣服、衣類

☐ **protective** [prətéktɪv]
15.
保護用の 形

　☐ **protéct** 〜を保護する 動
　☐ **protéction** 保護 名

☐ **gear** [gíər]
15.
（特定の用途のための）衣服、装備、用具 名

☐ **conduct**
15.
〜を行う、〜を指揮する 動 [kəndʌ́kt, kʌ́ndʌkt]
行為 名 [kʌ́ndəkt]

☐ **experiment**
15.
実験 名 [ɪkspérəmənt]
実験をする 動 [ɪkspérəmènt]

　☐ **expèriméntal** 実験用の、実験的な 形

86　Part 別語句 Part 3 会話

13. Where are the speakers?

    (A) At a doctor's office
    (B) At a construction site
    (C) In a clothing store
    (D) In a laboratory

14. What does the man say he did before he arrived?

    (A) Toured a facility
    (B) Filled out some documents
    (C) Called human resources
    (D) Reviewed a work schedule

15. What will the speakers do next?

    (A) Get some protective gear
    (B) Conduct an experiment
    (C) Pack up some supplies
    (D) Watch a training video

13. 2人はどこにいますか。

    (A) 診察室
    (B) 建設現場
    (C) 衣料品店
    (D) 実験室

14. 男性は到着する前に何をしたと言っていますか。

    (A) 施設を見学した。
    (B) 書類に記入した。
    (C) 人事部に電話した。
    (D) 作業日程を見直した。

15. 2人は次に何をしますか。

    (A) 保護装備を手に入れる。
    (B) 実験を行う。
    (C) 備品を梱包する。
    (D) 研修ビデオを見る。

正解 13. (D) 14. (B) 15. (A)

Questions 16 through 18 refer to the following conversation.

(W-Am) Hello, I saw your advertisement in the newspaper for **moving services**. I own a small shop and I'm opening a second location in Middleton. I need to move some of my **inventory** there for the **grand opening**.

(M-Cn) When are you **looking to** move? We're **pretty** busy, but I have some time next Monday.

(W-Am) Monday's fine. The store's scheduled to open the **following** Saturday, so that should give me **plenty of** time to set up. I'm just worried about things breaking during the move—it's all handmade **pottery**, so it's quite **delicate**.

(M-Cn) Don't worry, we have plenty of **experience** moving **fragile** items. We've moved pottery and other **breakables** in the past and we've never had a problem.

☐ **moving service** 引っ越しサービス

☐ **inventory** [ínvəntɔ̀ːri] 在庫品、(商品・財産などの)目録 名
　類 **stock** ➡ 在庫品

☐ **grand opening** 開店

☐ **look to** *do* ～しようと思う

☐ **pretty** [príti] かなり 副　かわいらしい 形
　類 **quite / fairly** ➡ かなり

設問 ⇨ p.91

問題 16-18 は次の会話に関するものです。

もしもし、新聞で御社の引っ越しサービスの広告を見ました。私は小さい店を所有しており、Middleton に 2 店目を開店します。開店に向けて、在庫の一部をそこへ移さなければなりません。

いつ引っ越しをしようとお考えですか。かなり混み合っておりますが、次の月曜日なら時間が取れます。

月曜日で結構です。その次の土曜日に開店する予定なので、準備するのに十分な時間が取れるはずです。移動中に物が壊れることを少し心配しています。すべて手作りの陶器なので、かなり壊れやすいのです。

ご心配いりません。壊れやすい物を運んだ経験は豊富にありますから。過去に陶器やその他の割れ物を運んだことがありますが、一度も問題はありませんでした。

☐ **following** [fάloʊɪŋ] 次の 形

☐ **plenty of ...** 十分な…、たくさんの…

☐ **pottery** [pάtəri] <集合的に> 陶器類 名

  類 china ➡ <集合的に> 陶磁器類

☐ **delicate** [délɪkət] 壊れやすい、繊細な 形

  ☐ **délicacy** 繊細さ、もろさ 名

☐ **experience** [ɪkspíəriəns] 経験 名 〜を経験する 動

  ☐ **expérienced** 経験を積んだ 形

☐ **fragile**
[frǽdʒəl, -àɪl]
壊れやすい 形

反 tough ➡ 丈夫な

☐ **breakable**
[bréɪkəb(ə)l]
<複数形で> 割れ物 名　壊れやすい 形

◆ 設問・選択肢からの語句 ◆

※チェックボックスの下の番号は右ページの設問番号です。

☐ **rent**
16. [rént]
〜を賃借〔賃貸〕する 動　賃貸料 名

☐ **réntal**　貸借 名　賃貸の 形

類 lease ➡ 〜を賃借〔賃貸〕する

☐ **storage**
16. [stɔ́ːrɪdʒ]
保管、倉庫 名

☐ **jewelry**
18. [dʒúːəlri]
<集合的に> 宝石類 名

☐ **jéwel**　(個々の) 宝石 名

トランスクリプト ⇨ p.88

16. Why is the woman calling?

(A) To rent storage space
(B) To arrange a move
(C) To check on a shipment
(D) To place an advertisement

16. 女性はなぜ電話をかけていますか。

(A) 収納スペースを借りるため。
(B) 引っ越しを手配するため。
(C) 発送について確認するため。
(D) 広告を出すため。

17. What day of the week will the grand opening take place?

(A) On Monday
(B) On Tuesday
(C) On Friday
(D) On Saturday

17. 開店は何曜日に行われますか。

(A) 月曜日
(B) 火曜日
(C) 金曜日
(D) 土曜日

18. What does the woman sell?

(A) Clothing
(B) Jewelry
(C) Pottery
(D) Furniture

18. 女性は何を売っていますか。

(A) 衣類
(B) 宝石
(C) 陶器
(D) 家具

正解　**16.** (B)　**17.** (D)　**18.** (C)

Questions 19 through 21 refer to the following conversation.

(M-Au) Do you know why it's so noisy today? I've been trying to prepare a presentation for this afternoon's board meeting, but I'm **having trouble concentrating**.

(W-Br) There's a construction **crew** doing **renovations** on the second floor. They're **combining** two **empty** offices to create an employee break room. Unfortunately, the **hammering** will probably be **going on for a while**.

(M-Au) Well, it'll be good to finally have a break room, but I hope I can get my presentation done on time. I don't want to be **unprepared** in front of the board of directors.

(W-Br) If it'll help, I have **a pair of** headphones that you**'re welcome to** borrow. Maybe that will **eliminate** some of the noise.

☐ **have trouble** *doing* 〜するのが困難だ

☐ **concentrate** [kάns(ə)ntrèɪt, -sèn-] 集中する 動
- concentrate on ... ➡ …に集中する
- ☐ **còncentrátion** 集中 名

☐ **crew** [krúː] 作業班、乗組員 名
- construction crew ➡ 建設作業班

☐ **renovation** [rènəvéɪʃ(ə)n] 改装、修復 名
- ☐ **rénovàte** 〜を改装する、〜を修復する 動

設問 ⇨ p.95

問題 19-21 は次の会話に関するものです。

今日はどうしてこんなにうるさいのか知ってるかい。午後の取締役会に向けてプレゼンテーションの準備をしようとしているのに、集中できないよ。

2 階で工事作業員が改装工事をしているのよ。従業員の休憩室を作るために 2 つの空いている部屋をつなげているの。あいにくだけど、ハンマーの音はたぶんしばらく続くわね。

まあ、ようやく休憩室ができるのはいいことだけど、プレゼンテーションの準備を時間通りに終えられるように願うよ。取締役たちの前で準備ができていない状態にはなりたくないからね。
もしよかったら、ヘッドフォンが 1 つあるから自由に借りていいわよ。たぶん少しは騒音を除いてくれるわ。

combine
[kəmbáɪn]
〜を結合する 動

● combine A with B ➡ A を B と結合させる

còmbinátion　結合、組み合わせ 名

empty
[ém(p)ti]
空の、人のいない 形
（中身を出して）空にする 動

類 vacant ➡ 使用されていない、空いている

hammering
[hǽmərɪŋ]
ハンマーで打つこと〔音〕名

hámmer　（〜を）ハンマーで打つ 動　ハンマー 名

go on
（事態などが）続く

類 continue ➡ 続く

☐ **for a while** — しばらくの間

☐ **unprepared** [Ànprɪpéərd] — 用意ができていない 形
- 反 **prepared** ➡ 用意ができて

☐ **a pair of ...** — 1対の…、1組の…
- ● a pair of headphones ➡ 1つのヘッドフォン
- ● a pair of shoes ➡ 1組の靴

☐ **be welcome to** *do* — 自由に〜してよい

☐ **eliminate** [ɪlímənèɪt] — 〜を除去する 動
- ☐ **elimination** 除去、削除 名
- 類 **remove** ➡ 〜を取り除く　**get rid of ...** ➡ …を取り除く

◆ 設問・選択肢からの語句 ◆

※チェックボックスの下の番号は右ページの設問番号です。

☐ 21. **revise** [rɪváɪz] — 〜を修正する、〜を改訂する 動
- ☐ **revision** 修正、改訂 名

☐ 21. **handout** [hǽndàʊt] — 配布資料 名

94　Part 別語句 Part 3 会話

19. What is the man working on?

(A) A board presentation
(B) A building plan
(C) A purchase order
(D) A financial report

19. 男性は何に取り組んでいますか。

(A) 取締役会のプレゼンテーション
(B) 建築計画
(C) 発注書
(D) 会計報告書

20. Why is it noisy in the building?

(A) Some furniture is being moved.
(B) A cleaning crew is working.
(C) A space is under construction.
(D) A large group of clients is visiting.

20. 建物の中はなぜ騒がしいのですか。

(A) 家具が移動されているから。
(B) 清掃員が働いているから。
(C) ある場所が工事中だから。
(D) 大勢の顧客が訪問しているから。

21. What does the woman offer to do?

(A) Speak with the maintenance staff
(B) Help the man revise a handout
(C) Postpone a meeting
(D) Lend the man some equipment

21. 女性は何をすると申し出ていますか。

(A) 維持管理スタッフと話す。
(B) 男性が配布資料を修正するのを手伝う。
(C) 会議を延期する。
(D) 男性に道具を貸す。

正解　19. (A)　20. (C)　21. (D)

Questions 22 through 24 refer to the following conversation.

(M-Cn) Hello Carolyn, this is James Martin from Oak Leaf Financial Services calling about the **account executive** position you **applied for**. We've **narrowed** the field to the top three **candidates**, and we're hoping that you wouldn't **mind** coming back to Vancouver next week for a final interview.

(W-Br) That sounds wonderful, Mr. Martin, but could we **possibly** have the interview this week **instead**? There's a snowstorm **predicted** for this weekend, and I'**m afraid** it might make travel a bit difficult. Would that work for you?

(M-Cn) We should **be able to** do that. I'll go ahead and reschedule the interview for this week. Once I reserve your train tickets and book your hotel, I'll send all the information to you **via** e-mail.

☐ **account executive**　顧客担当（主任）

　☐ **account** [əkáunt]　得意先 名

☐ **apply for ...**　…に応募する、…に申し込む

　☐ **application** [æpləkéɪʃ(ə)n]　応募、申込（用紙）名

☐ **narrow** [nǽroʊ]　（範囲など）を狭くする 動　狭い 形

　反 **widen** ➡ 〜を広くする

☐ **candidate** [kǽndədèɪt, -dət]　候補者、志願者 名

　類 **applicant** ➡ 応募者

設問 ⇨ p.99

問題 22-24 は次の会話に関するものです。

もしもし、Carolyn、こちらは Oak Leaf 金融サービスの James Martin ですが、あなたが**応募された顧客担当主任**の仕事についてお電話をしています。弊社では応募者を上位 3 名の**候補者**にまで**絞りこんでおり**、あなたには最終面接のために来週バンクーバーに戻ってきて**いただけ**ないかと思っております。

Martin さん、それは素晴らしいことです。しかし、**できれば**、**代わりに**今週面接をしていただけないでしょうか。今週末は吹雪の**予報**ですので、移動するのが少々難しくなるの**ではと心配**です。それでもよろしいでしょうか。

そのように対応**できる**はずです。面接を今週に変更するようにしますね。あなたの電車の切符を取ってホテルを予約したら、E メール**で**すべての情報をお送りします。

☐ **mind** [máɪnd]　<通例否定・疑問文で> 〜を嫌がる 動
　　心、知力 名
- Would you mind doing ...? ➡ 〜していただけませんか。

☐ **possibly** [pásəbli]　<丁寧な依頼の疑問文で> もしよろしければ 副

☐ **instead** [ɪnstéd]　その代わりとして 副
- instead of ... ➡ …の代わりに

☐ **predict** [prɪdíkt]　〜を予報する、予測する 動
　☐ **prediction**　予報、予測 名

☐ **be afraid (that) ...**　…ではないかと心配する
- be afraid of ... ➡ …を恐れる

be able to *do* 　〜することができる

反 be unable to *do* ➡ 〜することができない

via
[váɪə, víːə]
〜によって 前

● via e-mail ➡ Eメールで

Tip! via には「〜経由で」の意味もある。

類 by means of ... ➡ …によって

◆ 設問・選択肢からの語句 ◆

※チェックボックスの下の番号は右ページの設問番号です。

23. be concerned about ...　…を心配している

類 be worried about ... / be anxious about ... ➡ …を心配している

23. fare
[féər]
運賃 名

類 charge ➡ 料金　　fee ➡ （手数料などの）料金

22. Why is the woman going to Vancouver?

(A) For a family vacation
(B) For a professional conference
(C) For a job interview
(D) For a sporting event

22. 女性はなぜバンクーバーに行きますか。

(A) 家族との休暇のため。
(B) 専門家の会議のため。
(C) 採用面接のため。
(D) スポーツ行事のため。

23. Why does the woman ask for an earlier date?

(A) She is concerned about the weather.
(B) She is starting a new job.
(C) Train fares will be lower.
(D) More hotel rooms will be available.

23. 女性はなぜ早い日にちを希望していますか。

(A) 天候を心配しているため。
(B) 新しい仕事を始めるため。
(C) 電車賃が安くなるため。
(D) ホテルの空室が多くなるため。

24. What will the man send the woman?

(A) A uniform
(B) An employment contract
(C) A company newsletter
(D) A travel itinerary

24. 男性は女性に何を送りますか。

(A) 制服
(B) 雇用契約書
(C) 社内報
(D) 旅程表

正解　22. (C)　23. (A)　24. (D)

Questions 25 through 27 refer to the following conversation.

(M-Cn) Lucy, have you **come up with** any ideas for the print campaign for The Sawgrass Company's new line of spring clothing?

(W-Br) Well, from the samples the client sent us, I think what really **stands out** is the **fabric**. The material is so **lightweight**. **Plus**, it's **washable** and **wrinkle-resistant**.

(M-Cn) Then why don't we market it as travel clothing? When we do the **photo shoot** we can really **showcase** how the fabric would make the clothing perfect to pack and wear on your next trip.

(W-Br) Good idea—we can come up with a **travel-related scenario** for each ad. I couldn't book the space for the photo session until the end of the month, so we still have time to **figure out** all the **details**.

☐ **come up with ...** （案など）を思いつく

☐ **stand out** 際立つ、目立つ

☐ **fabric** [fǽbrɪk] 生地、布 名
　類 cloth ➡ 布　　textile ➡ 織物、布地

☐ **lightweight** [láɪtwèɪt] 軽量の 形

☐ **plus** [plʌ́s] <口語で> その上 接

設問 ⇨ p.103

問題 25-27 は次の会話に関するものです。

Lucy、Sawgrass 社の新しい春服コレクション用の印刷広告キャンペーンについて何かアイディアを思いついたかい。

そうね、お客さんが送ってくれたサンプルからすると、非常に際立っているのは生地だと思うの。素材がとても軽いわ。しかも洗えてシワになりにくいの。

じゃあ、旅行向けの服として売り出すのはどうかな。写真撮影する際に、次の旅行で荷物に詰めたり着たりする洋服として、この生地がどれだけ最適かをよく紹介できるよ。

いい考えね。各広告用に、旅行に関連したシナリオを考えられるわ。今月末まで写真撮影をする場所を予約できなかったから、すべての詳細について考える時間はまだあるわ。

☐ **washable** [wɔ́(:)ʃəb(ə)l, wáʃ-]
(布・服などが) 洗濯できる 形

☐ **wrinkle-resistant**
シワが寄りにくい 形

　☐ **wrinkle** [ríŋk(ə)l] シワ 名
　☐ **resistant** [rɪzístənt] 抵抗力のある、耐性のある 形

☐ **photo shoot**
写真撮影

　● do a photo shoot ➡ 写真撮影をする
　類 photo session ➡ 写真撮影

☐ **showcase** [ʃóukèɪs]
〜を紹介する、〜を展示する 動
陳列用ガラスケース 名

101

travel-related 旅行に関連した 形

- **related** [rɪléɪtəd] 関係のある 形

scenario [sənériòu, -nǽr-, -nάː-] 筋書き、シナリオ 名

figure out ～を考え出す、～を解決する

detail [dɪtéɪl, díːtèɪl] 詳細、細部 名

- ● in detail ➡ 詳細に

◆ 設問・選択肢からの語句 ◆

※チェックボックスの下の番号は右ページの設問番号です。

aspect [ǽspèkt] 点、側面 名
26.

highlight [háɪlàɪt] ～を強調する、～を目立たせる 動 最重要点 名
26.

- 類 emphasize ➡ ～を強調する

characteristic [kæ̀rɪktərístɪk] 特徴 名 特徴的な 形
26.

affordable [əfɔ́ːrdəb(ə)l] （値段が）手ごろな、入手可能な 形
26.

- **affórd** （経済的・時間的な）余裕がある 動
- 類 reasonable ➡ （値段が）手ごろな　　inexpensive ➡ （値段が）高くない

25. Who most likely are the speakers?

(A) Advertising executives
(B) Apparel salespeople
(C) Fashion designers
(D) Magazine editors

25. 2人は誰だと思われますか。

(A) 広告の担当者
(B) 洋服の販売員
(C) ファッションデザイナー
(D) 雑誌の編集者

26. What aspect of the clothing does the woman want to highlight?

(A) The characteristics of the material
(B) The innovative designs
(C) The affordable prices
(D) The range of colors

26. 女性は衣類のどんな点を強調したいと思っていますか。

(A) 素材の特徴
(B) 革新的なデザイン
(C) 手ごろな価格
(D) さまざまな色

27. What is scheduled for the end of the month?

(A) A fashion show
(B) A photo shoot
(C) A store opening
(D) A product launch

27. 月末に何が予定されていますか。

(A) ファッションショー
(B) 写真撮影
(C) 店の開業
(D) 製品の発売

正解 **25.** (A)　**26.** (A)　**27.** (B)

Questions 28 through 30 refer to the following conversation.

(W-Am) Hello, this is Cindy Kato from Northern Builders. Your magazine printed an **article** about our company in the June issue, and I'm calling to **let** you **know** there's a **mistake** in it.

(M-Au) I'm sorry to hear that, Ms. Kato. We work really hard to get all of our facts right, but **occasionally** mistakes do **get through**. Could you tell me **exactly** what the problem is?

(W-Am) Yes. The article said that our firm **recently** built the sports stadium in Greensville—which is **correct**—but it was **accompanied** by a photograph of a different stadium.

(M-Au) I apologize—I'm sure there was a **mix-up** at **layout**. I'll find the right picture so that the magazine can **publish** a correction.

☐ **article** [áːrtɪk(ə)l] 記事、論文、条項 名

☐ **let + 人 + know** (人)に知らせる

☐ **mistake** [məstéɪk] 誤り、ミス 名 〜を間違える 動

☐ **mistáken** 誤った、誤解した 形

類 **error** ➡ 誤り

☐ **occasionally** [əkéɪʒ(ə)nəli] 時折 副

☐ **occásion** 時、場合 名

☐ **get through** 通り抜ける

設問 ⇨ p.107

問題 28-30 は次の会話に関するものです。

もしもし、Northern 建築会社の Cindy Kato です。御社の雑誌の 6 月号に、弊社の記事が載っていましたが、その中に誤りがあることをお知らせするためにお電話しています。

それは申し訳ございません、Kato 様。すべての事実を正しく伝えるよう尽力していますが、時折どうしてもミスが起きてしまうんです。どんな問題か正確に教えていただけますか。

はい。記事には、弊社が最近 Greensville にスポーツスタジアムを建設したとありました。それは正しいのですが、その記事には違うスタジアムの写真が添えられていました。

おわびいたします。きっとレイアウトで取り違えがあったのでしょう。訂正記事を発表できるように、正しい写真を見つけます。

☐ **exactly** [ɪgzǽktli]　正確に 副

　☐ **exáct**　正確な、的確な 形

☐ **recently** [ríːs(ə)ntli]　最近 副

　☐ **récent**　最近の 形

　類 **lately** ➡ 最近

☐ **correct** [kərékt]　正しい 形　（誤り）を直す 動

　☐ **corréction**　訂正 名
　☐ **corréctly**　正しく 副

　反 **incorrect** ➡ 間違った

☐ **accompany** [əkʌ́mp(ə)ni, -kʌ́m-]　〜に添える、〜に同行する 動

　● **be accompanied by ...** ➡ …を伴う

| | mix-up | 取り違え、混同 名 |

類 confusion ➡ 混同、混乱

| | layout [léɪàʊt] | レイアウト、見取り図 名 |

| | publish [pʌ́blɪʃ] | ～を出版する、～を発表する 動 |

- pùblicátion　出版(物)、発表 名
- públisher　出版社 名

◆ 設問・選択肢からの語句 ◆

※チェックボックスの下の番号は右ページの設問番号です。

| 28. | manufacturer [mæ̀n(j)əfǽktʃərər] | 製造業者、メーカー 名 |

- mànufácture　～を製造する 動　製造 名

| 29. | invoice [ínvɔ̀ɪs] | 請求書、送り状 名 |

| 29. | contain [kəntéɪn] | ～を含む 動 |

| 30. | expedite [ékspədàɪt] | ～を手早く片づける、～をはかどらせる 動 |

28. What type of business is the woman calling from?

(A) A construction company
(B) A sporting goods manufacturer
(C) An advertising firm
(D) A printing shop

28. 女性はどんな業種の会社から電話をかけていますか。

(A) 建設会社
(B) スポーツ用品の製造会社
(C) 広告会社
(D) 印刷所

29. What problem is the woman calling about?

(A) An invoice showed the wrong amount.
(B) A printer did not produce enough copies.
(C) A magazine was sent to the wrong address.
(D) An article contained an error.

29. 女性はどんな問題について電話をかけていますか。

(A) 請求書に間違った金額が書かれていた。
(B) プリンターで十分な枚数のコピーができなかった。
(C) 雑誌が間違った住所に送られた。
(D) 記事に誤りが含まれていた。

30. What does the man say he will do?

(A) Approve a refund
(B) Arrange an interview
(C) Find a photograph
(D) Expedite a delivery

30. 男性は何をすると言っていますか。

(A) 払い戻しを承認する。
(B) 面接を手配する。
(C) 写真を見つける。
(D) 配達を早める。

正解 28. (A) **29.** (D) **30.** (C)

Questions 31 through 33 refer to the following conversation.

(W-Am) John, we have a problem with Theater 4. People have been **complaining** about the sound—they can't hear what the actors are saying. Can you figure out what**'s wrong with** the **audio** equipment?

(M-Au) Sure, but it might **take** some **time**. Do you want me to stop the movie now, or wait until it**'s over**?

(W-Am) So many people have complained I think we should just stop the **screening**. I'll offer everyone in the **audience** a **refund**. Maybe some of them will use it to stay and see another **film**.

☐ **complain** [kəmpléɪn] 不平を言う 動

- complain about〔of〕... ➡ …について不平を言う

☐ **compláint** 不平、苦情 名

☐ **be wrong with ...** …に問題がある、…の具合が悪い

☐ **audio** [ɔ́ːdiòu] 音声の、音の 形

- audio equipment ➡ 音響設備

☐ **take time** 時間がかかる

☐ **be over** 終わる

設問 ⇨ p.111

問題 31-33 は次の会話に関するものです。

John、4番シアターに問題があるわ。お客様が音について苦情を言っているの。俳優の言っていることが聞こえないんですって。音響設備の何に問題があるのか調べてくれる？

いいよ、でも少し時間がかかるかもしれない。映画を今止めたほうがいい？ それとも終わるまで待ったほうがいいかな。

かなり多くの人が苦情を言っているから、すぐに上映をやめたほうがいいと思うわ。観客全員に払い戻しを提供するわ。おそらく何人かはそれを使って残り、別の映画を見るかもしれないわね。

screening
[skríːnɪŋ]
上映 名

scréen 上映される 動　映画(界)、画面 名

audience
[ɔ́ːdiəns]
観客、聴衆 名

refund
払い戻し 名 [ríːfʌnd]
(支払われた金)を払い戻す 動 [rɪfʌ́nd, ríːfʌnd]

● full refund ➡ 全額払い戻し

refúndable 払い戻しのできる 形

類 **reimbursement** ➡ 返済、払い戻し

film
[fílm]
映画 名　(映画)を撮影する 動

類 **movie** ➡ 映画

109

◆ 設問・選択肢からの語句 ◆

※チェックボックスの下の番号は右ページの設問番号です。

31. instrument
[ínstrəmənt]
楽器、器具 名

- musical instrument ➡ 楽器

□ instruméntal　楽器の 形

32. shipment
[ʃípmənt]
発送(品)、貨物 名

□ shíp　～を発送する、～を出荷する 動　船 名

32. sell out
売り尽くす

- be sold out ➡ 売り切れる

32. properly
[prάpərli]
適切に 副

□ próper　適切な 形

33. autograph
[ɔ́ːtəgræf]
(本・写真など)にサインする 動
(特に有名人の手書きの)サイン 名

類 sign ➡ (手紙や書類など)に署名する

110　Part 別語句　Part 3 会話

31. Where most likely do the speakers work?

(A) In a movie theater
(B) In a musical instrument shop
(C) In an electronics store
(D) In a concert hall

31. 2人はどこで働いていると思われますか。

(A) 映画館
(B) 楽器店
(C) 電器店
(D) コンサートホール

32. What problem are the speakers discussing?

(A) A shipment has not arrived.
(B) Some prices have gone up.
(C) A performance is sold out.
(D) Some equipment is not working properly.

32. 2人はどんな問題について話し合っていますか。

(A) 発送品が届かない。
(B) 価格が一部上がった。
(C) 公演が売り切れた。
(D) 一部の機器が適切に作動していない。

33. What will the woman give each customer?

(A) A free CD
(B) An event calendar
(C) A refund
(D) An autographed poster

33. 女性はそれぞれの客に何を提供するつもりですか。

(A) 無料のCD
(B) 行事の予定表
(C) 返金
(D) サイン入りのポスター

正解 **31.** (A) **32.** (D) **33.** (C)

Questions 34 through 36 refer to the following conversation.

(W-Br) Hi, I'm here to register for the charity bicycle race—the one that takes place next Saturday. Is there a registration fee? The flyer I saw didn't say.

(M-Cn) Registration is twenty-five dollars. Please fill out this registration form and then read and sign the safety rules, and you're all set.

(W-Br) Oh dear, the rules say that my bike has to have a reflector on both the front and rear wheels. I only have one in back but I'll get the other one installed before Saturday.

(M-Cn) And one other thing—you should plan to come early that day. You'll have to pick up a tag with your entry number on it to wear during the race. Good luck!

☐ **be here to** *do*　〜するために来る

☐ **charity** [tʃǽrəti]　慈善（行為）、義援金 [名]

　☐ **cháritable** 慈善の [形]

　[類] donation ➡ 寄付　　contribution ➡ 寄付、貢献

☐ **race** [réɪs]　レース、競争、人種 [名]

☐ **take place**　行われる

　[類] be held ➡ 行われる

☐ **registration** [rèdʒəstréɪʃ(ə)n]　登録 [名]

　☐ **régister**　（〜を）登録する [動]

112　Part 別語句 Part 3 会話

設問 ⇨ p.115

問題 34-36 は次の会話に関するものです。

こんにちは、**チャリティ**自転車**レース**に登録する**ために来ました**。次の土曜に**行われる**レースです。**登録**料はかかりますか。私が見た**チラシ**には書いてありませんでした。

登録には 25 ドルかかります。こちらの登録用紙に記入して、安全規則を読んで署名していただければ、すべて**準備が整い**ます。
あら、規則によると、自転車には前と**後ろの車輪**両方に**反射板**が付いていなければならないのですね。私は後ろに 1 つしか付けていないけれど、土曜日までにもう 1 つ取り付けます。

それからもうひとつ、当日は早く来る予定を立てたほうがいいですよ。レース中に身につける、**出場**番号が書かれた**ゼッケン**を受け取らないといけませんから。頑張ってくださいね。

☐ **flyer**
[fláɪər]

チラシ 名

Tip! flier とも表記する。

類 leaflet → チラシ

☐ **set**
[sét]

用意ができて 形
〜を用意する、（時間など）を取り決める 動

☐ **reflector**
[rɪfléktər]

反射板 名

☐ **refléct** （〜を）反射する 動
☐ **refléction** 反射 名

☐ **rear**
[ríər]

後方の 形　後方 名

反 front → 前方の

113

☐ **wheel** [(h)wíːl] 車輪 名

☐ **tag** [tǽg] ゼッケン、付け札 名

☐ **entry** [éntri] 出場、参加者、入ること 名
　☐ **énter** 〜に入る 動

◆ 設問・選択肢からの語句 ◆

※チェックボックスの下の番号は右ページの設問番号です。

☐ 34. **volunteer** [vὰləntíər] 進んで事に当たる、〜を自発的に申し出る 動 / ボランティア 名
　☐ **vóluntàry** 自発的な、任意の 形

☐ 34. **fundraiser** [fʌ́ndrèɪzər] 資金集めの催し 名

☐ 35. **requirement** [rɪkwáɪərmənt] 要件、必要条件 名
　● meet a requirement ➡ 要件を満たす
　☐ **requíre** 〜を必要とする 動

☐ 36. **distribute** [dɪstríbjut, -bjət] 〜を配布する、〜を流通させる 動
　☐ **dìstribútion** 配布、流通 名
　☐ **distríbutor** 卸売業者 名

34. What does the woman want to do?
   (A) Watch a sporting event
   (B) Volunteer at a fundraiser
   (C) Sign up for a class
   (D) Enter a race

34. 女性は何をしたいと思っていますか。
   (A) スポーツイベントを観戦する。
   (B) 資金集めの催しでボランティアをする。
   (C) 授業に登録する。
   (D) レースに出場する。

35. What problem does the woman mention?
   (A) She left her purse at home.
   (B) She forgot to fill out some paperwork.
   (C) Her schedule is full on Saturday.
   (D) Her bicycle does not meet safety requirements.

35. 女性はどんな問題について述べていますか。
   (A) 財布を家に置き忘れた。
   (B) 書類に記入するのを忘れた。
   (C) 土曜日は予定が埋まっている。
   (D) 自転車が安全要件を満たしていない。

36. Why should the woman arrive early at the event?
   (A) To pick up a tag
   (B) To get a better seat
   (C) To help collect tickets
   (D) To distribute flyers

36. 女性はなぜイベントに早く来たほうがよいのですか。
   (A) ゼッケンを受け取るため。
   (B) よりよい席を取るため。
   (C) チケットを集めるのを手伝うため。
   (D) チラシを配るため。

正解　34. (D)　35. (D)　36. (A)

Questions 37 through 39 refer to the following conversation.

(W-Br) Daniel, I know how much you love to cook. Did you hear that the **chef** from the *Spontaneous Gourmet* show on TV will be teaching a class at the **culinary institute** this summer?

(M-Au) Really? Steven Okada? I've been a fan of his show **for years**! I learned how to make some of my favorite **dishes** from watching him cook.

(W-Br) Well, if you**'re interested in** the class, you should sign up right away—there are only a few **spots** available to the **general public**.

☐ **chef** [ʃéf] 料理人、コック長 名

☐ **spontaneous** [spɑntéɪniəs] 自分から進んでする、自発的な 形
  ☐ **spontáneously** 自発的に 副
    反 forced ➡ 強制された

☐ **gourmet** [gúərmèɪ] グルメ、食通 名

☐ **culinary** [kʌ́lənèri, kjúː-] 料理の 形

☐ **institute** [ínstət(j)ùːt] 専門学校、研究所 名
  ☐ **institútion** 機関、設立 名

設問 ⇨ *p.119*

問題 37-39 は次の会話に関するものです。

Daniel、あなたがどんなに料理をするのが好きか知ってるわ。*Spontaneous Gourmet*（自分で作るグルメ）っていうテレビ番組のシェフが、今年の夏に料理学校で講座を教えるって聞いた？

本当に？ Steven Okada が？ 何年も彼の番組のファンなんだよ。僕が大好きな料理のいくつかの作り方は、彼が料理するのを見て覚えたんだ。

じゃあ、講座に興味があるなら、すぐに申し込んだほうがいいわ。一般人向けの参加枠はわずかしかないから。

Part別語句 Part 3 会話

☐ **for years** 何年も、長年

☐ **dish** [díʃ] 料理、大皿 名

☐ **be interested in ...** …に興味を持っている

☐ **spot** [spάt] 場所、地点 名
　類 place ➡ 場所

☐ **general public** 一般の人々
　☐ **public** [pʌ́blɪk] 公衆、一般の人々 名

117

◆ 設問・選択肢からの語句 ◆

※チェックボックスの下の番号は右ページの設問番号です。

37. ☐ **cookware** [kúkwèər] 〈集合的に〉調理器具 名

38. ☐ **column** [káləm] （新聞などの）コラム、欄、（建物の）柱 名

38. ☐ **found** [fáʊnd] ～を設立する 動
　　類 establish ➡ ～を設立する

39. ☐ **subscribe** [səbskráɪb] （新聞・雑誌を）予約購読する、～を寄付する 動
　　● subscribe to ... ➡ …を予約購読する
　　☐ **subscríption** 予約購読、寄付（金） 名

39. ☐ **cancellation** [kæns(ə)léɪʃ(ə)n] 取り消し、中止 名
　　☐ **cáncel** ～を取り消す、～を中止する 動

37. According to the woman, what will happen this summer?

   (A) A cooking course will be offered.
   (B) A line of cookware will be launched.
   (C) A café will open.
   (D) A documentary will be filmed.

37. 女性によると、今年の夏に何がありますか。

   (A) 料理講座が開かれる。
   (B) 調理器具のシリーズが発売される。
   (C) カフェが開店する。
   (D) ドキュメンタリー映画が撮影される。

38. What is Steven Okada known for?

   (A) Owning a chain of stores
   (B) Writing a magazine column
   (C) Founding a cooking school
   (D) Hosting a television show

38. Steven Okada はどんなことで有名ですか。

   (A) チェーン店を所有していること。
   (B) 雑誌のコラムを書いていること。
   (C) 料理学校を設立したこと。
   (D) テレビ番組の司会を務めていること。

39. What does the woman recommend?

   (A) Requesting an interview
   (B) Registering soon
   (C) Subscribing to a newsletter
   (D) Asking about cancellations

39. 女性は何を勧めていますか。

   (A) インタビューを依頼すること。
   (B) すぐに登録すること。
   (C) 会報を予約購読すること。
   (D) 取り消しについて尋ねること。

正解 37. (A)   38. (D)   39. (B)

Questions 40 through 42 refer to the following conversation.

(W-Am) Hello, I'm planning to **order** flower **arrangements** for an awards **banquet** next month. A colleague recommended your shop.

(M-Cn) Yes, we **specialize** in **centerpieces** for corporate events. Do you know what type of flowers you're **looking for**?

(W-Am) I have a picture of one of the arrangements from last year's banquet that I can **e-mail** to you. If you could make something **similar**, that'd be great. How far **in advance** should I place the order?

(M-Cn) You'll have to submit your order two weeks before the event. That way we can be sure that we have the flowers you request in stock.

☐ **order** [ɔ́ːrdər]
(〜を)注文する、〜を命じる 動
注文、命令、順序 名

● place an order ➡ 注文する

☐ **arrangement** [əréɪndʒmənt]
配置、取り決め 名

● flower arrangement ➡ フラワーアレンジメント

☐ **arránge** 〜をきちんと並べる、〜を調整する 動

☐ **banquet** [bǽŋkwət]
晩餐会、宴会 名

☐ **specialize** [spéʃ(ə)làɪz]
専門とする、専攻する 動

● specialize in ... ➡ …を専門に扱う

☐ **spècializátion** 専門化、専門分野 名
☐ **spécialìzed** 専門の 形

設問 ⇨ p.123

問題 40-42 は次の会話に関するものです。

もしもし、来月の受賞晩餐会のためにフラワーアレンジメントを注文するつもりです。同僚がこちらのお店を薦めてくれました。

はい、当店では企業のイベントにおけるテーブル中央部の装飾を専門に扱っております。どんな種類の花をお求めになるか、お決まりですか。

昨年の晩餐会でのアレンジメントの写真があって、E メールでお送りできます。似たようなものを作っていただけるとありがたいです。どのくらい前に注文すればよいですか。

イベントの 2 週間前までに注文書をご提出いただく必要があります。そうすればご依頼の花を確実に入荷できます。

☐ **centerpiece** [séntərpìːs] （テーブルなどの）中央部の装飾 名

☐ **look for ...** …を探す、…を得ようと求める

☐ **e-mail** [íːmèɪl] 〜をEメールで送る、〜にEメールを送る 動 Eメール 名

☐ **similar** [sím(ə)lər] 類似した、同様の 形

　☐ **símilarly** 類似して、同様に 副
　☐ **sìmilárity** 類似（点） 名

☐ **in advance** 前もって、あらかじめ

　☐ **advance** [ədvǽns] 前進 名 〜を進める 動
　類 **beforehand** ➡ 前もって

◆ 設問・選択肢からの語句 ◆

※チェックボックスの下の番号は右ページの設問番号です。

40. ☐ **discuss** [dɪskʌ́s] 〜について話し合う、〜を論議する 動

　☐ **discússion** 話し合い、論議 名

　類 **debate** ➡ (〜を)討論する

40. ☐ **catering** [kéɪtərɪŋ] ケータリング、仕出し料理 名

　☐ **cáter** (パーティーなどの)料理をまかなう 動

41. ☐ **delivery** [dɪlív(ə)ri] 配達(物) 名

　☐ **delíver** 〜を配達する 動

122　Part 別語句 **Part 3 会話**

トランスクリプト ⇨ p.120

40. Why is the woman calling?
    (A) To discuss a seating plan
    (B) To arrange catering services
    (C) To invite the man to speak at a banquet
    (D) To inquire about flower arrangements

40. 女性はなぜ電話をかけていますか。
    (A) 座席順を話し合うため。
    (B) ケータリングサービスを手配するため。
    (C) 男性に晩餐会でスピーチをしてもらうため。
    (D) フラワーアレンジメントについて問い合わせるため。

41. What will the woman provide?
    (A) An event schedule
    (B) Delivery instructions
    (C) Menu options
    (D) A photograph

41. 女性は何を提供しますか。
    (A) イベントの日程表
    (B) 配達の指示書
    (C) メニューの選択項目
    (D) 写真

42. How much advance notice does the man require?
    (A) Two days
    (B) One week
    (C) Two weeks
    (D) One month

42. 男性はどのくらい前に知らせるように求めていますか。
    (A) 2日
    (B) 1週間
    (C) 2週間
    (D) 1か月

正解 40. (D)　41. (D)　42. (C)

Questions 43 through 45 refer to the following conversation.

(W-Br) Excuse me—a friend of mine booked her vacation here recently and recommended your **agency**. I'm thinking about going to the Bahamas in June and could use some help planning my trip.

(M-Au) The Bahamas are a great place to **vacation**, but have you considered other **destinations**? There are some **excellent deals** on **airfares** to Florida right now, and the beaches are **gorgeous**. You could **save** a lot of **money** by traveling there instead.

(W-Br) Hm, that's a good **tip**—I think **I'd better** talk it over with my family before I book anything.

(M-Au) That's fine. **Why don't you take a look** at these brochures about Florida resort options? Some of these spots have special activities for families, so I think you'll be able to find something you like.

☐ **agency** [éɪdʒ(ə)nsi] 代理店 名

　類 **agent** ➡ 代理人、代理店

☐ **vacation** [veɪkéɪʃ(ə)n, və-] 休暇を過ごす 動　休暇 名

☐ **destination** [dèstənéɪʃ(ə)n] 行き先、目的地 名

☐ **excellent** [éks(ə)lənt] 優れた、素晴らしい 形

　☐ **éxcellence** 卓越（していること）名
　☐ **excél** （～に）勝る、秀でる 動

☐ **deal** [díːl] お買い得品、取引 名　扱う 動

　● **deal with ...** ➡ …を扱う、…に対処する

124　Part 別語句　Part 3 会話

問題 43-45 は次の会話に関するものです。

すみません。友人が最近ここで休暇の予約をして、こちらの代理店を薦めてくれました。6月にバハマに行こうと考えていまして、旅行の計画を立てる手伝いをしてもらえないかと思っています。

バハマは休暇を過ごすには最高の場所ですが、ほかの行き先もご検討されましたか。今ならフロリダへの航空運賃でかなりお得なものがあって、ビーチが見事ですよ。代わりにそちらへ旅行なされば、かなりのお金を節約することができるでしょう。

なるほど、いいアドバイスですね。予約する前に家族とその話をするべきだと思います。

結構ですよ。フロリダの行楽地のオプションに関するこれらのパンフレットをご覧になってはいかがですか。家族向けの特別なアクティビティを用意している場所もありますから、お気に召すものを見つけられると思います。

☐ **airfare** [ɛ́ərfɛ̀ər] 　航空運賃 名

☐ **gorgeous** [gɔ́ːrdʒəs] 　見事な、豪華な 形

> 類 splendid ➡ 豪華な、素晴らしい

☐ **save money** 　お金を節約する

☐ **tip** [típ] 　助言、ヒント 名

> Tip! 「(サービスなどに対して渡す)チップ」の意味もある。

☐ **had better** *do* 　～するべきだ

> Tip! should より強い忠告や勧告を表す。

- [ ] **Why don't you do …?** 〜してはいかがですか。
  - 類 **How about …?** ➡ …はどうですか。

- [ ] **take a look** 見る

◆ 設問・選択肢からの語句 ◆

※チェックボックスの下の番号は右ページの設問番号です。

- [ ] 44. **suggest** [sə(g)dʒést] 〜を提案する、〜を勧める 動
  - [ ] **suggéstion** 提案 名

- [ ] 44. **delay** [dɪléɪ] 遅延 名 / 〜を遅らせる、〜を延ばす 動

- [ ] 44. **ensure** [ɪnʃʊər, en-] 〜を保証する、〜を確保する 動
  - 類 **assure** ➡ 〜を保証する

- [ ] 44. **take advantage of …** …を利用する
  - [ ] **advantage** [ədvǽntɪdʒ] 有利、利点 名

43. How did the woman find out about the travel agency?

(A) Her company uses it for business travel.
(B) A friend told her about it.
(C) She saw a flyer in a store window.
(D) She read a review online.

43. 女性は旅行代理店をどのようにして知りましたか。

(A) 会社が出張で利用している。
(B) 友人が教えた。
(C) 店のショーウィンドウでチラシを見た。
(D) インターネットで批評を読んだ。

44. Why does the man suggest that the woman change her plans?

(A) To avoid travel delays
(B) To ensure the best choice of accommodations
(C) To take advantage of lower prices
(D) To allow more time to research options

44. 男性はなぜ女性に予定を変更するよう提案していますか。

(A) 移動での遅れを避けるため。
(B) 最高の宿泊施設を選べることを保証するため。
(C) より安い価格を利用するため。
(D) ほかの選択肢を調べる時間を与えるため。

45. What does the man offer the woman?

(A) A promotional video
(B) A map
(C) Passport applications
(D) Resort brochures

45. 男性は女性に何を提供しますか。

(A) 販促用ビデオ
(B) 地図
(C) パスポートの申請書
(D) 行楽地のパンフレット

正解 **43.** (B) **44.** (C) **45.** (D)

Questions 46 through 48 refer to the following conversation.

(M-Au) Good afternoon, and thank you for calling Sunnydale Furniture, where you'll find the area's biggest discounts on all home and office furniture. **How can I help you?**

(W-Am) I was **looking through** your **catalog**, and there's a desk I'm interested in. I was **wondering if** you have it on **display** in your store. It's the Putnam model.

(M-Au) I'm sorry, that **particular** model was recently **discontinued**. But it's been replaced with a very similar **style**, called the Shipley, and we do have one of those here in the store.

(W-Am) OK, great! I'll be in town later today, so I'll **stop by** to take a look.

☐ **How can I help you?** — どのようなご用件ですか。

☐ **look through ...** — …をひと通り調べる

☐ **catalog** [kǽt(ə)lɔ̀(ː)g, -làg] — カタログ 名 / (〜の)カタログを作成する 動

Tip! catalogue と表記することもある。

☐ **wonder if ...** — …かどうかと思う

☐ **display** [dɪspléɪ] — 展示、展示品 名 / 〜を展示する、(感情など)を表に出す 動

● **on display** ➡ 展示されて

設問 ⇨ p.131

問題 46-48 は次の会話に関するものです。

こんにちは、Sunnydale 家具店へお電話いただきありがとうございます。当店では、家庭用およびオフィス用の家具を地域最大のお値引きでご提供しております。どのようなご用件でしょうか。

御社のカタログに目を通していて、興味を持った机があります。そちらのお店に展示されているかどうかと思いまして。Putnam モデルです。

あいにくですが、そのモデルは最近製造中止になりました。ですが、とてもよく似た Shipley という型に替わり、そちらであれば当店にございます。

それはよかったわ。今日あとで街に行くので、立ち寄って見てみます。

particular
[pərtíkjələr]
特にこの、特有の 形

- in particular ➡ 特に、とりわけ

particularly 特に、とりわけ 副

類 specific ➡ 特定の

discontinue
[dìskəntínju]
(生産など)を中止する、中止になる 動

類 halt ➡ ～を休止させる、休止する

反 continue ➡ ～を続ける、続く

style
[stáɪl]
型、様式、やり方 名

類 type ➡ 型

stop by
立ち寄る、訪れる

129

◆ 設問・選択肢からの語句 ◆

※チェックボックスの下の番号は右ページの設問番号です。

46. ☐ **status** [stéɪtəs, stǽt-] 状態、地位 名

47. ☐ **assembly** [əsémbli] 組み立て 名
- ☐ **assémble** 〜を組み立てる、〜を集める 動
- Tip! assembly には「集会」の意味もある。

47. ☐ **warehouse** [wéərhàʊs] 倉庫 名
- 類 **storehouse** ➡ 倉庫、貯蔵庫

47. ☐ **durable** [d(j)ʊ́ərəb(ə)l] 耐久性のある、永続性のある 形
- ☐ **dùrabílity** 耐久性〔力〕 名
- 類 **heavy-duty** ➡ 耐久性のある

48. ☐ **supplier** [səpláɪər] 供給業者 名

130　Part 別語句　Part 3 会話

トランスクリプト ⇨ p.128

46. Why is the woman calling?
    (A) To confirm that a price is correct
    (B) To request a store catalog
    (C) To find out if an item is on display
    (D) To check the status of an order

46. 女性はなぜ電話をかけていますか。
    (A) 価格が正しいことを確認するため。
    (B) 店のカタログを求めるため。
    (C) ある商品が展示されているかどうかを調べるため。
    (D) 注文品の状況を調べるため。

47. What does the man say about the Putnam model?
    (A) It requires assembly.
    (B) It has been discontinued.
    (C) It has to be shipped from the warehouse.
    (D) It is durable.

47. 男性は Putnam モデルについて何と言っていますか。
    (A) 組み立てが必要である。
    (B) 生産中止となった。
    (C) 倉庫から出荷されなければならない。
    (D) 耐久性がある。

48. What does the woman say she will do?
    (A) Compare prices
    (B) Cancel an order
    (C) Check with another supplier
    (D) Visit a store

48. 女性は何をするつもりだと言っていますか。
    (A) 価格を比較する。
    (B) 注文を取り消す。
    (C) 別の業者に確認する。
    (D) 店を訪れる。

正解 46. (C)　47. (B)　48. (D)

Questions 49 through 51 refer to the following conversation.

(M-Au) Good evening, I'm calling from the Mountain View **City Council** office. We're **surveying local residents** to get their **opinions** about the recent **proposal** to expand Highway 1. Would you **be willing to** answer a few questions?

(W-Br) I'm sorry, I'm just leaving to go out. But I've been reading the articles in the newspaper—the ones about all the plans to improve our local roads, and I'd very much like to respond to the survey. Could you call back at another time?

(M-Au) If it would be more **convenient**, you can take the survey online. All you have to do is go to the city council's Web site and click on the button that says "Roadway survey." It'll only take you about five minutes to fill out the form.

☐ **city council** 市議会

☐ **survey** ～に質問する、～を調査する 動 [sərvéɪ, sə́ːrveɪ]
アンケート、調査 名 [sə́ːrveɪ, sərvéɪ]

☐ **local** [lóʊk(ə)l] 地元の、土地の 形
(特定の)土地の人、普通列車〔バス〕 名

☐ **resident** [rézəd(ə)nt] 居住者 名　居住する 形
　☐ **rèsidéntial** 居住の、住宅の 形
　☐ **résidence** 住宅 名

☐ **opinion** [əpínjən] 意見 名

132　Part 別語句 Part 3 会話

設問 ⇨ p.135

問題 49-51 は次の会話に関するものです。

こんばんは、Mountain View 市議会事務局からお電話を差し上げております。幹線道路1号線を拡張するという最近の提案についてのご意見を伺うため、地元住民の方々に調査を行っています。2、3の質問にお答えいただけますか。

すみません、ちょうど外出するところなんです。でも、その記事は新聞で読んでいます。この辺りの道を改良する計画全般に関するものです。調査にはぜひ回答したいと思います。別の時間にかけ直していただけますか。

そちらのほうがより便利であれば、オンラインで調査にご参加いただけます。市議会のウェブサイトに行って、「道路調査」というボタンをクリックしていただくだけです。フォームに入力するには5分程度しかかかりません。

---

proposal [prəpóuz(ə)l]
提案、企画案、申し込み 名

- **propóse** ～を提案する 動
- 類 suggestion ➡ 提案

be willing to *do*
～するのをいとわない、進んで～する

- **willingly** [wíliŋli] 進んで 副
- 反 be unwilling to *do* ➡ ～するのを好まない、～したがらない

convenient [kənvíːnjənt]
便利な、都合のよい 形

- **convénience** 便利、好都合 名
- 反 inconvenient ➡ 不便な、都合の悪い

133

◆ 設問・選択肢からの語句 ◆

※チェックボックスの下の番号は右ページの設問番号です。

49. **describe** [dɪskráɪb] 〜を説明する、〜を描写する 動

　□ **description** 説明、描写 名

49. **publicize** [pʌ́bləsàɪz] 〜を宣伝する、〜を公表する 動

　□ **public** 公的な 形　一般の人々 名

　類 advertise ➡ 〜を宣伝する

50. **neighborhood** [néɪbərhùd] 近隣の人々、近所 名

　□ **neighbor** 近所の人 名

50. **official** [əfíʃ(ə)l] 公務員、役人 名　公の、公式の 形

　● city official ➡ 市の職員

49. What is the purpose of the telephone call?

(A) To describe a service
(B) To publicize an event
(C) To conduct a survey
(D) To request a proposal

49. 電話の目的は何ですか。

(A) サービスを説明する。
(B) イベントを宣伝する。
(C) 調査を行う。
(D) 提案を要請する。

50. What does the woman say she has done?

(A) Used public transportation
(B) Organized a neighborhood group
(C) Followed news reports
(D) Contacted city officials

50. 女性は何をしたと言っていますか。

(A) 公共の交通機関を利用した。
(B) 近隣住民のグループを作り上げた。
(C) ニュース記事を読んだ。
(D) 市の職員に連絡を取った。

51. What does the man suggest the woman do?

(A) Write a newspaper article
(B) Complete a form online
(C) Speak with an expert
(D) Order a free sample

51. 男性は女性に何をするよう提案していますか。

(A) 新聞記事を書く。
(B) オンラインでフォームに入力する。
(C) 専門家と話す。
(D) 無料サンプルを注文する。

正解 49. (C) 50. (C) 51. (B)

Questions 52 through 54 refer to the following conversation.

(W-Br) Hello, this is Gina Masterson, the **director** of the Churchill Theater. I loved your **audition** and would like to offer you a **role** in our **upcoming play**, *Town and Country*. **Rehearsals** begin next Wednesday.

(M-Cn) That's great, but I didn't **realize** rehearsals would be starting so soon. I'm already **performing** in another theater **production**, so I won't be available until the end of next week.

(W-Br) Well, we can work without you for the first few days, but I do need your **measurements** so I can give them to our **costume** designer. That usually **happens** on the first day of rehearsals.

(M-Cn) That's not a problem. I can stop by earlier in the day and meet with the costume designer then.

☐ **director** [dəréktər, daɪ-]　演出家、監督、管理者 名

　☐ **diréct**　（〜を）監督する、〜を管理する 動

☐ **audition** [ɔːdíʃ(ə)n]　オーディション 名
　　　　　　　　　　　　オーディションを行う〔受ける〕 動

☐ **role** [róʊl]　（劇などの）役、役割 名

　● play a role ➡ 役割を果たす

☐ **upcoming** [ʌ́pkʌ̀mɪŋ]　今度の、やがてやってくる 形

　類 **forthcoming** ➡ 今度の、来たる

☐ **play** [pléɪ]　劇、芝居 名
　　　　　　（劇）を上演する、（楽器）を演奏する 動

設問 ⇨ p.139

問題 52-54 は次の会話に関するものです。

もしもし、Churchill 劇場の演出家、Gina Masterson です。あなたのオーディションが素晴らしかったので、次回作、*Town and Country*（都会と郊外）で役をお願いしたいと思います。リハーサルは次の水曜日に始まります。

うれしいのですが、リハーサルがそんなにすぐに始まるとは認識していませんでした。すでに別の劇場の作品に出演しているので、来週末まで都合がつきません。

そうですね、最初の2、3日はあなたがいなくても大丈夫ですが、衣装デザイナーに伝えるために採寸が必要なんです。通常、それがリハーサルの初日に行われます。

それなら問題ありません。昼間の早いうちに立ち寄って、衣装デザイナーとお会いできます。

rehearsal
[rɪhə́ːrs(ə)l]
リハーサル、予行演習 名

- **rehéarse** （〜の）リハーサルをする 動

realize
[ríːəlàɪz]
〜を認識する、〜を悟る 動

- **rèalizátion** 認識 名

perform
[pərfɔ́ːrm]
〜を演じる 動

- **perfórmance** 公演、実績 名

production
[prədʌ́kʃ(ə)n]
制作（物）、生産（量）名

- **prodúce** （〜を）作り出す、（〜を）生産する 動

137

measurement
[méʒərmənt]

＜複数形で＞体のサイズ、寸法 名

- **méasure** 〜を測る 動　測定、寸法 名

Tip! measurement には「測定（すること）」という意味もある。

costume
[kást(j)ùːm]

衣装、服装 名

happen
[hǽp(ə)n]

起こる、生じる 動

◆ 設問・選択肢からの語句 ◆

※チェックボックスの下の番号は右ページの設問番号です。

52. tailor
[téɪlər]

仕立屋 名
（服を）仕立てる 動

53. conflicting
[kənflíktɪŋ]

相反する、矛盾する 形

- **conflíct** 対立する、矛盾する 動
- **cónflìct** 対立、矛盾 名

53. obligation
[àbləgéɪʃ(ə)n]

責務、義務 名

- **óbligàte** 〜に義務を負わせる 動
- **oblígatòry** 義務的な 形

類 duty ➡ 義務

138　Part 別語句　Part 3 会話

52. Who most likely is the man?

 (A) An actor
 (B) A set designer
 (C) A producer
 (D) A tailor

53. What problem does the man mention?

 (A) He cannot find some papers.
 (B) He has a conflicting work obligation.
 (C) Some promotional materials are not ready.
 (D) An audition has been postponed.

54. What does the man offer to do next Wednesday?

 (A) Introduce a speaker
 (B) Pick up a script
 (C) Take some pictures
 (D) Meet with a designer

52. 男性は誰だと思われますか。

 (A) 俳優
 (B) 舞台装置のデザイナー
 (C) プロデューサー
 (D) 服の仕立屋

53. 男性はどんな問題について述べていますか。

 (A) 書類が見つからない。
 (B) 仕事の責務がかち合っている。
 (C) いくつかの宣伝用の資料が準備できていない。
 (D) オーディションが延期された。

54. 男性は次の水曜日に何をすると申し出ていますか。

 (A) 講演者を紹介する。
 (B) 台本を取りに行く。
 (C) 写真を撮影する。
 (D) デザイナーに会う。

正解 52. (A) 53. (B) 54. (D)

Questions 55 through 57 refer to the following conversation.

(M-Cn) Dr. Adams, this is Justin McBride from the Foundation for Health Research. I'**m pleased to** tell you that your article about the **benefits** of a **low-fat diet** has been **accepted** for our **journal**.

(W-Am) That's wonderful news. I **actually** just **presented** my research at a **symposium** and it was well **received**. When will the article be published?

(M-Cn) Well, we've made some **editorial suggestions**, so revisions will have to be made first. Once you've done that, we can let you know the exact date the article will **appear** in the journal.

☐ **be pleased to** *do* 　　喜んで〜する

☐ **benefit** [bénəfit] 　　利益、ためになること 名
　　　　　　　　　　　〜のためになる、利益を得る 動
　　☐ **benefícial** 　有益な 形

☐ **low-fat** 　　低脂肪の 形
　　☐ **fat** [fæt] 　脂肪 名

☐ **diet** [dáɪət] 　　日常の食事、食餌療法 名
　　● **be on a diet** ➡ ダイエットをしている

☐ **accept** [ɪksépt, æk-] 　　〜を認める、〜を受け入れる 動
　　☐ **accéptance** 　受け入れ、容認 名
　　☐ **accéptable** 　受け入れられる 形

設問 ⇨ p.143

問題 55-57 は次の会話に関するものです。

Adams 博士、健康調査財団の Justin McBride です。低脂肪の食生活の利点に関する博士の論文が、当財団の機関誌に受諾されたことを喜んでお知らせいたします。

それは素晴らしい知らせですね。実はちょうどシンポジウムでその研究を発表し、好評を博しました。論文はいつ出版されますか。

ええと、いくつか編集上の提案をまとめましたので、まずは修正していただかなければなりません。それが終わりましたら、論文が機関誌に載る正確な日にちをお伝えできます。

journal
[dʒə́ːrnl]
機関誌、専門誌、日誌 名

actually
[ǽktʃu(ə)li]
実は、実際に 副

- **áctual** 実際の 形

present
[prɪzént]
〜を発表する、〜を提示する、〜を贈呈する 動

Tip! 名詞の「贈り物・プレゼント」という意味の場合、発音が [préz(ə)nt] となる。

- **prèsentátion** 発表、プレゼンテーション 名

symposium
[sɪmpóuziəm]
討論会、シンポジウム 名

received
[rɪsíːvd]
一般に認められた 形

● well received ➡ 評判がよい、歓迎された

141

editorial
[èdətɔ́:riəl]

編集の、(新聞などの)社説の 形
(新聞などの)社説 名

- **édit** 〜を編集する 動
- **éditor** 編集者 名

suggestion
[sə(g)dʒéstʃ(ə)n]

提案 名

- **suggést** 〜を提案する、〜を勧める 動

appear
[əpíər]

(記事などが)出る、現れる、〜のように見える 動

- **appéarance** 出現(すること)、外見 名
- 反 **disappear** ➡ 無くなる、消える

◆ 設問・選択肢からの語句 ◆

※チェックボックスの下の番号は右ページの設問番号です。

grant
55. [grǽnt]

助成金、認可 名　〜を認める 動

- 類 **subsidy** ➡ 助成金、補助金

assistant
55. [əsístənt]

助手 名　補助の、副〜 形

- **assíst** 〜を援助する 動
- **assístance** 援助、助力 名

reference
57. [réf(ə)rəns]

照会、推薦状 名

- ● **a letter of reference** ➡ 推薦状

142　Part 別語句 Part 3 会話

トランスクリプト ⇨ p.140

55. What is the man calling to tell the woman?

    (A) Her article has been accepted for publication.
    (B) She has been selected to receive a grant.
    (C) Research assistants have been hired.
    (D) A deadline has been extended.

55. 男性は何を伝えるために女性に電話をかけていますか。

    (A) 論文の出版が受諾された。
    (B) 助成金を受ける対象者に選ばれた。
    (C) 研究助手が雇用された。
    (D) 締め切りが延長された。

56. What has the woman recently done?

    (A) Expanded her laboratory
    (B) Interviewed for a job
    (C) Presented her research
    (D) Organized a conference

56. 女性は最近何をしましたか。

    (A) 実験室を拡張した。
    (B) 仕事の面接をした。
    (C) 研究を発表した。
    (D) 会議をとりまとめた。

57. What does the man ask the woman to do?

    (A) Check some data
    (B) Sign a contract
    (C) Submit letters of reference
    (D) Revise a submission

57. 男性は女性に何をするよう依頼していますか。

    (A) データを確認する。
    (B) 契約書に署名する。
    (C) 推薦状を提出する。
    (D) 提出物を修正する。

正解 55. (A) 56. (C) 57. (D)

Questions 58 through 60 refer to the following conversation.

(W-Am) Excuse me, I've been coming to this **fitness center** for a while now, but I'll be transferring to my company's office in London for several months, so I'm going to have to cancel my **membership**.

(M-Au) Did you know you can **suspend** your membership for up to six months? If you do that, you won't have to pay any new member **activation** fees when you return.

(W-Am) Oh, that's **fabulous**—I do like the exercise classes here, and I was planning to **enroll** again when I get back from London.

(M-Au) All we'll need is a letter from your company **stating** how long you'll be away on **assignment**. We'll keep the letter in your file, and when you return, just call us to **reactivate** your **account**.

☐ **fitness center** フィットネスセンター

　☐ **fitness** [fítnəs]　健康(状態) 名

☐ **membership** [mémbərʃìp]　会員であること、会員 名

☐ **suspend** [səspénd]　～を一時停止する、～を保留する、～をつるす 動

　☐ **suspénsion**　一時停止、保留、つるすこと 名

☐ **activation** [æ̀ktəvéɪʃ(ə)n]　活動的にすること、有効化 名

　☐ **áctivàte**　～を活動的にする、～を有効にする 動

☐ **fabulous** [fǽbjələs]　素晴らしい、素敵な 形

　Tip! 口語で、特に女性が用いる表現。

設問 ⇨ p.147

問題 58-60 は次の会話に関するものです。

すみません、しばらくこちらのフィットネスセンターに来ていますが、数か月間会社のロンドン事務所に異動するので、会員をやめなければならなくなるのですが。

会員資格を 6 か月まで一時停止できるのはご存じでしたか。そうすれば、お戻りになったときに新たに会員権を有効化する手数料を支払う必要がありません。

まあ、素晴らしいわ。こちらのエクササイズのクラスがとても好きなので、ロンドンから戻ってきたらまた入会しようと思っていました。

必要なものは、どれくらいの期間、仕事で離れるのかを記載した会社からの書類のみです。その書類をお客様のファイルに保管しておきますので、お客様がお戻りになったら、アカウントを再度有効にするために私どもにお電話いただくだけで結構です。

enroll
[ɪnróʊl, en-]
入会する、(〜を)登録する 動

- **enróllment** 入会、登録 名
- 類 register ➡ (〜を)登録する

state
[stéɪt]
〜を正確に示す、〜を述べる 動
状態、(米国などの)州 名

- **státement** 述べること、声明 名

assignment
[əsáɪnmənt]
割り当てられた仕事、研究課題 名

- **assígn** 〜を割り当てる、〜を指定する 動
- 類 task ➡ (課せられた)仕事

reactivate
[riǽktəveɪt]
〜を再び活動的にする 動

☐ **account** [əkáunt]
(システムの)**アカウント、口座、得意先** 名

◆ 設問・選択肢からの語句 ◆

※チェックボックスの下の番号は右ページの設問番号です。

☐ 58. **extended** [ɪksténdəd]
長期の、広範囲にわたる 形

☐ 58. **period** [píəriəd]
期間、授業時間 名

☐ 58. **raise** [réɪz]
～を上げる、～を高める、(資金)**を集める** 動　上げること、昇給 名

> *Tip!* raise と rise の用法の違いは p.239 参照。

☐ 60. **turn in ...**
(不要になったものなど)**を返す**、…を提出する

☐ 60. **employer** [ɪmplɔ́ɪər, ɛm-]
雇用者 名

☐ **emplòyée**　被雇用者、従業員 名
☐ **emplóy**　～を雇う 動

☐ 60. **payment** [péɪmənt]
支払い 名

● make a payment ➡ 支払う

☐ **páy**　(代金など)を支払う、(注意など)を払う 動

146　Part 別語句 Part 3 会話

58. Why does the woman want to cancel her membership?

(A) She will be away for an extended period.
(B) Membership fees are going to be raised.
(C) Her fitness instructor is leaving.
(D) Her company has changed its hours of operation.

58. 女性はなぜ会員をやめたいと思っていますか。

(A) 長期間不在にするため。
(B) 会費が引き上げられるため。
(C) 彼女のフィットネス・インストラクターが辞めるため。
(D) 彼女の会社が業務時間を変更したため。

59. What does the man suggest?

(A) Joining a different fitness center
(B) Taking an evening class
(C) Speaking to a manager
(D) Suspending an account

59. 男性は何を提案していますか。

(A) 別のフィットネスセンターに入会すること。
(B) 夜のクラスを取ること。
(C) 管理者と話すこと。
(D) アカウントを一時停止すること。

60. What does the man ask the woman to do?

(A) Turn in her membership card
(B) Fill out a customer satisfaction form
(C) Submit a document from her employer
(D) Make a payment in advance

60. 男性は女性に何をするよう頼んでいますか。

(A) 会員カードを返す。
(B) 顧客満足度調査の用紙に記入する。
(C) 雇用者からの書類を提出する。
(D) 事前に支払いをする。

正解 58. (A) 59. (D) 60. (C)

Memo

公式問題で学ぶ！Part 別語句

― Listening Section より ―

Part 4
説明文問題
を使った学習

電話メッセージ

Questions 61 through 63 refer to the following recorded message.

(W-Am) You have reached the Kingston **Medical Practice**. The office is now closed. If you are **calling for** Dr. Lopez, please be **advised** that she has moved to the Danville Medical Center and can now be reached at 555-0190. To schedule an appointment with any of our other doctors, **leave a message** at the **tone**, and our **receptionist** will **return your call** during **normal office hours**. Please note that in **observance** of the **national holiday**, the office will be closed on Monday.

☐ **medical practice** 診療（所）、診療行為

- ☐ **medical** [médɪk(ə)l]　医学の、医療の 形
- ☐ **practice** [præktəs]　実践、業務 名　（〜を）実践する、(医者などとして)開業する 動

☐ **call for ...** …を求めて電話する、…を要求する

- ☐ **call** [kɔ́ːl]　(〜に)電話をかける、(〜を)呼ぶ 動　呼び声、電話 名

☐ **advise** [ədváɪz, æd-]　〜に通知する、(〜に)忠告する 動

- ● **be advised that ...** ➡ …ということを知らせる
- ☐ **advísory**　助言を与える 形
- ☐ **advíser, advísor**　忠告者、相談役 名
- ☐ **advíce**　忠告 名

☐ **leave a message** 伝言を残す

設問 ⇨ p.153

問題 61-63 は次の録音メッセージに関するものです。

こちらは Kingston 診療所です。当診療所は現在休診しております。Lopez 先生に御用の方には、先生は Danville 医療センターに移られ、現在の連絡先は 555-0190 であることをお知らせします。当診療所のほかの医師に予約を取りたい方は、発信音が鳴ったら伝言を残してください。通常の診療時間内に、受付係が折り返しご連絡を差し上げます。国民の休日に従って、月曜日は休診いたしますのでご注意ください。

☐ **tone** [tóun]　(電話の)発信音、音色 名

☐ **receptionist** [risépʃ(ə)nist]　受付係、フロント係 名

　☐ **recéption**　(会社などの)受付、歓迎(会) 名

☐ **return one's call**　(人)に折り返し電話をかける

　☐ **return** [ritə́:rn]　戻る、〜を戻す 動　帰り、返却 名

　類 **call + 人 + back** ➡ (人)に折り返し電話をかける

☐ **normal** [nɔ́:rm(ə)l]　通常の、標準の 形　標準 名

　☐ **nórmally**　普段は、標準的に 副

☐ **office hours**　業務(診療)時間

　類 **business hours** ➡ 営業時間

151

☐ **observance** [əbzə́ːrv(ə)ns] 　従うこと、遵守 名

● in observance of ... ➡ …に従って

☐ **obsérve** 〜を遵守する 動

☐ **national holiday** 　国民の休日

☐ **national** [nǽʃ(ə)n(ə)l] 　国民の、全国的な 形

◆ 設問・選択肢からの語句 ◆

※チェックボックスの下の番号は右ページの設問番号です。

☐ 62. **hold** [hóʊld] 　（電話を）切らずに待つ、〜を保持する 動

● hold the line ➡ 電話を切らずに待つ

Tip! 「電話を切る」は hang up。

☐ 62. **extension** [ɪkstén ʃ(ə)n] 　（電話の）内線、広げること 名

☐ **exténsive** 広い、広範囲にわたる 形

☐ **exténd** 〜を広げる、広がる、〜を延長する 動

152　Part 別語句 Part 4 説明文

61. What does the speaker say about Dr. Lopez?

(A) She has changed her office hours.
(B) She is away on vacation.
(C) She is not accepting new patients.
(D) She is working at a different location.

61. 話し手はLopez先生について何と言っていますか。

(A) 診療時間を変更した。
(B) 休暇中でいない。
(C) 新規の患者を受け入れていない。
(D) 別の場所で働いている。

62. What should callers do to make an appointment?

(A) Hold for an operator
(B) Leave a message
(C) Dial an extension
(D) Call back later in the day

62. 電話をかけた人は予約を取るために何をすべきですか。

(A) 電話交換手を待つ。
(B) 伝言を残す。
(C) 内線に電話をかける。
(D) その日のうちに電話をかけ直す。

63. What will happen on Monday?

(A) Patient calls will be returned.
(B) A medical conference will take place.
(C) A new phone system will be installed.
(D) The office will be closed.

63. 月曜日に何が起こりますか。

(A) 患者のかけた電話が折り返される。
(B) 医学会議が開催される。
(C) 新しい電話システムが導入される。
(D) 診療所が休業となる。

正解　**61.** (D)　**62.** (B)　**63.** (D)

Questions 64 through 66 refer to the following telephone message.

(W-Br) Hello, this message is for George Woo at Riverdale Publishing. This is Helen Sanders. We met last month at the Southwest **Literary** Conference, and I told you about a book I was writing—*Travels by Land*. I've just completed the first **draft**, and I'm going to go ahead and e-mail you a copy, as you suggested. I'm very excited about the **possibility** of working with you **since** you've **edited** so many books by other travel writers that I **admire**. I hope you find the **manuscript promising**, and I **look forward to hearing from** you.

☐ **literary**
[lítərèri]
文学の、文学的な 形

  ☐ **líteral** 文字の、文字通りの 形
  ☐ **líteratùre** 文学（作品） 名

☐ **draft**
[drǽft]
草稿、下書き 名
〜を起草する、〜を下書きする 動

☐ **possibility**
[pàsəbíləti]
可能性、見込み 名

  ☐ **póssible** 可能な、見込みのある 形

☐ **since**
[síns]
〜なので、〜して以来 接 〜以来 前

☐ **edit**
[édət]
〜を編集する 動

  ☐ **edítion** （本・新聞・雑誌などの）版 名
  ☐ **éditor** 編集者 名
  ☐ **èditórial** 編集の、（新聞などの）社説の 形 （新聞などの）社説 名

設問 ⇨ p.157

> 問題 64-66 は次の電話のメッセージに関するものです。
>
> もしもし、このメッセージは Riverdale 出版の George Woo さん宛てです。私は Helen Sanders です。先月、Southwest 文学会議でお会いして、私が執筆中だった本、Travels by Land（陸路の旅）についてお話ししました。第一草稿が出来上がったところなので、まずはご提案いただいたように E メールで 1 部お送りしようと思います。Woo さんは私が称賛する旅行作家の本をとてもたくさん編集なさっているので、Woo さんと一緒にお仕事ができる可能性に非常に興奮しております。原稿が見込みのあるものだといいのですが。ご連絡をお待ちしております。

- [ ] **admire** [ədmáɪər]　〜を称賛する 動
  - [ ] **àdmirátion**　称賛、憧れ 名
  - [ ] **ádmirable**　称賛に値する、立派な 形

- [ ] **manuscript** [mǽnjəskrìpt]　原稿 名

- [ ] **promising** [práməsɪŋ]　見込みのある、将来有望な 形
  - [ ] **prómise**　(〜の)見込みがある 動　見込み、約束 名
  - 類 **prospective** ➡ 見込みのある　**potential** ➡ 可能性〔見込み〕のある

- [ ] **look forward to ...**　…を（楽しみにして）待つ

- [ ] **hear from ...**　…から連絡がある

Part 別語句 Part 4 説明文

155

◆ 設問・選択肢からの語句 ◆

※チェックボックスの下の番号は右ページの設問番号です。

☐ **sightseeing** 観光 名
64. [sáɪtsìːɪŋ]

☐ **best-selling** ベストセラーの 形
66.
　☐ **best seller** 最もよく売れた本〔CD など〕、ベストセラー（の作者）

☐ **author** 著者、作家 名
66. [ɔ́ːθər]
　類 writer ➡ 作家　　novelist ➡ 小説家

64. Where did the speaker meet George Woo?

(A) On a sightseeing trip
(B) In a writing workshop
(C) In a bookstore
(D) At a conference

65. What does the speaker say she will do?

(A) Prepare a talk
(B) Send a manuscript
(C) Update a résumé
(D) Visit an office

66. Why does the speaker want to work with George Woo?

(A) He has worked on similar types of books.
(B) He is a best-selling author.
(C) He has traveled widely.
(D) He was recommended by a colleague.

64. 話し手はどこで George Woo と会いましたか。

(A) 観光旅行で
(B) 文章の書き方の講習会で
(C) 書店で
(D) 会議で

65. 話し手は何をするつもりだと言っていますか。

(A) 講演の準備をする。
(B) 原稿を送る。
(C) 履歴書を更新する。
(D) 職場を訪ねる。

66. 話し手はなぜ George Woo と仕事をしたいと思っていますか。

(A) 彼が似た種類の本を手がけたから。
(B) 彼はベストセラー作家だから。
(C) 彼は広く旅行をしたことがあるから。
(D) 同僚に彼を薦められたから。

正解 **64.** (D)　**65.** (B)　**66.** (A)

Questions 67 through 69 refer to the following telephone message.

(M-Cn) Hi, Ms. Pinto, I'm calling from TGM **Apparel regarding** the order you placed last week. Your order **included** a green **striped** sweater, but unfortunately, we **no longer carry** that particular item. I've refunded the charge for the sweater back to your credit card, and to **compensate** you for the **inconvenience**, I will mail you a coupon for $10 **toward** your next purchase. We hope you'll take another look at our Web site—you might be interested in one of the other sweaters we carry.

☐ **apparel** [əpǽrəl]　　アパレル、衣服 名

☐ **regarding** [rɪgáːrdɪŋ]　　～に関して、～の点では 前

　☐ **regárd**　～とみなす 動　関心、関連 名
　類 **concerning** ➡ ～に関して　　**in〔with〕regard to ...** ➡ …に関して
　　as for ... ➡ …に関するかぎりでは

☐ **include** [ɪnklúːd]　　～を含む、含める 動

　☐ **inclúding**　～を含めて、～込みで 前
　☐ **inclúsion**　包含、中に含まれるもの 名
　☐ **inclúsive**　包括的な 形
　反 **exclude** ➡ ～を除外する

☐ **striped** [stráɪpt]　　縞模様の、ストライプの 形

　☐ **strípe**　縞、ストライプ 名

設問 ⇨ p.161

問題 67-69 は次の電話のメッセージに関するものです。

こんにちは、Pinto さん。TGM **アパレル**より、先週申し込まれたご注文**に関して**お電話を差し上げています。お客様のご注文に、緑の**縞模様**のセーターが**含まれ**ておりましたが、あいにくそちらの商品は、**もはや取り扱っておりません**。セーターの代金をお客様のクレジットカードに返金いたしました。また、**ご不便**をおかけしたことへの**埋め合わせ**として、次回のご購入**のために** 10 ドルの割引券を郵送いたします。弊社のウェブサイトをもう一度ご覧いただけるよう願っております。弊社が扱っているほかのセーターのどれかがお気に召すかもしれません。

☐ **no longer** もはや〜しない

☐ **carry** [kǽri] （商品）を店で扱う、〜を運ぶ 動
- carry on ➡ 〜を続ける、続行する
- carry out ➡ 〜を実行する

☐ **cárrier** 運送会社、運搬人 名

☐ **compensate** [kámpənsèɪt, -pèn-] （損失など）を償う、（〜を）補償する 動
- compensate + 人 + for ... ➡ （人）に…を償う

☐ **còmpensátion** 償い、補償 名
☐ **compénsatòry** 償いの、賠償的な 形

☐ **inconvenience** [ìnkənvíːnjəns] 不便、不自由 名

☐ **inconvénient** 不便な、都合の悪い 形

反 convenience ➡ 便利、好都合なこと

Part 別語句 **Part 4 説明文**

159

| toward [tɔ́ːrd, təwɔ́ːrd] | ～に対して、～のために、（方向を表して）～の方へ 前 |

◆ 設問・選択肢からの語句 ◆

※チェックボックスの下の番号は右ページの設問番号です。

| 67. place an order | 注文をする、発注する |

| 67. open an account | 口座を開設する |

| 68. unavailable [ʌ̀nəvéɪləb(ə)l] | 入手〔利用〕できない、手が空いていない 形 |

反 available ➡ 入手〔利用〕できる、手が空いている

67. What did Ms. Pinto do last week?

    (A) She placed an order.
    (B) She opened an account.
    (C) She requested an estimate.
    (D) She changed a delivery date.

67. Pinto さんは先週何をしましたか。

    (A) 注文をした。
    (B) 口座を開設した。
    (C) 見積もりを要求した。
    (D) 配達日を変更した。

68. What problem does the speaker mention?

    (A) A Web site is not working.
    (B) A shipment was sent to the wrong address.
    (C) A credit card number is incorrect.
    (D) An item is unavailable.

68. 話し手はどんな問題について述べていますか。

    (A) ウェブサイトが機能していない。
    (B) 発送品が間違った住所に送られた。
    (C) クレジットカードの番号が間違っている。
    (D) 商品が入手できない。

69. What does the speaker say he will send?

    (A) A discount coupon
    (B) A store catalog
    (C) A new credit card
    (D) A product sample

69. 話し手は何を送るつもりだと言っていますか。

    (A) 割引券
    (B) 店のカタログ
    (C) 新しいクレジットカード
    (D) 商品見本

正解　67. (A)　68. (D)　69. (A)

お知らせ

Questions 70 through 72 refer to the following announcement.

(W-Br) **Attention** passengers at Gate 12, I have an update for those of you traveling to Shanghai. The weather **conditions** look good, and our crew is here, but we're still waiting for our **aircraft**, which will be **landing** in about thirty minutes. We apologize for this delay. Once our aircraft has arrived, we're going to clean and **refuel** it, and we should be **departing** in three hours. **In the meantime**, to thank you for your **patience**, we're offering everyone a **complimentary voucher** for a free **meal** at one of several airport restaurants. Please pick yours up now from the service desk at the front of the waiting area.

☐ **Attention …**
[əténʃ(ə)n]

＜アナウンス用語で＞ 皆様に申し上げます

Tip! Your attention, please. 「ご注目ください」の Your と please が省略されたもの。

☐ **condition**
[kəndíʃ(ə)n]

状態、条件 [名]

● weather conditions ➡ 気象条件

☐ **aircraft**
[ɛ́ərkræft]

航空機 [名]

[類] airplane ➡ 飛行機

Tip! aircraft は飛行機やヘリコプターなどの航空機の総称。

☐ **land**
[lǽnd]

着陸する、～を着陸させる [動]
陸（地）、土地 [名]

[反] take off ➡ 離陸する

設問 ⇨ p.165

問題 70-72 は次のお知らせに関するものです。

12番ゲートのお客様にお知らせします。上海へ行かれるお客様に最新の情報をご案内いたします。気象条件は良好な様子で乗組員も揃っておりますが、依然として航空機を待っているところで、航空機はおよそ30分後に着陸予定です。この度の遅延をお詫び申し上げます。航空機が到着したらすぐに、清掃と燃料補給を行い、3時間後に出発する予定です。その間に、お客様のご辛抱に感謝を込めて、空港内のいくつかのレストランのうち1店でご利用いただける無料の食事の引換券を皆様にお配りいたします。すぐに待合所前のサービスデスクでお受け取りください。

☐ **refuel** [rifjúː(ə)l] 〜に燃料を補給する、燃料の補給を受ける 動

☐ **fúel** 〜に燃料を供給する 動　燃料 名

☐ **depart** [dɪpάːrt] （人・列車などが）出発する 動

☐ **depárture** 出発 名

反 arrive ➡ 到着する

☐ **in the meantime** その間に、一方で

☐ **meantime** [míːntàɪm] 合間 名

類 meanwhile ➡ その間に、一方で

☐ **patience** [péɪʃ(ə)ns] 忍耐、辛抱強さ 名

☐ **pátient** 忍耐強い 形

163

complimentary
[kàmpləmént(ə)ri]
無料の、敬意を表する 形

- **cómpliment** ほめ言葉 名
- **cómplimènt** 〜にお世辞を言う 動

Tip! 「無料の」という意味の語には free もあるが、complimentary は特に好意による「無料の」という意味。

voucher
[váutʃər]
引換券、割引券 名

類 **coupon** ➡ クーポン券、割引券

meal
[míːl]
食事 名

◆ 設問・選択肢からの語句 ◆

※チェックボックスの下の番号は右ページの設問番号です。

70. **be stuck** 動けなくなる、行き詰まる

トランスクリプト ⇨ p.162

70. What is causing the delay?

(A) The crew is stuck in traffic.
(B) The plane has not arrived.
(C) Weather conditions are poor.
(D) A gate is not available.

70. 何が遅延を引き起こしていますか。

(A) 乗組員が渋滞で動けない。
(B) 飛行機が到着していない。
(C) 気象条件が悪い。
(D) ゲートが利用できない。

71. According to the speaker, when will the flight depart?

(A) In 30 minutes
(B) In one hour
(C) In two hours
(D) In three hours

71. 話し手によると、飛行機はいつ出発しますか。

(A) 30分後
(B) 1時間後
(C) 2時間後
(D) 3時間後

72. What is offered to the passengers?

(A) Free headphones
(B) A travel guide
(C) A meal voucher
(D) A discount on future travel

72. 乗客には何が提供されますか。

(A) 無料のヘッドフォン
(B) 旅行ガイド
(C) 食事の引換券
(D) 今後の旅行に使える割引

正解　70. (B)　71. (D)　72. (C)

Questions 73 through 75 refer to the following announcement.

(M-Cn) Hello and welcome to the tenth annual Video Game **Expo**. My name is Jay Patel, and I'm the **president** of Ludlow **Enterprises**, one of the official **sponsors** of this year's **trade show**. I'm here to tell you about an exciting opportunity. Our company is **developing** a new video game, and we want your story ideas! Send us an e-mail describing your **vision** for the **plot** of the next Ludlow **adventure** game. If your idea is selected as the **winner**, we'll **arrange** for you to travel to Tokyo, with all **expenses** paid, for next year's Video Game Expo.

---

expo
[ékspoʊ]

博覧会 名
exposition の省略形

---

president
[prézəd(ə)nt]

社長、(組織などの)長、大統領 名

類 CEO (chief executive officer) → 最高経営責任者

---

enterprise
[éntərpràɪz]

企業、(冒険的な)事業 名

---

sponsor
[spánsər]

後援者、広告主 名　～を後援する 動

類 patron → 後援者

---

trade show

展示会

類 trade fair → 展示会　exhibition → 展示会、博覧会
exposition → 博覧会

166　Part 別語句 Part 4 説明文

設問 ⇨ p.169

問題 73-75 は次のお知らせに関するものです。

こんにちは、第 10 回目となる毎年恒例のテレビゲーム博覧会へようこそ。私は Jay Patel と申しまして、今年の展示会の公式スポンサーの 1 社である Ludlow 事業社の社長です。わくわくするようなチャンスについて皆様にお伝えするためにここへ来ました。弊社は新しいテレビゲームを開発中で、皆様からストーリーのアイディアをいただきたいと思います。次の Ludlow の冒険ゲームの筋書きに関する構想を説明した E メールを弊社にお送りください。あなたのアイディアが受賞作品として選ばれた場合は、来年のテレビゲーム博覧会が開かれる東京への旅を全額費用負担で手配します。

☐ **develop** [dɪvéləp] 〜を開発する、〜を発達させる、進展する 動
　☐ devélopment 開発、発達 名
　☐ devéloper 開発者 名
　☐ devéloped 発達した 形

☐ **vision** [víʒ(ə)n] 構想、展望、視野 名
　☐ vísionàry 先見の明がある、幻想の 形

☐ **plot** [plát] 筋書き、策略 名 / 〜の筋書きを作る 動

☐ **adventure** [ədvéntʃər, æd-] 冒険 名

☐ **winner** [wínər] 受賞作品、受賞者 名
　☐ wín 勝つ、〜を勝ち取る 動

167

| ☐ | **arrange** [əréɪndʒ] | (〜を)手配する 動 → p.37 |

| ☐ | **expense** [ɪkspéns] | 費用 名 |

☐ **expénd** (労力・時間など)を費やす 動

類 cost → 費用

◆ 設問・選択肢からの語句 ◆

※チェックボックスの下の番号は右ページの設問番号です。

| ☐ 74. | **nominate** [nɑ́mənèɪt] | 〜を指名する、〜を推薦する 動 |

☐ **nòminátion** 指名、推薦 名

| ☐ 75. | **celebrity** [səlébrəti] | 有名人、名声 名 |

| ☐ 75. | **appearance** [əpíərəns] | 出演、姿を見せること、外見 名 |

☐ **appéar** 現れる、〜のように見える 動

トランスクリプト ⇨ p.166

73. What does Ludlow Enterprises produce?

(A) Television shows
(B) An electronics magazine
(C) Sports gear
(D) Video games

73. Ludlow 事業社は何を製作していますか。

(A) テレビ番組
(B) 電子機器の雑誌
(C) スポーツ用品
(D) テレビゲーム

74. What are listeners invited to do?

(A) Nominate candidates
(B) Submit ideas
(C) Test products
(D) Write reviews

74. 聞き手は何をするように勧められていますか。

(A) 候補者を指名する。
(B) アイディアを提出する。
(C) 製品をテストする。
(D) 批評を書く。

75. According to the speaker, what prize will be awarded?

(A) A free trip to a trade show
(B) Dinner with a celebrity
(C) Electronic equipment
(D) An appearance on television

75. 話し手によると、どんな賞品が授与されますか。

(A) 展示会への無料の旅行
(B) 有名人との夕食
(C) 電子装置
(D) テレビ出演

正解 73. (D) 74. (B) 75. (A)

Questions 76 through 78 refer to the following conference announcement.

(W-Br) Hello everyone. Before we go to lunch, I have an update about this afternoon's agenda. Ellen Miyagi's one o'clock presentation on Internet security has been moved to accommodate the **large number of attendees**. The talk will now take place in the Grand **Ballroom**. There's been a **high level of interest** in **network** security issues since it's been the **subject** of many **national** news reports recently. Ms. Miyagi's talk is very **timely** in today's business market, and we hope you'll attend. We'll **break** for lunch now. Since we're on a **tight** schedule, please **keep an eye on** the time so you're not late for your next session.

☐ large number of ...　多数の…

反 small number of ... ➡ 少数の…

☐ attendee [ətèndíː, -ǽ-]　出席者 名

- ☐ **atténd**　（〜に）出席する 動
- ☐ **atténdance**　出席 名

☐ ballroom [bɔ́ːlrùːm, -rúm]　宴会場、舞踏室 名

☐ high level of ...　高水準の…、高度な…

- ☐ **level** [lév(ə)l]　レベル、水平 名　平らな 形　〜を平らにする 動

設問 ⇨ p.173

問題 76-78 は次の会議のお知らせに関するものです。

こんにちは、皆さん。昼食に行く前に、今日の午後の予定について最新情報をお伝えします。Ellen Miyagi によるインターネット・セキュリティに関する 1 時のプレゼンテーションは、多数の出席者を収容するために会場が移動になりました。講演は大宴会室で行われることになります。ネットワーク・セキュリティ問題は、最近多くの全国ニュース報道で主題になっているので、高い関心が集まっています。Miyagi さんの講演は、今日のビジネス市場においてとてもタイムリーですから、皆さんが参加されることを期待しています。ではお昼の休憩を取りましょう。スケジュールがぎっしり詰まっていますから、次の集まりに遅れないように時間に注意してください。

interest
[ínt(ə)rəst, -t(ə)rèst]

興味、＜複数形で＞利益 名
〜に興味を起こさせる 動

- **ínteresting** 興味深い 形
- **ínterested** 興味を持った 形

network
[nétwə̀ːrk]

ネットワーク、連絡網 名

subject
[sʌ́bdʒɪkt]

主題、テーマ、学科 名

- **subjéctive** 主観的な 形
- 類 theme / topic ➡ 主題

national
[nǽʃ(ə)n(ə)l]

全国的な、国民の 形　（特定の国の）国民 名

- **nátion** 国家 名
- 反 local ➡ 地元の

timely
[táɪmli]
タイムリーな、時を得た 形　折よく 副

break
[bréɪk]
休憩する、（〜を）中断する 動
（短い）休憩、中断 名

● break for lunch〔coffee〕➡ 休んで昼食をとる〔コーヒーを飲む〕

tight
[táɪt]
きつい、ぎっしりの 形

- **tíghten** 〜をしっかり締める、しっかり締まる 動

反 loose ➡ ゆるい

keep an eye on …
…に注意する、…から目を離さない

◆ 設問・選択肢からの語句 ◆

※チェックボックスの下の番号は右ページの設問番号です。

77. journalism
[dʒə́ːrnlìz(ə)m]
ジャーナリズム 名

- **jóurnal** 専門誌、日誌 名
- **jóurnalist** ジャーナリスト、報道記者 名

76. According to the speaker, what has changed?

   (A) The starting time of a presentation
   (B) The topic of a discussion
   (C) The cost of registration
   (D) The location of a session

76. 話し手によると、何が変わりましたか。

   (A) プレゼンテーションの開始時間
   (B) 議論のテーマ
   (C) 登録費用
   (D) 集会の場所

77. What is the topic of Ms. Miyagi's talk?

   (A) Internet marketing
   (B) Network security
   (C) Web-site design
   (D) Online journalism

77. Miyagi さんの講演のテーマは何ですか。

   (A) インターネット・マーケティング
   (B) ネットワーク・セキュリティ
   (C) ウェブサイトのデザイン
   (D) インターネット上のジャーナリズム

78. What are listeners asked to do?

   (A) Register in advance
   (B) Wait to ask questions
   (C) Make a lunch choice
   (D) Return on time

78. 聞き手は何をするように求められていますか。

   (A) 事前に登録する。
   (B) 質問するために待つ。
   (C) 昼食を選ぶ。
   (D) 時間通りに戻る。

正解　76. (D)　77. (B)　78. (D)

Questions 79 through 81 refer to the following announcement.

(W-Br) Attention, Pacific Trends **shoppers**. We'd like to invite you to visit our **newly remodeled** third-floor display area. After several months of renovations, we've **transformed** the **entire** floor into a bright, open space to showcase our large **selection** of living room furniture. The additional space has allowed us to display even more creative room layouts and design ideas. We also now offer complimentary in-store design **consultation** services. Speak with a member of our **talented** design staff today to find the perfect fabric for your sofa or choose the best **lighting** and **accessories** to **decorate** your room. So be sure to come and take a look!

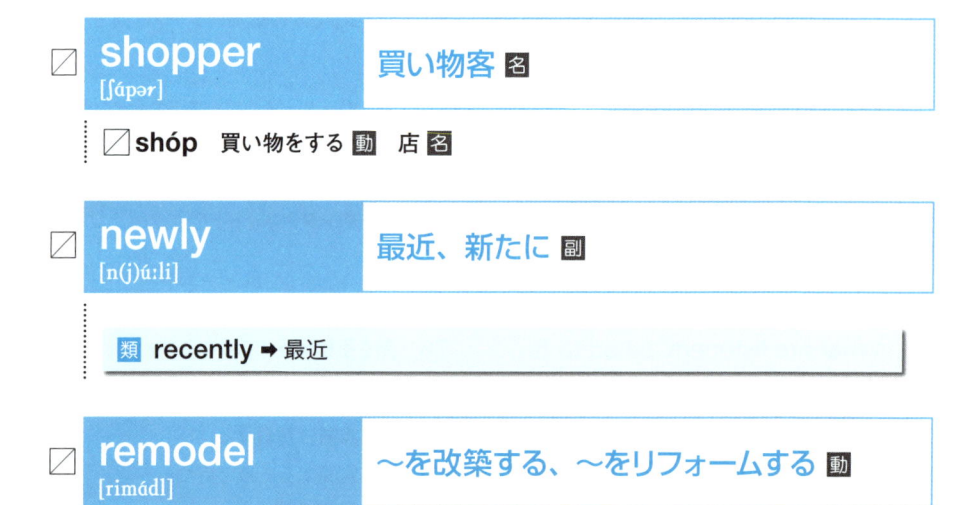

☐ **shopper** [ʃɑ́pər] 買い物客 名

　☐ **shóp** 買い物をする 動　店 名

☐ **newly** [n(j)úːli] 最近、新たに 副

　類 **recently** → 最近

☐ **remodel** [riːmɑ́dl] 〜を改築する、〜をリフォームする 動

　類 **renovate** → 〜を改装する、〜を修復する

☐ **transform** [trænsfɔ́ːrm] （外見など）を一変させる、〜を変形させる 動

174　Part 別語句 Part 4 説明文

設問 ⇨ p.177

問題 79-81 は次のお知らせに関するものです。

Pacific Trends で**お買い物中のお客様**にお知らせです。当店の**最近改築された** 3 階の展示スペースにお立ち寄りいただくようご案内申し上げます。数か月間に及ぶ改装の後、フロア**全体**を明るくひらけたスペースへと**一変させ**、居間用家具の膨大な**品揃え**をご紹介できるようにしました。スペースが広がったことによって、よりいっそう創造的な間取りやデザイン案を展示できるようになりました。また、現在、店内でのデザイン**相談**サービスを無料で提供しております。今すぐ当店の**有能な**デザインスタッフにご相談いただき、ご自宅のソファにぴったりの布地を見つけたり、お部屋**を飾る**のに最適な**照明**や**装飾品**をお選びください。ぜひお越しになりご覧ください。

entire
[ɪntáɪər, en-]
全体の、完全な 形

- **entírely** 完全に、もっぱら 副
- 類 whole ➡ 全体の

selection
[səlékʃ(ə)n]
品揃え、選り抜きの品々、選択 名

- **seléct** (〜を)選ぶ 動
- **selécted** 選り抜きの 形

consultation
[kɑ̀nsəltéɪʃ(ə)n]
相談、診察を受けること 名

- **consúlt** (〜に)相談する、(専門家)に意見を求める 動
- **consúltant** コンサルタント、顧問 名
- 類 counsel ➡ 相談、助言

- ☐ **talented** [tǽləntəd] 有能な、才能のある 形
  - ☐ **tálent** 才能、才能のある人 名

- ☐ **lighting** [láɪtɪŋ] 照明 名

- ☐ **accessory** [ɪksés(ə)ri, æk-] 装飾品、付属品 名 補助的な 形

- ☐ **decorate** [dékərèɪt] 〜を飾る、〜の飾りとなる 動
  - ☐ **dècorátion** 装飾(物)、飾り付け 名
  - ☐ **décorative** 装飾用の、装飾的な 形

◆ 設問・選択肢からの語句 ◆

※チェックボックスの下の番号は右ページの設問番号です。

- ☐ 79. **apartment complex** 共同住宅、団地
  - ☐ **complex** [kámplèks] (建物などの)集合体 名

- ☐ 79. **graphic** [grǽfɪk] グラフィックの、写実的な 形　図 名

- ☐ 80. **significantly** [sɪɡnífɪkəntli] かなり、はっきりと 副
  - ☐ **significant** 重要な、著しい 形
  - 類 **considerably** ➡ かなり

トランスクリプト ⇨ p.174

79. What most likely is Pacific Trends?

   (A) A furniture store
   (B) An apartment complex
   (C) A real estate agency
   (D) A graphic design firm

79. Pacific Trends とは何だと思われますか。

   (A) 家具店
   (B) 共同住宅
   (C) 不動産の代理店
   (D) グラフィックデザインの会社

80. What change has taken place at Pacific Trends?

   (A) A parking area has been expanded.
   (B) Prices have been significantly reduced.
   (C) A new manager has been hired.
   (D) A display area has been renovated.

80. Pacific Trends ではどんな変更がありましたか。

   (A) 駐車場が拡張された。
   (B) 価格がかなり下げられた。
   (C) 新しい部長が雇用された。
   (D) 展示スペースが改装された。

81. Why should listeners talk to a staff member?

   (A) To arrange a visit to a model home
   (B) To get decorating advice
   (C) To request a catalog
   (D) To sign up for a product demonstration

81. 聞き手はなぜ店員に相談すべきなのですか。

   (A) モデル住宅への訪問を手配するため。
   (B) 装飾に関する助言をもらうため。
   (C) カタログを請求するため。
   (D) 製品の実演に参加登録するため。

正解　79. (A)　80. (D)　81. (B)

ニュース・ラジオ

Questions 82 through 84 refer to the following news report.

(W-Am) Last week, the **highly anticipated** Cabrillo West opened in Palmesa **Square**. With 200 **spacious** guest rooms and an **ideal** location in the city center, the Cabrillo West **is sure to** bring more visitors to the area. The city's **mayor**, Anton Jensen, expects the hotel to be quite popular since it's **within** walking **distance** of many shops and restaurants. **In fact**, Mayor Jensen was the one who **pushed** the city council **to** approve the building project, **in the hope that** local businesses would benefit from the **boost** in **tourism**.

☐ **highly** [háɪli] 　 大いに、高く 副

☐ **anticipate** [æntísəpèɪt] 　 ～を期待して待つ、～を予想する 動
　☐ **antìcipátion** 予想、先制 名
　類 **expect** ➡ ～を期待する、～を予期する

☐ **square** [skwéər] 　 広場、正方形 名

☐ **spacious** [spéɪʃəs] 　 広々とした、ゆったりとした 形
　☐ **spáciously** 広々と、ゆったりと 副
　☐ **spáce** （空いた）場所、空間 名

178　Part 別語句 Part 4 説明文

設問 ⇨ p.181

問題 82-84 は次のニュース報道に関するものです。

先週、**大いに期待され**ていた Cabrillo West が Palmesa **広場**に開業しました。200 の**広々とした**客室を備えており、市の中心地という**理想的な**立地の Cabrillo West は、**きっと**その地域により多くの観光客を呼ぶこと**でしょう**。**市長**の Anton Jensen は、このホテルが多くの店やレストランへ歩いて**行ける距離に**あることから、非常に人気が高くなるだろうと期待しています。**実際に**、**観光事業の促進**により地元企業が利益を得られる**ことを望んで**、この建築計画を承認するよう市議会に**強く働きかけた**のは Jensen 市長でした。

☐ **ideal**
[aɪdíː(ə)l]
理想的な、想像上の 形　理想 名

　☐ **idéally**　理想的に、観念的に 副

☐ **be sure to** *do*　(人・物が) きっと〜する、必ず〜する

　Tip! 話し手の確信を表す表現。

☐ **mayor**
[méɪər, méər]
市長 名

☐ **within ... distance**　…できる距離に

　● within walking distance ➡ 歩いて行ける距離に

☐ **in fact**　実際に

Part 別語句　Part 4 説明文

179

- [ ] **push + 人 + to do** （人）を駆り立てて〜させる
  - 類 urge + 人 + to do ➡ （人）に強く迫って〜させる

- [ ] **in the hope that ...** …ということを望んで

- [ ] **boost** [bú:st] 押し上げ、（金額などの）上昇 名 / 〜を促進する、〜を押し上げる 動

- [ ] **tourism** [túərìz(ə)m] 観光事業 名
  - [ ] **tóur** 旅行、見学 名　（〜を）旅行する、〜を見学する 動
  - [ ] **tóurist** 観光客 名　観光客の 形

◆ 設問・選択肢からの語句 ◆

※チェックボックスの下の番号は右ページの設問番号です。

- [ ] **83. unique** [juní:k] 独特な、珍しい 形
  - *Tip!* 「面白い」という意味はないので注意。

トランスクリプト ⇨ p.178

82. According to the news report, what has recently opened in Palmesa Square?

(A) A restaurant
(B) A theater
(C) A hotel
(D) A shopping center

82. ニュース報道によると、Palmesa 広場に最近何が開業しましたか。

(A) レストラン
(B) 劇場
(C) ホテル
(D) ショッピングセンター

83. According to the speaker, why will the Cabrillo West be popular with tourists?

(A) It has reasonable prices.
(B) It is in a convenient location.
(C) It has a unique design.
(D) It is owned by a celebrity.

83. 話し手によると、Cabrillo West はなぜ観光客に人気が出ますか。

(A) 価格が手ごろなため。
(B) 便利な場所にあるため。
(C) 独特なデザインのため。
(D) 有名人が所有しているため。

84. Who is Anton Jensen?

(A) A company president
(B) A local business owner
(C) A news reporter
(D) A city official

84. Anton Jensen とは誰ですか。

(A) 会社の社長
(B) 地元企業の事業主
(C) 報道記者
(D) 市の役人

正解 82. (C)　83. (B)　84. (D)

Questions 85 through 87 refer to the following radio broadcast.

(W-Am) You're listening to Radio 103's weekly events calendar. This Saturday, the Hunter City Historical Society will hold its annual walking tour of historic homes. This year's tour will feature six houses in the Garden District designed by the famous architect, William Robillard. The guided tour will start at ten and take approximately four hours, so be sure to wear comfortable shoes! The event will be followed by a free presentation at the historical society by Mr. Robillard's grandson, who will be discussing a recent book that he wrote about his grandfather's life.

☐ **broadcast** [brɔ́ːdkæst] | （テレビ・ラジオの）放送 名　（〜を）放送する 動　放送の 形

☐ **weekly** [wíːkli] | 毎週の、週刊の 形　毎週 副　週刊誌 名

- daily ➡ 毎日の
- monthly ➡ 毎月の
- yearly ➡ 毎年の
- quarterly ➡ （雑誌などが）年4回発行の、季刊の

☐ **historical** [hɪstɔ́(ː)rɪk(ə)l, -stɑ́r-] | 歴史的な、史学の 形

- ☐ hístory　歴史、経歴 名

☐ **society** [səsáɪəti] | 協会、社会 名

- ☐ sócial　社会の、交際上手な 形
- 類 association ➡ 協会、組合

☐ **historic** [hɪstɔ́(ː)rɪk, -stɑ́r-] | 歴史的に有名な、歴史上の 形

設問 ⇨ p.185

問題 85-87 は次のラジオ放送に関するものです。

皆様がお聞きになっているのはラジオ 103 の 1 週間のイベントスケジュールです。今週の土曜日に、Hunter 市史学会が歴史的に有名な邸宅を歩いてめぐる毎年恒例のツアーを開催します。今年のツアーでは、有名建築家 William Robillard によって設計された、Garden 地区にある 6 つの邸宅が目玉となります。ガイド付きツアーは 10 時に始まり、およそ 4 時間かかりますので、必ず快適な靴をお履きください。イベントに続いて史学会にて、Robillard 氏のお孫さんによる無料のプレゼンテーションが行われ、自身が祖父の人生について書いた最近の著書についてお話しになる予定です。

district [dístrɪkt]
地区、地域 名

- business district ➡ 商業地域、ビジネス街

architect [ɑ́ːrkətèkt]
建築家 名

- árchitècture　建築(様式) 名
- àrchitéctural　建築上の 形

approximately [əpráksəmətli]
およそ、ほぼ 副

- appróximate　およその 形
- 類 roughly ➡ およそ

comfortable [kʌ́mfərtəb(ə)l]
快適な、心地よい 形

- 反 uncomfortable ➡ 心地よくない

be followed by ...
…が後に続く

183

grandson
[grǽn(d)sʌ̀n]

(男性の) 孫 名

類 **granddaughter** ➡ (女性の) 孫　　**grandchild** ➡ 孫

◆ 設問・選択肢からの語句 ◆

※チェックボックスの下の番号は右ページの設問番号です。

85. hike
[háɪk]

ハイキング 名　ハイキングをする 動

85. fair
[féər]

展示会、品評会 名
公平な、晴れた 形

- **trade fair** ➡ 展示会

86. environment
[ɪnváɪərənmənt]

環境、周囲 名

- **envìronméntal** 環境の 形

87. merchandise
[mə́ːrtʃ(ə)ndàɪz, -s]

<集合的に> 商品 名
(商品)を売買〔取引〕する 動

- **mérchant** (小売)商人 名

85. What event is being announced?

(A) A nature hike
(B) An art exhibit
(C) A book fair
(D) A walking tour

85. どんなイベントが案内されていますか。

(A) 自然観察ハイキング
(B) 美術展
(C) 書籍の展示会
(D) 歩いてめぐるツアー

86. What is said about William Robillard?

(A) He designed some local buildings.
(B) He works at a cultural center.
(C) He is an expert on the environment.
(D) He wrote a guide about Hunter City.

86. William Robillard について何と言われていますか。

(A) 地元の建物をいくつか設計した。
(B) 文化センターに勤めている。
(C) 環境に関する専門家である。
(D) Hunter 市の案内書を書いた。

87. What can participants do at the end of the event?

(A) Join an organization
(B) Attend a presentation
(C) Purchase merchandise
(D) Have a book autographed

87. 参加者はイベントの終わりに何をすることができますか。

(A) 団体に加入する。
(B) プレゼンテーションに出席する。
(C) 商品を購入する。
(D) 本にサインをしてもらう。

正解 85. (D) 86. (A) 87. (B)

Questions 88 through 90 refer to the following news report.

(W-Br) At a **press conference** today, the **governor** announced that a new hospital will be built in Starks **County**. The governor **emphasized** that the hospital will create over 300 jobs, helping to boost the local **employment rate**. After the break, I'll talk with some local **citizens** of Starks County. They've raised **concerns** that the proposed **site** for the project will have a **negative impact** on **wildlife** in the area.

---

press conference　記者会見

- **press** [prés]　報道に関する 形　報道陣 名

governor [gÁvərnər]　(州)知事、長官 名

- **góvern**　(〜を)統治する、(公共機関など)を管理する 動
- **góvernment**　政府、統治機関 名

county [káunti]　郡、(郡などの)行政区画 名

emphasize [émfəsàɪz]　〜を強調する 動

- **émphasis**　強調 名
- 類 stress ➡ 〜を強調する　　highlight ➡ 〜を強調する、〜を目立たせる

employment rate　雇用率、就業率

- **rate** [réɪt]　割合 名　〜を見積もる 動
- 反 unemployment rate ➡ 失業率

186　Part 別語句　Part 4 説明文

設問 ⇨ p.189

問題 88-90 は次のニュース報道に関するものです。

本日の記者会見にて、知事は Starks 郡に新しい病院が建設されると発表しました。病院は300人を超える雇用を生み、地元の雇用率を上昇させる助けとなると知事は強調しました。いったん中断した後、Starks 郡の地元の市民数名にお話を伺います。彼らは建設計画の予定地が地域の野生生物に悪影響をもたらすだろうと懸念の声を挙げています。

citizen
[sítəz(ə)n]
市民、国民 名

- **cítizenshìp** 市民権 名

concern
[kənsə́ːrn]
懸念、関心事 名
〜を心配させる、〜に関わる 動

- be concerned about ... ➡ …を心配している
- **concérning** 〜に関して 前

site
[sáɪt]
敷地、現場、遺跡 名

negative
[négətɪv]
否定的な、悪い 形

- 反 **positive** ➡ 肯定的な、前向きな

impact
影響、衝撃 名 [ímpækt]
(〜に)強い影響を与える 動 [ɪmpǽkt]

- have an impact on ... ➡ …に影響を及ぼす

187

☐ **wildlife** [wáɪldlàɪf] 野生生物 名

◆ 設問・選択肢からの語句 ◆

※チェックボックスの下の番号は右ページの設問番号です。

☐ 88. **transit** [trǽnsət, -zət] 輸送、乗り継ぎ 名

☐ 89. **commute** [kəmjúːt] 通勤〔通学〕名　通勤〔通学〕する 動
　☐ **commúter** 通勤〔通学〕者 名

☐ 90. **inspector** [ɪnspéktər] 検査官 名
　☐ **inspéct** 〜を検査する 動
　☐ **inspéction** 検査、視察 名

☐ 90. **economics** [èkənámɪks, iːkə-] 経済学 名
　☐ **ecónomy** 経済 名

188　Part 別語句 Part 4 説明文

88. What will be built in the community?

(A) A hospital
(B) A community center
(C) A park
(D) A transit station

89. What benefit of the project did the governor mention?

(A) Shorter commutes
(B) Increased tourism
(C) A cleaner environment
(D) More local jobs

90. Who will be interviewed after the break?

(A) The governor
(B) Community residents
(C) A building inspector
(D) An economics professor

88. この地域に何が建設されますか。

(A) 病院
(B) 公民館
(C) 公園
(D) 輸送機関の駅

89. 知事は計画のどんな利点について言及しましたか。

(A) より短い通勤距離
(B) 観光事業の促進
(C) より清潔な環境
(D) より多くの地元での仕事

90. 中断の後、誰がインタビューを受けますか。

(A) 知事
(B) 地域住民
(C) 建築検査官
(D) 経済学の教授

正解 88. (A)　89. (D)　90. (B)

トーク

Questions 91 through 93 refer to the following advertisement.

(M-Cn) Do you wish you could **fix** your **leaky** roof or repaint your living room, but don't know where to start? Garcia's Home Center can help. Every Saturday morning, we offer free instruction on everything from building a **shed** to **tiling** your bathroom. This Saturday's workshop will focus on **laying** carpet in your home. Come and learn about buying the right **carpeting** and using the best tools. Anyone who attends the workshop will also receive a **comprehensive** folder **full of** information—our **step-by-step** guides are sure to make your project a success. So stop by the store to register today!

☐ **fix** [fíks]　　〜を修理する、（〜を）決める 動

☐ **leaky** [líːki]　　漏れる、秘密を漏らしやすい 形

　☐ **léak**　漏れる、〜を漏らす 動　漏れ 名

☐ **shed** [ʃéd]　　小屋、物置 名

☐ **tile** [táɪl]　　〜にタイルを張る 動　タイル 名

☐ **lay** [léɪ]　　〜を置く、〜を横たえる 動

　Tip! 人や物が主語になって「横たわる」という意味を表す場合は lie [láɪ] を用いる。

設問 ⇨ p.193

問題 91-93 は次の宣伝に関するものです。

雨漏りする屋根を修理したり、居間の壁を塗り直したりできたらと願っているのに、どこから始めていいのかわからないのではないですか。Garcia's ホームセンターがお手伝いできます。当店では毎週土曜日の午前中に、小屋作りから浴室のタイル張りまで、あらゆることに関する無料の講習を提供しています。今週の土曜日の講習会は、ご自宅でじゅうたんを敷く方法を特集します。適切なじゅうたんの買い方や最適な工具の使用方法を学びに来てください。講習会に参加される方はどなたでも、情報がいっぱいの総合フォルダーもお受け取りになれます。当店の段階を追って説明した手引き書が、必ずあなたのプロジェクトを成功に導きます。ですから、ぜひ当店にお立ち寄りになり、今すぐご登録ください。

☐ **carpeting** [káːrpətɪŋ]　＜集合的に＞じゅうたん、敷物類 名

☐ **comprehensive** [kàmprɪhénsɪv]　総合的な、包括的な 形

　☐ **còmprehénsively**　包括的に 副

☐ **full of ...**　…でいっぱいの

☐ **step-by-step**　段階的な 形

Tip! 副詞として「段階的に」という意味を表す場合は *step by step* と表記する。

◆ 設問・選択肢からの語句 ◆

※チェックボックスの下の番号は右ページの設問番号です。

91. interior [ɪntíəriər]
インテリアの、内部の 形　内部、室内 名

反 exterior ➡ 外部の

91. home improvement store
ホームセンター

類 DIY (do-it-yourself) store ➡ ホームセンター

92. frame [fréɪm]
(絵など)を額に入れる、〜を組み立てる 動
骨組み、枠 名

frámewòrk　枠組み、構成 名

92. artwork [ɑ́ːrtwə̀ːrk]
芸術作品 名

93. packet [pǽkət]
包み、小包 名

類 package ➡ 包み、小包

93. kit [kít]
(用具)一式 名

トランスクリプト ⇨ p.190

91. What type of business is being advertised?

   (A) An interior design firm
   (B) An art supply store
   (C) A real estate agency
   (D) A home improvement store

91. どんな種類の事業が宣伝されていますか。

   (A) インテリアデザイン会社
   (B) 画材店
   (C) 不動産の代理店
   (D) ホームセンター

92. What is the topic of this Saturday's workshop?

   (A) Choosing a decorating style
   (B) Installing carpet
   (C) Remodeling a bathroom
   (D) Framing artwork

92. 今週の土曜日の講習会のテーマは何ですか。

   (A) 装飾スタイルの選び方
   (B) じゅうたんの敷き方
   (C) 浴室の改築方法
   (D) 美術作品を額に入れる方法

93. According to the speaker, what will be distributed at the workshop?

   (A) Information packets
   (B) Coupons
   (C) Supply kits
   (D) Color samples

93. 話し手によると、講習会では何が配布されますか。

   (A) 資料が入った包み
   (B) 割引券
   (C) 備品一式
   (D) 色見本

正解　91. (D)　92. (B)　93. (A)

Questions 94 through 96 refer to the following advertisement.

(M-Cn) Looking for fresh and **inventive** cooking? Come to Adrian's! Located on the top floor of the Metford Building, Adrian's offers **breathtaking** views of the entire city. **Along with** the **stunning** view, we feature many **authentic** Italian dishes you won't find anywhere else. Best of all, our carefully prepared **entrées** are **surprisingly** affordable. In fact, for five years **in a row**, we've been on *The Daily Times'* list of "Best **Bargain** Restaurants." So come to Adrian's today for an **unforgettable dining** experience.

---

inventive
[ɪnvéntɪv]
独創的な、発明の 形

- **invént** ～を発明する 動
- **invéntion** 発明 名

類 creative ➡ 創造的な、独創的な

---

breathtaking
[bréθtèɪkɪŋ]
息をのむような、はらはらさせる 形

- **bréath** 息 名

---

along with ...
…に加えて、…と一緒に

---

stunning
[stʌ́nɪŋ]
素晴らしい、呆然とさせる 形

類 splendid / marvelous ➡ 素晴らしい

---

authentic
[ɔːθéntɪk, ə-]
本物の、真の 形

類 genuine ➡ 本物の

194　Part 別語句　Part 4 説明文

設問 ⇨ p.197

問題 94-96 は次の宣伝に関するものです。

新鮮で独創的な料理をお探しですか。Adrian's へいらしてください。Metford ビルの最上階に位置する Adrian's は、街全体を見渡す息をのむような眺望をご提供します。素晴らしい眺めに加えて、ほかのどこにも見られない数々の本物のイタリア料理を特色にしています。特に、手間暇をかけて準備されたメインディッシュは驚くほどお手ごろな価格となっています。事実、当店は 5 年連続で *The Daily Times* の「最もお得なレストラン」のリストに載っております。ですから、今すぐ Adrian's に来て、忘れられない食事を体験なさってください。

entrée [á:ntrèɪ]
メインディッシュ、主菜 名

Tip! 米国では「主菜」を意味するが、その他の国では「前菜」などを意味することもある。

surprisingly [sərpráɪzɪŋli]
驚くほど、驚いたことには 副

in a row
連続で、1 列に

- row [róʊ] 列 名

bargain [bá:rgən]
掘り出し物、<形容詞的に>掘り出し物の 名

unforgettable [ʌ̀nfərɡétəb(ə)l]
忘れられない 形

dining [dáɪnɪŋ]
食事 名

- díne 食事をとる 動
- díner 食堂 名

◆ 設問・選択肢からの語句 ◆

※チェックボックスの下の番号は右ページの設問番号です。

95. **overlook** 〜を見渡す、〜を見落とす 動 [òuvərlúk]
見晴らし 名 [óuvərlùk]

96. **recognize** [rékəgnàɪz, -kɪg-] 〜を評価する、〜を認める 動
- **rècognítion** 認識 名

96. **decor** [deɪkɔ́ːr, dɪ-] 装飾（様式）名
- **dècorátion** 装飾(物)、飾り付け 名
- **décorative** 装飾用の、装飾的な 形

96. **knowledgeable** [nálɪdʒəb(ə)l] 知識が豊富な 形
- **knówledge** 知識 名

196　Part 別語句　Part 4 説明文

94. What kind of business is being advertised?

(A) An outdoor market
(B) An art gallery
(C) A restaurant
(D) A hotel

94. どんな種類の事業が宣伝されていますか。

(A) 野外市場
(B) 画廊
(C) レストラン
(D) ホテル

95. What is mentioned about the business's location?

(A) It is near public transportation.
(B) It overlooks the city.
(C) It is next to a park.
(D) It is in a new building.

95. この事業の立地についてどんなことが述べられていますか。

(A) 公共交通機関の近くにある。
(B) 街を見渡せる。
(C) 公園の隣にある。
(D) 新しいビルの中にある。

96. What has the business been recognized for in a local newspaper?

(A) Its affordable prices
(B) Its innovative services
(C) Its interior decor
(D) Its knowledgeable staff

96. この事業は地元の新聞に何で評価されていますか。

(A) 手ごろな価格
(B) 革新的なサービス
(C) 室内の装飾
(D) 知識が豊富なスタッフ

正解　94. (C)　95. (B)　96. (A)

Questions 97 through 99 refer to the following talk.

(M-Au) I am very pleased to announce we've been recognized by the **industry**'s most important **publication**. *Tech Trade Magazine* has just **named** our latest data security software the product of the year! It was **released** in April, and **since then**, our company's **revenue** has increased significantly. We couldn't have done any of this without the **dedication** of Mr. Koji Aoki, who led the team of engineers that created this **outstanding** software **package**. In more good news, the company plans to open an office abroad next year. Having an international **presence** will allow us to provide even more customers with this **innovative** product.

- **industry** [índəstri] 産業、工業 名
  - **indústrial** 産業(上)の、工業用の 形

- **publication** [pÀbləkéɪʃ(ə)n] 出版(物) 名
  - **públish** 〜を出版する 動

- **name** [néɪm] 〜を(…に)指名する、〜に名前をつける 動 / 名前 名

- **release** [rɪlíːs] 〜を発売する、〜を自由にする 動 / 発売、解放 名

- **since then** それから、以後

設問 ⇨ p.201

問題 97-99 は次の話に関するものです。

当社が業界の最も重要な雑誌によって認められたと発表できることを大変うれしく思います。Tech Trade 誌は、当社の最新のデータ・セキュリティソフトを年間最優秀製品に指名しました。4月に発売され、それ以来、当社の収益は著しく増加しています。これは、この傑出したソフトウェア・パッケージを作り出した技術チームを指揮した Koji Aoki 氏の献身なくしては成し得なかったでしょう。さらにうれしいニュースですが、当社は来年、海外にオフィスを開く予定です。国際的な存在感を持つことで、当社はさらに多くのお客様にこの革新的な製品を提供することができるでしょう。

☐ **revenue**
[révən(j)ùː]
収益、収入 名

類 profit ➡ 利益　　income ➡ （定期的な）収入

反 expenditure ➡ 支出

☐ **dedication**
[dèdɪkéɪʃ(ə)n]
献身、専念 名

☐ **dédicàte**　（時間・力など）をささげる 動
● dedicate ～ to ... ➡ ～を…にささげる

☐ **dédicàted**　献身的な、打ち込んだ 形

類 devotion ➡ 献身、専念

☐ **outstanding**
[aʊtstǽndɪŋ]
傑出した、実に優れた 形

類 prominent ➡ 傑出した、顕著な

- [ ] **package** [pǽkɪdʒ]　パッケージソフト、包み 名　〜を包装する 動

- [ ] **presence** [préz(ə)ns]　存在（感）、出席 名
  - [ ] **présent**　存在する、出席している 形
    - 類 existence ➡ 存在
    - 反 absence ➡ 不在、欠席

- [ ] **innovative** [ínəvèɪtɪv]　革新的な 形
  - [ ] **ínnovàte**　革新する 動
  - [ ] **ìnnovátion**　革新、刷新 名
    - 類 state-of-the-art ➡ 最先端の

◆ 設問・選択肢からの語句 ◆

※チェックボックスの下の番号は右ページの設問番号です。

- [ ] **97. laptop** [lǽptɑ̀p]　ひざのせ型の 形　ノート型パソコン 名
  - ● laptop computer ➡ ノート型パソコン

- [ ] **98. influential** [ìnfluénʃ(ə)l]　影響の大きい、有力な 形
  - [ ] **ínflùence**　影響、勢力 名　〜に影響を及ぼす 動

97. What product is being discussed?

(A) A stereo system
(B) A laptop computer
(C) A color printer
(D) A software program

97. どんな製品について話されていますか。

(A) ステレオシステム
(B) ノート型パソコン
(C) カラープリンター
(D) ソフトウェア・プログラム

98. What is said about Koji Aoki?

(A) He works for an industry magazine.
(B) He created an influential advertising campaign.
(C) He led a successful project team.
(D) He is on the board of directors.

98. Koji Aoki について何と言われていますか。

(A) 業界誌の仕事をしている。
(B) 影響力のある宣伝キャンペーンを作り出した。
(C) 成功したプロジェクトチームを指揮した。
(D) 取締役会の一員である。

99. What does the company plan to do next year?

(A) Hire a consultant
(B) Open an international office
(C) Change its logo
(D) Reorganize a division

99. 会社は来年、何をすることを計画していますか。

(A) コンサルタントを雇う。
(B) 国際的なオフィスを開く。
(C) ロゴを変更する。
(D) 部門を再編成する。

正解 97. (D)　98. (C)　99. (B)

Questions 100 through 102 refer to the following speech.

(M-Cn) I'm so glad you could all join me this evening in **honoring** Ms. Aviva Rozen. After twenty-five years of working with us at Crown Software, Aviva is retiring from her position as **chief** software developer. As you know, our **healthcare** applications group was **established** by Aviva. Under her strong leadership, that **division** has become one of our most **profitable** areas. We're sorry to lose her, but we know she'll enjoy the years **ahead**. In fact, she says she'll be found in her home **studio**, where she'll finally have the time she wants to **devote** to her **watercolor** painting.

---

honor [ánər]
～に名誉を与える、～を尊敬する 動
名誉、光栄 名

- **hónorable** 名誉な、尊敬すべき 形
  - 類 **admire** ➡ ～を称賛する　**respect** ➡ ～を尊敬する

chief [tʃíːf]
最高の、主な 形　（組織・集団の）長、上役 名

healthcare [hélθkèər]
保健医療、健康管理 名

establish [ɪstǽblɪʃ, es-]
～を設立する、～を確立する 動

- **estáblishment** 設立、確立 名
  - 類 **found** ➡ ～を設立する

division [dəvíʒ(ə)n]
（会社などの）部門、課 名

- **divíde** ～を分ける、分かれる 動
  - 類 **department** ➡ 部署、課

202　Part 別語句　Part 4 説明文

設問 ⇨ p.205

> 問題 100-102 は次のスピーチに関するものです。
>
> 今夜、Aviva Rozen さんの栄誉を称えるために皆さんが集まってくれて非常にうれしく思います。25 年間、私たちと共に Crown ソフトウェア社に勤められ、Aviva さんはソフトウェア開発部長としての職位を退かれます。ご存じのように、我が医療アプリケーション部は Aviva さんによって設立されました。彼女の力強いリーダーシップのもとで、この部署は当社で最も収益の多い分野の 1 つとなりました。Aviva さんがいなくなるのは残念なことですが、彼女はこれから先の年月を楽しく過ごされることでしょう。実際、彼女は自分の姿は自宅のアトリエで見つけられるだろうとおっしゃっています。そのアトリエで、水彩画に費やしたいと望んでいた時間をようやく持てるのだそうです。

☐ **profitable** [práfətəb(ə)l]　もうけの多い、有益な 形

　☐ **prófit**　利益 名　利益を得る 動

　類 **beneficial** ➡ 有益な　　　反 **unprofitable** ➡ 利益のない

☐ **be sorry to** *do*　〜することを残念に思う

☐ **ahead** [əhéd]　(ある時点より) 先に、前方に 副

　● **ahead of ...** ➡ …より前に、…の前方に

☐ **studio** [st(j)úːdiòu]　アトリエ、仕事場 名

☐ **devote** [dɪvóut]　(時間・金など) をささげる 動

　● **devote 〜 to ...** ➡ (時間・金など)を…にささげる

　☐ **devótion**　専念、献身 名

　類 **dedicate** ➡ (時間・力など)をささげる

| ☐ | **watercolor** [wɔ́:tərkʌ̀lər] | 水彩の 形　水彩画 名 |

◆ 設問・選択肢からの語句 ◆

※チェックボックスの下の番号は右ページの設問番号です。

| ☐ 101. | **accomplish** [əkɑ́mplɪʃ, -kʌ́m-] | ～を成し遂げる 動 |

- ☐ **accómplishment**　遂行、業績 名
- ☐ **accómplished**　完了した、熟練した 形

| ☐ 101. | **complicated** [kɑ́mpləkèɪtəd] | 複雑な 形 |

　類 **complex** ➡ 複雑な

| ☐ 101. | **merger** [mə́:rdʒər] | 合併 名 |

- ● mergers and acquisitions (M&A) ➡ 合併と買収
- ☐ **mérge**　～を合併する 動

| ☐ 101. | **implement** [ímpləmènt] | ～を実行する 動 |

| ☐ 102. | **pursue** [pərsúː] | ～を追求する、～を遂行する 動 |

| ☐ 102. | **consult** [kənsʌ́lt] | (～に)相談する、(辞書など)を調べる 動 |

- ● consult for ... ➡ …の顧問をする

204　Part 別語句 Part 4 説明文

100. What is Aviva Rozen's position?

   (A) Software executive
   (B) Financial advisor
   (C) Marketing director
   (D) Chief scientist

101. According to the speaker, what did Ms. Rozen accomplish?

   (A) She negotiated a complicated merger.
   (B) She implemented a global sales strategy.
   (C) She developed the company's training plan.
   (D) She started a successful division.

102. What will Ms. Rozen do after she retires?

   (A) Volunteer at a museum
   (B) Start a new business
   (C) Pursue a hobby
   (D) Consult for the company

---

100. Aviva Rozen の職務は何ですか。

   (A) ソフトウェア会社の管理職
   (B) 金融アドバイザー
   (C) マーケティング部長
   (D) 主任研究員

101. 話し手によると、Rozen さんは何を達成しましたか。

   (A) 複雑な合併の交渉をした。
   (B) 国際的な販売戦略を実行した。
   (C) 会社の研修プランを開発した。
   (D) 成功した部署を立ち上げた。

102. Rozen さんは退職後に何をするつもりですか。

   (A) 博物館でボランティアをする。
   (B) 新しい事業を始める。
   (C) 趣味を追求する。
   (D) 会社の顧問を務める。

正解 100. (A)　101. (D)　102. (C)

Questions 103 through 105 refer to the following talk.

(W-Am) Good morning and welcome to this **orientation** session for new **employees**. My name's Marilyn Carter, and I'm the head of the human resources group. Our first topic today is the company's **payroll** process—and I'm sure you're all **eager to** know how and when you'll be paid. **Paychecks** are issued weekly, and I'm going to be **handing out** forms with the information we'll need to get you set up in the payroll system. Make sure that you write **clearly** and that all the information is **accurate** before you give them back to me. One thing you should **be aware of** is that it takes about a week to process this paperwork, so that means there'll be a delay before you receive your first paycheck.

---

orientation
[ɔ̀:riəntéɪʃ(ə)n, -èn-]
オリエンテーション 名

employee
[ɪmplɔ́(ɪ)íː, èm-]
従業員、被雇用者 名

- **emplóyer** 雇用者 名

payroll
[péɪròʊl]
給与、給与支払い名簿 名

be eager to *do*
しきりに〜したがっている、〜することを熱望している

- **eager** [íːgər] しきりに求めて、熱望して 形
  - be eager for ... ➡ …を熱望している

paycheck
[péɪtʃèk]
給料支払い小切手、給料 名

- 類 check ➡ 小切手

設問 ⇨ p.209

問題 103-105 は次の話に関するものです。

おはようございます。新入社員向けのオリエンテーションへようこそ。私の名前は Marilyn Carter といい、人事部長をしております。今日の最初のテーマは、会社の給与処理です。皆さんはきっと、どのようにしていつ給与が支払われるのか知りたがっていることと思います。給料支払い小切手は毎週発行されます。皆さんを給与システムに組み入れるために必要な情報を記入する用紙を配布します。はっきりと書き、私に提出する前にすべての情報が正確であることを確認してください。ひとつ承知しておいていただきたいのは、この書類を処理するのに約1週間かかるという点で、そのため最初の給料小切手を受け取るまでに遅れが発生することになります。

hand out　〜を配る

- **hándòut** （教室・会議などで渡す）刷り物、配布資料 名
  - 類 distribute ➡ 〜を配布する

> Tip! hand in は「〜を提出する」という意味になる。

clearly [klíərli]　はっきりと、明るく 副

- **cléar**　明白な、明るい、澄んだ 形

accurate [ækjərət]　正確な、的確な 形

- **áccuracy**　正確さ、的確さ 名
  - 類 precise ➡ 正確な
  - 反 inaccurate ➡ 不正確な

be aware of ...　…に気づいている、…を知っている

- **aware** [əwéər]　気がついて 形

Part 別語句 **Part 4 説明文**

207

◆ 設問・選択肢からの語句 ◆

※チェックボックスの下の番号は右ページの設問番号です。

103. **responsibility** [rɪspɑ̀nsəbíləti] 責任、責務 名

　□ **respónsible** 責任がある、責任を負うべき 形

103. **procedure** [prəsíːdʒər] 手順、手続き 名

104. **manual** [mǽnjuəl] 手引き、マニュアル 名

104. **monitor** [mɑ́nətər] ～を監視する、～をモニターでチェックする 動　モニター 名

トランスクリプト ⇨ *p.206*

103. What is the speaker explaining?

(A) A payroll process
(B) A corporate travel policy
(C) Job responsibilities
(D) Interviewing procedures

103. 話し手は何について説明していますか。

(A) 給与処理
(B) 会社の出張規定
(C) 仕事上の責務
(D) 面接の手順

104. What does the speaker emphasize that listeners should do?

(A) Consult a manual
(B) Complete forms carefully
(C) Meet with supervisors weekly
(D) Monitor expenses

104. 話し手は聞き手が何をすべきだと強調していますか。

(A) マニュアルを調べる。
(B) 用紙に注意深く記入する。
(C) 毎週上司に会う。
(D) 出費をよく確認する。

105. What are listeners told to expect?

(A) A change in a company policy
(B) An upgrade of some software
(C) A delay in a payment
(D) A revision to a work schedule

105. 聞き手は何を予期しておくように言われていますか。

(A) 企業方針の変更
(B) ソフトウェアのアップグレード
(C) 支払いの遅れ
(D) 作業日程の見直し

正解　103. (A)　104. (B)　105. (C)

Questions 106 through 108 refer to the following excerpt from a meeting.

(M-Au) It's time to start planning the fall travel **section** that we publish every September. And, this year, we've decided to have the summer **interns** write most of it. It's a good **long-term** project for them, and it will **solve** our biggest problem from last summer. That was the first time that we'd used interns to work on news articles for the **weekday editions**—which seemed like a good idea, but I'm sure you all remember how **time-consuming** it was giving the interns daily feedback on their articles. And, unfortunately, some of us **missed** important deadlines for our own pieces. So, this summer, everyone will have **mentoring** assignments just once a week, rather than daily. Please take a look at your calendars and then e-mail me the days when you're free to mentor someone.

☐ **excerpt**
[éksə:rpt, égzə:rpt]

抜粋、引用 图
〜を抜粋する、〜を引用する 動

☐ **section**
[sékʃ(ə)n]

(新聞・雑誌の)欄、(会社などの)部門 图

☐ **intern**
[íntə:rn]

実習生、インターン 图

☐ **ínternshìp** インターンシップ 图

☐ **long-term**

長期の 形

反 **short-term** ➡ 短期の

設問 ⇨ p.213

問題 106-108 は次の会議の一部に関するものです。

毎年 9 月に掲載している秋の旅行案内欄の企画を始める時期です。そして今年は、夏期の実習生にそのほとんどを書かせることに決めました。彼らにとっては、よい長期的なプロジェクトで、昨年の夏に起きた私たちの最大の問題を解決することになるでしょう。あれは、私たちが初めて実習生に平日版の新聞のニュース記事を書かせたときでした。よいアイディアに思えましたが、彼らの記事に対して毎日評価を与えることがどれだけ時間のかかることだったか、皆さん覚えているはずです。そして残念なことに、中には私たち自身の記事の重要な締め切りに間に合わなかった人もいました。ですから、今年の夏は皆さん全員が毎日ではなく週に一度だけ、新人を指導する業務を行うことにします。スケジュールを確認して、誰かを指導するのに空いている曜日を私に E メールで送ってください。

solve [sálv]
〜を解決する 動

- **solútion** 解決 名
- 類 resolve / settle ➡ 〜を解決する

weekday [wíːkdèɪ]
平日の 形 平日 名

- 反 weekend ➡ 週末の

edition [ɪdíʃ(ə)n]
(本・雑誌・新聞などの) 版 名

time-consuming
時間のかかる 形

- **consume** [kənsúːm] 〜を消費する 動

☐ **miss** [mís]   (締め切りなど)**に間に合わない、~を取り逃がす** 動

☐ **mentor** [méntɔːr]   (新人)**を指導する** 動 **指導者、助言者** 名
　☐ **mentée**　指導を受ける者 名

◆ 設問・選択肢からの語句 ◆

※チェックボックスの下の番号は右ページの設問番号です。

☐ 106. **compete** [kəmpíːt]   **競争する、競い合う** 動
　● compete with ...　➡　…と競う
　☐ **còmpetítion**　競争 名
　☐ **compétitor**　競争者、競合企業 名
　☐ **compétitive**　競争の、競争的な 形

☐ 107. **inaccurate** [ɪnǽkjərət]   **不正確な** 形
　☐ **innácuracy**　不正確さ 名
　反 **accurate**　➡　正確な、的確な

☐ 108. **availability** [əvèɪləbíləti]   (人の)**手が空いている状態、利用〔入手〕できること** 名
　☐ **aváilable**　手が空いている、利用〔入手〕できる 形

212　Part 別語句 **Part 4 説明文**

トランスクリプト ⇨ p.210

106. What is mainly being discussed?

   (A) A required training course
   (B) A competing publication
   (C) Corporate travel policies
   (D) An internship program

106. 主に何について話されていますか。

   (A) 必須の研修コース
   (B) 競合の出版物
   (C) 会社の出張規定
   (D) インターンシップ・プログラム

107. According to the speaker, what was the problem last summer?

   (A) Deadlines were missed.
   (B) Articles were inaccurate.
   (C) Projects went over budget.
   (D) Feedback was not given.

107. 話し手によると、昨年の夏は何が問題でしたか。

   (A) 締め切りが守られなかった。
   (B) 記事が不正確だった。
   (C) プロジェクトが予算を上回った。
   (D) 評価が与えられなかった。

108. What does the speaker want listeners to do?

   (A) Submit expense reports
   (B) Suggest new article topics
   (C) Provide their availability
   (D) Review applications

108. 話し手は聞き手に何をしてもらいたいと思っていますか。

   (A) 経費報告書を提出する。
   (B) 新しい記事のテーマを提案する。
   (C) 空いている予定を伝える。
   (D) 応募書類を見直す。

正解 106. (D) 107. (A) 108. (C)

213

Questions 109 through 111 refer to the following talk.

(M-Cn) Welcome to Sunlight House. My name is Stephen, and I'll be leading you on this afternoon's tour. **Despite** its name, Sunlight House was designed by Edgar Thompson not as a **residential** home but as the office for his **architectural** business. It was here that he worked on many of the **industrial** buildings that he's so **well-known for** today. You'll see when you enter the building that it's simply one large room with **cleverly** designed modular workspaces for Thompson and each of his **associates**. That type of **floor plan** is quite **common** today, but it was **revolutionary** for Thompson's time. As we walk around, **feel free to** take photographs, but please do not **handle** or **lean against** anything, as many of the items on display have become fragile with age.

---

despite [dɪspáɪt]
〜にもかかわらず 前

類 in spite of ... ➡ …にもかかわらず

residential [rèzədénʃ(ə)l]
住宅の、居住の 形

- résident 居住者 名 居住する 形
- résidence 住宅 名

architectural [ὰːrkətéktʃ(ə)rəl]
建築上の 形

- árchitècture 建築(様式) 名
- árchitèct 建築家 名

industrial [ɪndʌ́striəl]
工業用の、産業(上)の 形

- índustry 産業、工業 名

設問 ⇨ p.217

> 問題 109-111 は次の話に関するものです。
>
> Sunlight House へようこそ。私の名前は Stephen で、今日の午後のツアーで皆さんをご案内します。その名前にもかかわらず、Sunlight House は Edgar Thompson によって、住宅ではなく、自身の建築事業用のオフィスとして設計されました。Thompson が、今日、彼を有名にした工業用建物の多くに取り組んだのがここでした。この建物に入れば、Sunlight House が Thompson と仕事仲間のために巧みに設計された可動式の作業スペースがある、単に1つの大きな部屋であるということがわかるでしょう。このような様式の間取りは今日では極めて一般的ですが、Thompson の時代には画期的なものでした。歩き回る際は、ご自由に写真撮影なさってください。ただし、展示されている品物の多くは年月とともに壊れやすくなっているので、どれにも手を触れたり寄りかかったりしないでください。

| ☐ **well-known for...** | …で有名な |

| ☐ **cleverly** [klévərli] | 巧妙に、賢く 副 |

　☐ **cléver** 賢い、巧妙な 形

| ☐ **associate** | 仲間、同僚 名　仲間の、準〜 形 [əsóuʃ(i)ət, -ʃièit] 〜を関連させる、〜を連想する 動 [əsóuʃièit] |

　☐ **assòciátion** 関連、協会 名

　　類 **colleague / coworker** ➡ 同僚

| ☐ **floor plan** | 間取り図 |

| ☐ **common** [kámən] | 一般的な、共通の 形 |

　　● **in common** ➡ 共通に

215

- [ ] **revolutionary** [rèvəlúːʃ(ə)nèri] 画期的な、革命の 形
  - [ ] **rèvolútion** 革命、大変革 名

- [ ] **feel free to** *do* 自由に〜してよい

- [ ] **handle** [hǽndl] 〜に手を触れる 動 → p.42

- [ ] **lean against ...** …に寄りかかる、…にもたれる
  - [ ] **lean** [líːn] 〜を傾ける、傾く 動

◆ 設問・選択肢からの語句 ◆

※チェックボックスの下の番号は右ページの設問番号です。

- [ ] 110. **typical** [típɪk(ə)l] 典型的な 形
  - [ ] **týpically** 典型的に、一般的に 副

- [ ] 110. **ceiling** [síːlɪŋ] 天井 名

- [ ] 110. **overseas** 海外で〔へ〕 副 [òuvərsíːz]
  海外の 形 [óuvərsíːz]

- [ ] 111. **furnishings** [fə́ːrnɪʃɪŋz] (家・部屋の) 備品、備え付け家具 名
  - [ ] **fúrnish** 〜に家具を備え付ける、〜を供給する 動

- [ ] 111. **premises** [prémǝsɪz] 敷地、建物 名

109. What will listeners take a tour of?

　　(A) A writer's study
　　(B) An artist's studio
　　(C) An architect's office
　　(D) An inventor's workshop

109. 聞き手は何を見て回りますか。

　　(A) 作家の書斎
　　(B) 芸術家のアトリエ
　　(C) 建築家のオフィス
　　(D) 発明家の作業場

110. According to the speaker, what is unusual about the room?

　　(A) It was once part of a factory.
　　(B) It was not a typical design for its time.
　　(C) All the light comes in through the ceiling.
　　(D) The construction materials were purchased overseas.

110. 話し手によると、部屋の何が珍しいですか。

　　(A) かつて工場の一部だった。
　　(B) 当時の典型的な設計ではなかった。
　　(C) 光がすべて天井を通して入ってくる。
　　(D) 建築資材は海外で購入された。

111. What does the speaker ask listeners to avoid doing?

　　(A) Taking photographs
　　(B) Speaking loudly
　　(C) Touching the furnishings
　　(D) Eating on the premises

111. 話し手は聞き手に何をすることを避けるように求めていますか。

　　(A) 写真を撮影すること。
　　(B) 大声で話すこと。
　　(C) 備品に触れること。
　　(D) 敷地内で食べること。

正解　109. (C)　110. (B)　111. (C)

Questions 112 through 114 refer to the following introduction.

(W-Br) Welcome to the Holton Library. We're **delighted** to have such a talented group of students volunteering their time to help us organize our specialized collection of historical letters. As you know, our library is **renowned** for this large selection of **correspondence** and personal **memoirs** from important historical **figures**. We've recently received a **generous donation** of materials from a private collector, and we need your help to catalog them. In handling the documents, you'll need to learn to use special **techniques** to **protect** them from **damage**. We're **fortunate** to have an expert in the **field**, Dr. Samuel Kim, to provide this training. Dr. Kim will join us in a few minutes to begin the session.

---

delighted [dɪláɪtəd]
大いに喜んで 形

- be delighted to do ➡ 〜して大いに喜んでいる

☐ **delíght** 大喜び 名 〜を大喜びさせる 動
☐ **delíghtful** 楽しい、愉快な 形

---

renowned [rɪnáʊnd]
有名な 形

- be renowned for ... ➡ …で有名である

類 **well-known** ➡ よく知られた

---

correspondence [kɔ̀(ː)rəspánd(ə)ns, kàr-]
書状、(手紙による) 通信、一致 名

☐ **còrrespónd** 一致する、通信する 動
☐ **còrrespóndent** 通信者、特派員 名

---

memoir [mémwàːr, -wɔ̀ːr]
回想録、伝記 名

設問 ⇨ p.221

問題 112-114 は次の案内に関するものです。

Holton 図書館へようこそ。このように有能な学生の皆さんが、当館の歴史的な手紙の特別コレクションを整理する手伝いをするために、進んで時間を割いてくださり**うれしく**思います。ご存じのように、当館は歴史的重要**人物**からの**書簡**や個人的な**回想録**を集めたこの膨大なコレクションで**有名**です。最近、個人の収集家から資料を**惜しみなく寄贈**していただき、それらの目録を作るために皆さんの助けが必要です。文書を扱うにあたり、皆さんはそれらを**損傷**から**守る**ための特別な**手法**を使うことを身に付ける必要があります。この研修を行うために、私たちは**幸運にも当分野**の専門家である Samuel Kim 博士をお迎えします。Kim 博士はあと数分でお見えになり、研修を始めます。

☐ **figure** [fígjər, -gər]　人物、人の姿 名　➡ p.29

☐ **generous** [dʒén(ə)rəs]　惜しみなく物〔金・援助〕を与える、寛大な 形
　☐ **gènerósity**　気前のよさ 名

☐ **donation** [dounéɪʃ(ə)n]　寄付（金）名
　☐ **dónàte**　〜を寄付する 動
　☐ **dónor**　寄贈者 名

☐ **technique** [tekníːk]　技術、やり方 名
　☐ **téchnical**　技術（上）の 形

☐ **protect** [prətékt]　〜を守る、〜を保護する 動
　☐ **protéction**　保護 名
　☐ **protéctive**　保護する 形

damage [dǽmɪdʒ]
損傷、損害 名
〜に損害を与える 動

- dámaged 損害を受けた、傷ついた 形

fortunate [fɔ́ːrtʃ(ə)nət]
幸運な 形

- fórtunately 幸運にも 副
- fórtune 運、幸運 名

反 unfortunate ➡ 不運な

field [fiːld]
分野 名

◆ 設問・選択肢からの語句 ◆

※チェックボックスの下の番号は右ページの設問番号です。

113. patron [péɪtrən]
ひいき客、後援者 名

113. coordinate [kouɔ́ːrd(ə)nèɪt]
〜を調整する 動

- coórdinàtor 調整役、まとめ役 名

114. engage [ɪngéɪdʒ, en-]
(注意など)を引きつける、〜に従事させる 動

● be engaged in ... ➡ …に従事している

- engágement 約束、婚約 名

220　Part 別語句 Part 4 説明文

112. Who most likely are the listeners?

  (A) Fundraising professionals
  (B) Library directors
  (C) History professors
  (D) Student volunteers

113. What will listeners be doing?

  (A) Contacting library patrons
  (B) Conducting research
  (C) Organizing a collection
  (D) Coordinating an annual event

114. What will be the subject of Dr. Kim's talk?

  (A) How to engage an audience
  (B) How to recruit experienced personnel
  (C) How to protect documents from damage
  (D) How to communicate with donors

112. 聞き手は誰だと思われますか。

  (A) 資金集めの専門家
  (B) 図書館長
  (C) 歴史学の教授
  (D) 学生のボランティア

113. 聞き手は何をしますか。

  (A) 図書館の利用者に連絡を取る。
  (B) 調査を行う。
  (C) コレクションを整理する。
  (D) 毎年恒例のイベントを取りまとめる。

114. Kim 博士の話の主題は何ですか。

  (A) 観客を引きつける方法
  (B) 経験豊富な人材を採用する方法
  (C) 文書を損傷から守る方法
  (D) 寄贈者と連絡する方法

正解 112. (D) 113. (C) 114. (C)

Questions 115 through 117 refer to the following speech.

(W-Br) Thank you for the opportunity to speak at this month's meeting of the Penndale **Civic Association**. **On behalf of** my company, Marino Builders, I'm happy to announce that we've **broken ground** on a new 10-**story** building in the city center. It will be known as Highpoint Tower, and construction will be complete before the end of next year. We know that the civic association has **dedicated** itself to **revitalizing** Penndale's business district, and we believe our project will help to **attract** new businesses and customers to the area. To show how it will do that, I'd like to present a short video that will take you on a **virtual** tour of some of the building's most **notable** features.

---

civic
[sívɪk]

市民の、(都)市の 形

類 civil ➡ 市民の

---

association
[əsòusiéɪʃ(ə)n, -ʃi-]

協会、関連、提携 名

- assóciàte ～を関連させる、～を連想する 動
- assóciate 仲間、同僚 名　仲間の、準～ 形

---

on behalf of ...

…の代表として、…のために

---

break ground

起工する、着手する

---

story
[stɔ́ːri]

階 名

● 10-story ... ➡ 10階建ての…

Tip! 「物語」や「話」を意味する story とは異なり、「階」の意味の場合は storey と表記することもある。

設問 ⇨ p.225

問題 115-117 は次のスピーチに関するものです。

Penndale 市民協会の今月の集会においてお話しする機会をいただきありがとうございます。弊社、Marino 建築会社を代表して、市の中心地で新しい 10 階建てのビルに着工したことを喜んでお知らせいたします。このビルは Highpoint タワーという名前で知られることとなり、工事は来年末までに完了する予定です。弊社は市民協会の皆さんが Penndale の商業地区を再び活性化させようと専心していらっしゃることを存じ上げており、このプロジェクトが、地域に新しい企業や顧客を誘致するお手伝いができると信じております。どのようにお手伝いできるかを示すために、ビルの最も注目すべき特徴の一部をバーチャルツアーでご案内する短いビデオを上映したいと思います。

dedicate [dédɪkèɪt]
（時間・力など）をささげる 動

- dedicate oneself to ... ➡ …に専念する

revitalize [rivάɪtəlὰɪz]
〜に再び生気を与える、〜を復興させる 動

attract [ətrǽkt]
〜を引きつける 動

- **attráctive** 人を引きつける、魅力的な 形
- **attráction** 引きつけること、魅力、呼び物 名

類 fascinate ➡ 〜の興味をそそる

virtual [vɚ́ːrtʃuəl]
仮想の、事実上の 形

223

notable
[nóʊtəb(ə)l]

注目に値する、有名な 形

類 noticeable ➡ 注目に値する　　remarkable ➡ 注目すべき

◆ 設問・選択肢からの語句 ◆

※チェックボックスの下の番号は右ページの設問番号です。

115. charitable
[tʃǽrətəb(ə)l]

慈善の 形

- chárity　慈善（行為）名

115. landmark
[lǽndmàːrk]

目印となるもの、名所 名

116. restore
[rɪstɔ́ːr]

～を復興する、～を修復する、～を回復させる 動

- rèstorátion　復興、修復 名

117. timeline
[táɪmlàɪn]

スケジュール（表）、時刻表 名

115. What is the subject of the announcement?

   (A) A construction project
   (B) A charitable donation
   (C) A city landmark
   (D) A corporate merger

116. According to the speaker, what is a goal of the Penndale Civic Association?

   (A) To sponsor community events
   (B) To improve the business district
   (C) To restore historic neighborhoods
   (D) To support local schools

117. What will the speaker most likely do next?

   (A) Hand out brochures
   (B) Answer questions
   (C) Review a timeline
   (D) Show a video

---

115. このお知らせの主題は何ですか。

   (A) 建設計画
   (B) 慈善寄付
   (C) 街の名所
   (D) 企業の合併

116. 話し手によると、Penndale 市民協会の目標は何ですか。

   (A) 地域行事を後援すること。
   (B) 商業地区をよりよくすること。
   (C) 歴史的に有名な近隣地域を復興すること。
   (D) 地元の学校を支援すること。

117. 話し手は次に何をすると思われますか。

   (A) パンフレットを配布する。
   (B) 質問に答える。
   (C) スケジュールを見直す。
   (D) ビデオを見せる。

正解 115. (A) 116. (B) 117. (D)

Questions 118 through 120 refer to the following excerpt from a meeting.

(M-Cn) Good afternoon. I called this meeting for the entire **engineering** team to discuss a new product the company wants us to develop. According to recent market surveys, customers would like to see an **underwater digital** camera in our line of products. So, the company wants to produce a camera that can be used in water up to a hundred feet deep. As you know, our **target** customer is your **average amateur** photographer **on a budget**. The **retail** price needs to be reasonable without **compromising quality**. I'd like for us all to **break into** small groups to start **brainstorming** designs. Later on, we'll **reconvene** as a team to **go over** our various ideas.

| engineering [ɛ̀ndʒəníərɪŋ] | エンジニアリング、工学 名 |

☐ **ènginéer** 技術者 名

| underwater [ʌ̀ndərwɔ́ːtər] | 水中(用)の 形 水中 名 |

| digital [dídʒətl] | デジタルの 形 |

| target [táːrgət] | 対象、目標 名 〜を目標に定める 動 |

| average [ǽv(ə)rɪdʒ] | 普通の、平均の 形 平均 名 |

● **on average** ➡ 平均して

設問 ⇨ p.229

問題 118-120 は次の会議の一部に関するものです。

こんにちは。会社が私たちに開発するよう望んでいる新製品について技術チーム全体で話し合うために、この会議を開きました。最近の市場調査によれば、顧客は水中用のデジタルカメラを当社の取扱商品に加えてほしいようです。そこで、会社は水深 100 フィートまでで使えるカメラを製造したいと考えています。ご存じのように、当社の対象顧客は、予算が限られている普通のアマチュア写真家です。品質を妥協することなく、小売価格を手ごろにする必要があります。皆さん全員が小さなグループに分かれて、デザインについてブレインストーミングを行いたいと思います。その後で、チームとして再集合し、さまざまなアイディアを検討しましょう。

☐ **amateur** [ǽmətər, -tjùər, -tʃùər]　アマチュアの 形　アマチュア 名

　反 professional ➡ プロの

☐ **on a budget**　限られた予算で

　☐ **budget** [bʌ́dʒət]　予算 名

☐ **retail** [ríːtèɪl]　小売りの 形　小売り 名

　☐ **rétàiler**　小売業者 名
　Tip! 「卸売りの」は wholesale と言う。

☐ **compromise** [kɑ́mprəmàɪz]　(～を)妥協する、(名声など)を傷つける 動　妥協 名

227

quality
[kwálət i]

品質、質 名

反 quantity ➡ 量

break into ...

分かれて…になる

brainstorm
[bréɪnstɔ̀ːrm]

〜についてブレインストーミングをする 動
ひらめき 名

☐ **bráinstòrming** ブレインストーミング 名

reconvene
[rìːkənvíːn]

再集合する、(〜を)再招集する 動

☐ **convéne** 会合する、〜を招集する 動

go over

〜を検討する、〜をよく調べる

◆ 設問・選択肢からの語句 ◆

※チェックボックスの下の番号は右ページの設問番号です。

119. regulation
[règjəléɪʃ(ə)n]

規定、規制 名

- safety regulations ➡ 安全規定
- rules and regulations ➡ 規則や規定

☐ **régulàte** 〜を規定する、〜を統制する 動

類 **guideline** ➡ 指針、ガイドライン

118. Who most likely are the listeners?

(A) Product engineers
(B) Software designers
(C) Factory supervisors
(D) Marketing executives

118. 聞き手は誰だと思われますか。

(A) 製品技術者
(B) ソフトウェアの設計者
(C) 工場の監督官
(D) マーケティングの幹部

119. What are listeners told to keep in mind?

(A) The availability of materials
(B) Production deadlines
(C) The price of a product
(D) Safety regulations

119. 聞き手は何に留意するように言われていますか。

(A) 原料が入手できること
(B) 製造期日
(C) 製品の価格
(D) 安全規定

120. What is the listeners' next task?

(A) To research competing products
(B) To propose design ideas
(C) To take some photographs
(D) To ask customers for feedback

120. 聞き手の次の課題は何ですか。

(A) 競合製品を調査すること。
(B) デザイン案を提示すること。
(C) 写真を撮影すること。
(D) 顧客に意見を求めること。

正解 118. (A) 119. (C) 120. (B)

Memo

公式問題で学ぶ！Part別語句

― Reading Section より ―

Part 5
短文穴埋め問題
を使った学習

※ Part 5(p.232〜281)では、選択肢の単語は見出し語として取り上げていても青字で表示していません。

121.

Passengers should be ------- when opening the **overhead luggage bins** as **contents** may have **shifted** during travel.

(A) enjoyable
(B) upward
(C) late
(D) careful

乗客の方々は、頭上の荷物入れを開ける際、移動中に中身が動いた可能性がありますので注意してください。

overhead
[óuvərhèd]
頭上の 形 頭上に、空高く 副

luggage
[lʌ́gɪdʒ]
手荷物、旅行かばん 名

類 baggage ➡ 手荷物

Tip! luggage、baggage は共に不可算名詞。

bin
[bín]
（ふた付きの大きな）容器、大箱 名

● overhead bin ➡ （旅客機内の頭上の）荷物入れ

Tip! 「頭上の荷物入れ」は overhead compartment とも言う。

content
[kántènt]
＜複数形で＞ 中身、（文書などの）内容 名

shift
[ʃíft]
位置を変える、〜を変える 動
変化、（勤務の）交替制 名

選択肢の訳： (A) 楽しい (B) 上向きの (C) 遅い (D) 注意深い

正解 (D)

122.

Warehouse employees must ------- the safety guidelines as outlined in the company manual.

(A) take (B) follow
(C) lead (D) carry

倉庫の従業員は、就業規則で述べられているように、安全基準に従わなければなりません。

safety
[séɪfti] 安全 名

- sáfe 安全な 形
- sáfely 安全に、無事に 副
- 反 danger ➡ 危険

guideline
[gáɪdlàɪn] <複数形で> 指針、ガイドライン 名

- ● safety guidelines ➡ 安全基準
- ● follow guidelines ➡ 指針に従う
- 類 regulations ➡ 規定、規制

outline
[áʊtlàɪn] 〜の概要を述べる 動 概要、輪郭 名

- 類 summarize ➡ (〜を) 要約する

選択肢の訳： (A) 〜を取る (B) 〜に従う (C) 〜を導く (D) 〜を運ぶ　　正解 (B)

123.

The **blueprint** for the Sbraga Hotel includes 200 guest rooms, a restaurant, and an ------- parking area.

(A) enclosed
(B) opposite
(C) absent
(D) innocent

Sbraga ホテルの構想図には、200 の客室、レストラン、屋内駐車場が含まれます。

☐ **blueprint** [blúːprìnt] 設計図、青写真、（詳細な）計画 名

　類 draft ➡ 設計図面、図案

☐ (A) **enclosed** [ɪnklóʊzd, en-] 囲いのある、同封された 形

☐ (B) **opposite** [ápəzət, -sət] 反対側の 形　〜の向かい側に 前
　　　　　　　　　　　　　　反対のもの〔人〕名

☐ (C) **absent** [ǽbs(ə)nt] 不在の、欠席して 形

　● be absent from ... ➡ …を不在にしている

　☐ **ábsence** 不在、欠席 名

　反 present ➡ 出席して

☐ (D) **innocent** [ínəsənt] 無実の、無邪気な 形

　☐ **ínnocence** 無罪、無邪気 名

　反 guilty ➡ 有罪の

選択肢の訳： (A) 囲いのある　(B) 反対側の　(C) 不在の　(D) 無実の　　正解 (A)

124.

The elevators in the north wing will be closed ------- for maintenance next week.

(A) formerly
(B) annually
(C) temporarily
(D) cautiously

北棟のエレベーターは来週、整備のため一時的に閉鎖されます。

elevator
[éləvèɪtər]
エレベーター 名

- **élevàte** 〜を高める 動

Tip! 英国ではエレベーターを *lift* と言う。

wing
[wíŋ]
(建物の左右に出ている) 翼、棟、ウイング、(鳥などの) つばさ 名

maintenance
[méɪnt(ə)nəns]
整備、維持 名

- **maintáin** 〜を維持する、〜を整備する 動

temporarily
(C) [tèmpərérəli, témpərèrəli]
一時的に 副

- **témporàry** 一時の 形
- 反 **permanently** ➡ 永久に

cautiously
(D) [kɔ́:ʃəsli]
用心深く、警戒して 副

- **cáutious** 用心深い 形
- **cáution** 用心、警戒 名

選択肢の訳： (A) 以前は　(B) 毎年　(C) 一時的に　(D) 用心深く

正解 (C)

125.

For **optimal performance** of your Rydor clothes **dryer**, clean the filter -------.

(A) extremely
(B) regularly
(C) deeply
(D) heavily

Rydor 衣類乾燥機の最適な動作のためには、フィルターを定期的に清掃すること。

---

optimal
[ɑ́ptəm(ə)l]
最適の、最上の 形

performance
[pərfɔ́ːrməns]
(機械などの)運転、性能 名 → p.20

☐ **perfórm** 機能する 動

dryer
[dráɪər]
乾燥機、ドライヤー 名

extremely (A)
[ɪkstríːmli]
極めて、とても 副

☐ **extréme** 極端な、極度の 形

regularly (B)
[régjələrli]
定期的に、規則正しく 副

☐ **régular** 規則的な、いつもの 形

反 **irregularly** → 不定期に、不規則に

選択肢の訳： (A) 極めて (B) 定期的に (C) 深く (D) 重く

正解 (B)

126.

Candidates for the position of assistant manager must be -------- of **assuming** a wide **range** of responsibilities.

(A) capable
(B) enclosed
(C) selected
(D) ready

次長の職に応募する者は、広範囲にわたる責任を負う能力がなければなりません。

assume
[əsúːm]

(任務・責任など)を引き受ける、〜と仮定する 動 → p.335

- assume a responsibility → 責任を負う

assumption (任務・責任などを)引き受けること、仮定 名

range
[réɪndʒ]

範囲 名 (範囲などが)及ぶ 動

- a wide range of ... → 幅広い…

(A) capable
[kéɪpəb(ə)l]

〜の能力がある、有能な 形

- be capable of doing ... → …する能力がある、…ができる

capability 能力 名

類 able → 〜ができる、有能な

反 incapable → 〜することができない

選択肢の訳：(A) 〜の能力がある　(B) 囲まれた　(C) 選ばれた　(D) 用意ができて　　正解 (A)

237

127.

Research shows that more **small businesses** are ------- to **lease** their office equipment.

(A) directing
(B) supporting
(C) requiring
(D) choosing

調査によると、より多くの中小企業がオフィス用品をリースすることを選ぶようになっています。

☐ **small business** 中小企業、小企業

☐ **lease** [líːs] ～をリースする、～を賃借〔賃貸〕する 動
賃貸借（契約） 名

　類 **rent** ➡ ～を賃借〔賃貸〕する

☐ (A) **direct** [dərékt, daɪ-] （～を）指揮する、～に向ける 動
まっすぐの、直接の 形

　☐ **diréction** 指揮、方向、<複数形で>道順 名

☐ (D) **choose** [tʃúːz] （～を）選ぶ 動

　● **choose to** *do* ➡ ～することを選択する

　☐ **chóice** 選択 名

　類 **select** ➡ ～を選び出す

選択肢の訳：(A) ～を指揮する (B) ～を支える (C) ～を必要とする (D) ～を選ぶ　　正解 **(D)**

128.

Delemarke's **profits are expected to rise** ------- **over the next** ten **years** as the company begins to offer new services **abroad**.

(A) closely
(B) lately
(C) cheaply
(D) steadily

Delemarke の利益は、同社が海外で新しいサービスを提供し始めるため、今後 10 年間で着実に上がると見込まれています。

☐ **profit** [práfət]　利益、もうけ 名　利益を得る 動

　☐ **prófitable**　有益な、もうけの多い 形

☐ **be expected to** *do*　〜するものと期待されている

☐ **rise** [ráɪz]　上がる、上昇する 動　上がること 名

　反 **fall** ➡ 落ちる、下降する

　Tip! 目的語をとって「〜を上げる」と言う場合は raise [réɪz] を用いる。p.146 参照。

☐ **over the next ... years**　今後…年間にわたって

☐ **abroad** [əbrɔ́ːd]　海外に〔へ〕 副

(D) ☐ **steadily** [stédɪli]　着実に 副

　☐ **stéady**　安定した、不変の 形

選択肢の訳：(A) 綿密に　(B) 最近　(C) 安く　(D) 着実に　　正解 (D)

129.

Avery Motors will not ------- on the design of its new line of **automobiles** until the **press release** tomorrow.

(A) advance
(B) predict
(C) comment
(D) rely

Avery 自動車は、明日の報道発表までは新車のデザインについてコメントをしないでしょう。

☐ **automobile** [ɔ́:təmoubí:l, ɔ́:təmoubì:l]　自動車 名

　類 car ➡ 車

☐ **press release**　報道発表

　☐ **release** [rɪlí:s]　（ニュースなどの）発表 名

☐ (A) **advance** [ədvǽns]　～を進める、進む 動　進歩、前進 名

　☐ **adváncement**　進歩、昇進 名

☐ (C) **comment** [kɑ́mènt]　意見を述べる 動　論評、コメント 名

　● **comment on ...** ➡ …について意見を述べる

☐ (D) **rely** [rɪláɪ]　頼る、信頼する 動

　● **rely on ...** ➡ …に頼る

　☐ **relíable**　信頼できる 形

　類 **depend (on ...)** ➡ （…に）頼る

選択肢の訳：(A) ～を進める　(B) ～を予測する　(C) 意見を述べる　(D) 頼る　　正解 (C)

130.
To learn more about safe ways to control garden pests using ------- household chemicals, visit our Web site.

(A) preventable
(B) ordinary
(C) fellow
(D) mutual

普通の家庭用化学薬品を使って庭の害虫を抑える安全な方法についてさらに知るには、弊社のウェブサイトをご覧ください。

control
[kəntróul]
〜を抑制する、〜を管理する 動
抑制、管理 名

household
[háushòuld]
家庭の、家事の 形　家庭、世帯 名

chemical
[kémɪk(ə)l]
化学薬品 名　化学的な 形

(A) preventable
[prɪvéntəb(ə)l]
予防できる 形

- prevént　〜を防ぐ 動

(B) ordinary
[ɔ́:rdnèri]
普通の 形

- 類 common ➡ 一般的な
- 反 special ➡ 特別の　　extraordinary ➡ 異常な、並はずれた

(D) mutual
[mjú:tʃuəl, -tʃəl]
相互の 形

- mútually　相互に 副

選択肢の訳：(A) 予防できる　(B) 普通の　(C) 仲間の　(D) 相互の　　正解 (B)

131.

Once Ms. Cohen had **examined** the detailed business plan, she was more ------- to the idea of **investing** in the new company.

(A) convinced
(B) receptive
(C) generous
(D) plausible

Cohen さんは詳細な事業計画を検討すると、新規企業に投資するという考えに対してより受容的になりました。

☐	**once** [wʌ́ns]	いったん〜すると 接 一度、かつて 副
☐	**examine** [ɪgzǽmən]	〜を調べる、〜を考察する 動
☐	**invest** [ɪnvést]	（〜を）投資する 動

● invest in ... → …に投資する
☐ **invéstment** 投資 名

☐ (A)	**convinced** [kənvínst]	確信を持った 形

☐ **convínce** 〜を確信させる、〜を納得させる 動

☐ (B)	**receptive** [rɪséptɪv]	受容的な、（新しい考えなどを）よく受け入れる 形

● be receptive to ... → …に受容的である

☐ (D)	**plausible** [plɔ́ːzəb(ə)l]	妥当な、もっともらしい 形

選択肢の訳：(A) 確信を持った (B) 受容的な (C) 寛大な (D) 妥当な   正解 **(B)**

132.

Payne Carpet's decorative rugs are made from a ------- of synthetic and natural materials.

(A) plan
(B) team
(C) blend
(D) shade

Payne カーペット社の装飾じゅうたんは、合成素材と天然素材の混紡でできています。

---

decorative
[dék(ə)rətɪv]
装飾用の、装飾的な 形

rug
[rʌ́g]
（床の一部に敷く）敷物、じゅうたん 名

類 carpet ➡ じゅうたん、カーペット

synthetic
[sɪnθétɪk]
合成の、総合の 形　合成物 名

類 artificial ➡ 人工の

(C) blend
[blénd]
混合(物) 名　～を混ぜる、混ざる 動

類 mixture ➡ 混合物

(D) shade
[ʃéɪd]
陰、日陰 名　～を陰にする 動

選択肢の訳：(A) 計画　(B) チーム　(C) 混合　(D) 陰

正解 (C)

133.

In Ms. Park's **absence**, all **inquiries** ------- the Bevington project should be directed to her assistant.

(A) assuming
(B) versus
(C) rather
(D) concerning

Park さんの不在中、Bevington のプロジェクトに関するすべての問い合わせは、Park さんの助手に回すこと。

absence
[ǽbs(ə)ns] 不在、欠席 名

- in one's absence ➡ ～の不在中に

ábsent 不在の、欠席して 形

反 **presence** ➡ 存在、出席

inquiry
[ɪnkwáɪəri] 問い合わせ 名

- an inquiry concerning〔about〕... ➡ …に関する問い合わせ

inquíre ～を尋ねる 動

versus
(B) [və́ːrsəs] （訴訟・競技などで）～対、～に対して 前

Tip! v. または vs. と省略して表記することもある。

concerning
(D) [kənsə́ːrnɪŋ] ～に関して 前

Tip! about「～について」よりも堅い表現。

類 **regarding** ➡ ～に関して　　**in〔with〕regard to ...** ➡ …に関して
as for ... ➡ …に関するかぎりでは

選択肢の訳： (A) ～と仮定して　(B) ～対　(C) むしろ　(D) ～に関して　　正解 (D)

134.

In my opinion, the company's **stock price** is ------- low **compared to** its annual **earnings**.

(A) audibly
(B) relatively
(C) plentifully
(D) anonymously

私の意見では、会社の株価は年間収益に比べて、比較的低いです。

---

stock price　株価
- **stock** [sták]　株式、株 名

compared to ...　…に比べて
- **compare** [kəmpéər]　～を比較する、～をたとえる 動

earnings [ə́ːrnɪŋz]　収益、所得 名
- **éarn**　～を稼ぐ 動

(B) relatively [rélətɪvli]　比較的(に) 副
- **rélative**　比較上の、関連した 形
  - 類 **comparatively** ➡ 比較的(に)

(C) plentifully [pléntɪfəli]　豊富に、たくさん 副

(D) anonymously [ənánəməsli]　匿名で 副

選択肢の訳：(A) 聞こえるように　(B) 比較的　(C) 豊富に　(D) 匿名で

正解　(B)

135.

Greenleaf Press will soon publish a -------, pocket **version** of Manuel Santiago's book *An Insider's Guide to Travel in Argentina*.

(A) gathered
(B) replaced
(C) condensed
(D) acquainted

Greenleaf 出版は、Manuel Santiago の本、*An Insider's Guide to Travel in Argentina*（アルゼンチン旅行のための現地情報通による案内）の小型要約版をまもなく出版します。

---

version
[və́ːrʒ(ə)n, -ʃ(ə)n]
〜版、作り替えたもの 名

類 **edition** ➡ （本・雑誌・新聞などの）版

insider
[ɪnsáɪdər, ínsàɪdər]
内情に明るい人、内部の人 名

反 **outsider** ➡ 部外者

(A) gather
[gǽðər, géðər]
〜を集める、集まる 動

(C) condensed
[kəndénst]
要約された、凝縮された 形

condénse 〜を要約する、〜を凝縮する 動

(D) acquainted
[əkwéɪntəd]
よく知っている 形

● **be acquainted with ...** ➡ …をよく知っている

acquáint 〜に知らせる 動
acquáintance 知人 名

選択肢の訳：(A) 集められた (B) 取り替えられた (C) 要約された (D) よく知っている　　正解 (C)

136.

Because Legolos Company recognizes the **importance** of protecting customer information, it has made data **privacy** a high -------.

(A) conformity
(B) liability
(C) priority
(D) seniority

Legolos 社は顧客情報を保護することの重要性を認識しているため、データ機密を最優先事項としました。

☐ **importance** [ɪmpɔ́ːrt(ə)ns]　重要 (性) 名

　☐ **impórtant**　重要な、大切な 形

☐ **privacy** [práɪvəsi]　プライバシー、秘密 名

　☐ **prívate**　私的な、秘密の 形

(A) ☐ **conformity** [kənfɔ́ːrməti]　一致、適合 名

　☐ **confórm**　～を一致させる、順応する 動

(B) ☐ **liability** [làɪəbíləti]　法的責任、義務 名

　☐ **líable**　(法律上) 責任がある 形

(C) ☐ **priority** [praɪɔ́(ː)rəti, -ɑ́r-]　優先 (権) 名

(D) ☐ **seniority** [sɪnjɔ́(ː)rəti, -njɑ́r-]　年功 (序列) 名

選択肢の訳：(A) 一致　(B) 法的責任　(C) 優先　(D) 年功序列　　　正解 (C)

137.

A **study** found that **government** ------- on building **permits** in Clarksburg have **led to** better city planning.

(A) regulations
(B) perceptions
(C) imitations
(D) distributions

研究によって、Clarksburgにおける建築許可に関する政府の規定は、よりよい都市計画をもたらしたとわかりました。

☐ **study** [stʌ́di]　研究、調査 名
　（～を）研究する、（～を）調査する 動

☐ **government** [gʌ́vər(n)mənt, gʌ́v(ə)mənt]　政府、統治機関 名
　　☐ **góvern**　（～を）統治する 動

☐ **permit**　許可（書）名 [pə́ːrmìt]
　　～を許可する 動 [pərmít]
　　☐ **permíssion**　許可 名

☐ **lead to ...**　（結果として）…になる
　　☐ **lead** [líːd]　～を導く 動

☐ (B) **perception** [pərsépʃ(ə)n]　知覚、認識 名
　　☐ **percéive**　～を知覚する、～を理解する 動
　　☐ **percéptive**　知覚の、知覚の鋭い 形

☐ (C) **imitation** [ìmətéɪʃ(ə)n]　模倣、偽造品 名

選択肢の訳： (A) 規定　(B) 知覚　(C) 模倣　(D) 分配　　正解 (A)

138.

Under the direction of James Pak, the **orchestra** has become one of the most highly ------- **performing arts** groups in the **region**.

(A) intended
(B) overcome
(C) regarded
(D) impressed

James Pak の指揮のもと、その**オーケストラ**は、**地域**で最も高く評価された**舞台芸術**団体の１つになりました。

☐ **orchestra** [ɔ́ːrkəstrə, -kès-]　オーケストラ、管弦楽団 名

☐ **performing arts**　舞台芸術

☐ **region** [ríːdʒ(ə)n]　地域 名
　☐ **régional**　地域の 形

(A) ☐ **intend** [ɪnténd]　～を意図する 動
　● intend to do ➡ ～するつもりである
　☐ **inténtion**　意図、意向 名

(B) ☐ **overcome** [òuvərkʌ́m]　～に打ち勝つ 動　過去分詞形も overcome

(C) ☐ **regard** [rɪɡáːrd]　～を評価する、～とみなす 動　評価、配慮 名
　● regard A as B ➡ A を B とみなす

選択肢の訳： (A) 意図された　(B) 打ち勝った　(C) 評価された　(D) 感動した　　正解 **(C)**

249

139.

The **owners** of the apartment **complex** plan to paint and repair the common areas of the buildings **as well as** the ------- of each **unit**.

(A) space
(B) interior
(C) involvement
(D) atmosphere

共同住宅の所有者は、各戸の内部だけでなく、建物の共有スペースも塗装と修復を行うことを計画しています。

☐ **owner** [óunər] 所有者 名

　☐ **ówn** 〜を所有する 動

☐ **complex** (建物などの) 集合体、総合ビル 名 [kámpleks]
複合の、複雑な 形 [kəmpléks, kámpleks]

　● apartment complex ➡ 共同住宅、団地

☐ ***A* as well as *B*** *B* だけでなく *A* も

☐ **unit** [júːnət] 1戸、1個、(構成) 単位 名

☐ (C) **involvement** [ɪnválvmənt] 巻き込むこと、関わり合い 名

　☐ **invólve** 〜を巻き込む、〜を関係させる 動

☐ (D) **atmosphere** [ǽtməsfìər] 雰囲気、大気 名

選択肢の訳: (A) 空間　(B) 内部　(C) 巻き込むこと　(D) 雰囲気　　正解 (B)

140.

Our e-mail system is ------- known as Fast Track, even though its official name is Fast Mail Delivery and Tracking system.

(A) mutually
(B) relatively
(C) abruptly
(D) commonly

弊社のEメールシステムは、公式名称は Fast Mail Delivery and Tracking（高速メール送信・追跡）システムですが、一般的には Fast Track として知られています。

be known as ... …として知られている

even though ... …であるのに

Tip! even though は though「〜だが」の強調表現。

tracking [trǽkɪŋ] 追跡 名

- **tráck** 通った跡 名　〜を追跡する 動
  - keep track of ... ➡ …の跡をたどる

(A) mutually [mjúːtʃuəli, -tʃəli] 相互に 副

(C) abruptly [əbrʌ́ptli] 不意に 副

- **abrúpt** 不意の 形
  - 類 suddenly ➡ 突然に

選択肢の訳：(A) 相互に　(B) 比較的　(C) 不意に　(D) 一般的に

正解 (D)

141.

According to Lederer Financial **Consultants**, a strategy to **minimize borrowing** is **part of** good **debt** -------.

(A) registration
(B) management
(C) signature
(D) invoice

Lederer 金融コンサルタントによると、借金を最小限にする戦略は、優れた債務管理の重要な要素です。

☐ **consultant**
[kənsʌ́lt(ə)nt]
コンサルタント、顧問 名

☐ **consúlt** （専門家）に意見を求める、（〜に）相談する 動

類 **counselor** ➡ 顧問、相談役　　**adviser, advisor** ➡ 相談役

☐ **minimize**
[mínəmàɪz]
〜を最小限にする 動

☐ **mínimum** 最小限 名　最小限の 形

反 **maximize** ➡ 〜を最大限にする

☐ **borrowing**
[bɔ́(ː)roʊɪŋ, bɑ́r-]
借金、借用 名

☐ **part of ...**
…の重要な部分〔要素〕、…の一部

☐ **debt**
[dét]
借金、負債 名

☐ (C) **signature**
[sígnətʃər]
署名、サイン 名

選択肢の訳： (A) 登録　(B) 管理　(C) 署名　(D) 請求書　　　　正解 **(B)**

142.

Osaka Box Company specializes in ------- **packaging** for long-distance **transport** of **perishable** foods.

(A) absolute
(B) savory
(C) protective
(D) expired

Osaka Box 社は、腐敗しやすい食品の長距離輸送向けの保護包装を専門としています。

---

packaging [pǽkɪdʒɪŋ] 包装、梱包 名

- **páckage** ～を包装する 動　包み 名

transport 輸送、運送 名 [trænspɔ́ːrt]
～を輸送する 動 [trænspɔ́ːrt]

perishable [pérɪʃəb(ə)l] 腐敗しやすい 形
<複数形で>腐敗しやすい物〔食品〕 名

- **pérish** 腐る 動

(A) **absolute** [ǽbsəlùːt, æ̀bsəlúːt] 絶対の、完全な 形

- **absolútely** 絶対的に、完全に 副

(B) **savory** [séɪv(ə)ri] 味のよい、風味のある 形

(D) **expire** [ɪkspáɪər] (期間などが)満了する 動

- **èxpirátion** (期限などの)満了 名

選択肢の訳： (A) 絶対の　(B) 味のよい　(C) 保護用の　(D) 満了した　　　正解 (C)

143.

------- for grants will be given to **organizations** that have not **previously** been awarded **funding** by the Steinhaus Foundation.

(A) Priority
(B) Relevance
(C) Duty
(D) Rank

助成金を受ける優先権は、これまでに Steinhaus 基金から資金援助を受けていない団体に与えられます。

organization
[ɔ̀ːrɡ(ə)nəzéiʃ(ə)n]
団体、組織 名

- **órganize** 〜を組織する、(催しなど)を準備する 動

previously
[príːviəsli]
以前に 副

- **prévious** 以前の 形
- 類 **formerly** ➡ 以前は

funding
[fʌ́ndɪŋ]
資金援助、資金調達 名

- **fúnd** 資金、基金 名 〜に資金を供給する 動

relevance
(B) [réləvəns]
関連(性) 名

- ● have relevance to ... ➡ …と関係がある
- **rélevant** 関連のある 形

duty
(C) [d(j)úːti]
義務 名

- 類 **obligation** ➡ 責務、義務

選択肢の訳: (A) 優先権　(B) 関連　(C) 義務　(D) 地位　　正解 (A)

144.

The owner of Pergini **Builders** estimates that the construction in **downtown** Erlton will take ------- eighteen months to complete.

(A) approximately
(B) slowly
(C) eagerly
(D) spaciously

Pergini 建築会社の所有者は、Erlton の商業地区における建設工事は、完了するまで約18 か月かかると見積もっています。

☐ **builder** [bíldər]　建築業者 名

☐ **downtown** [dáuntáun]　商業地区、都市部 名　商業地区の 形　商業地区に 副

> **Tip!** downtown は商業経済の中心地域を指す。

☐(C) **eagerly** [íːgərli]　熱心に、しきりに 副

　☐ **éager** 熱望して、しきりに求めて 形
　● be eager to *do* ➡ しきりに〜したがっている
　● be eager for ... ➡ …を熱望している

☐(D) **spaciously** [spéɪʃəsli]　広々と、ゆったりと 副

　☐ **spácious** 広々とした、ゆったりとした 形
　☐ **spáce** （空いた）場所、空間 名

選択肢の訳：(A) およそ　(B) ゆっくりと　(C) 熱心に　(D) 広々と

正解 (A)

145.

Staff members ------- for promotion will be notified by management within ten days.

(A) ample
(B) eligible
(C) superior
(D) estimated

昇進にふさわしい社員は、10日以内に経営幹部から通知されます。

☐ **staff member** （一人ひとりの）職員

　☐ **staff** [stǽf] ＜集合的に＞職員、部員 名

☐ **promotion** [prəmóuʃ(ə)n] 昇進、販売促進 名

☐ **notify** [nóutəfàɪ] 〜に通知する 動

　● notify +人+ of ... ➡ （人）に…を通知する

☐ (A) **ample** [ǽmp(ə)l] 十分な、豊富な 形

☐ (B) **eligible** [élədʒəb(ə)l] 適格の、資格のある 形

　● be eligible for ... ➡ …にふさわしい

☐ (C) **superior** [supíəriər] 優れた、上級の 形

　● be superior to ... ➡ …より優れている

　反 **inferior** ➡ 劣った、下級の

選択肢の訳： (A) 十分な　(B) 適格の　(C) 優れた　(D) 推定の　　　　正解 (B)

256　Part別語句　Part 5 短文

146.

Almost 60 percent of teachers surveyed reported receiving ------- preparation for their jobs through Stuget University's online courses.

(A) adequate
(B) numerous
(C) thankful
(D) adjacent

調査対象となった教師の 60 パーセント近くが、Stuget 大学のオンライン講座を通じて、仕事を行うための適切な準備ができたと報告しました。

---

report [rɪpɔ́ːrt]
〜を報告する 動　報告（書）名

course [kɔ́ːrs]
講座、課程 名

(A) **adequate** [ǽdɪkwət]
適切な、十分な 形

　ádequately 適切に、十分に 副
　類 **appropriate** ➡ 適切な、ふさわしい
　反 **inadequate** ➡ 不適切な、不十分な

(B) **numerous** [n(j)úːm(ə)rəs]
多数の、非常に多くの 形

(D) **adjacent** [ədʒéɪs(ə)nt]
隣接した、近隣の 形

　● adjacent to ... ➡ …に隣接して

選択肢の訳： (A) 適切な　(B) 多数の　(C) 感謝して　(D) 隣接した　　正解 (A)

257

147.

Director Kawamura's ------- is that those with **expertise** in the field should be **responsible** for the final hiring decision.

(A) position
(B) function
(C) classification
(D) location

Kawamura部長の見解とは、その分野の専門知識を持った人が、雇用の最終的な決断に責任を持つべきだというものです。

☐ **expertise** [èkspərtíːz]　専門知識〔技術〕 名

　☐ **éxpèrt**　専門家 名　専門の 形

☐ **responsible** [rɪspάnsəb(ə)l]　責任がある 形

　● be responsible for ... ➡ …の責任がある
　☐ **respònsibílity**　責任 名

(A) ☐ **position** [pəzíʃ(ə)n]　(問題などに対する)見解、立場 名　➡ p.17

(B) ☐ **function** [fʌ́ŋ(k)ʃ(ə)n]　機能、役目 名
　　機能を果たす、作動する 動

　☐ **fúnctional**　機能的な 形

(C) ☐ **classification** [klæ̀səfəkéɪʃ(ə)n]　分類 名

　☐ **clássifỳ**　〜を分類する 動

選択肢の訳： (A) 見解　(B) 機能　(C) 分類　(D) 位置　　　正解 (A)

148.

The warranty on Lelen saucepans does not apply to damages that result from ------- use of cookware.

(A) concise
(B) equivalent
(C) submissive
(D) improper

Lelen の深なべの保証は、調理器具の誤った使用法によって生じた損傷には適用されません。

---

warranty
[wɔ́(ː)rənti, wɑ́r-]
保証（書）名

類 guarantee ➔ 保証（書）

apply to ...
…に適用する、…にあてはまる

result from ...
…に起因する

● result in ... ➔ （結果的に）…に終わる

(A) concise
[kənsáɪs]
簡潔な 形

(B) equivalent
[ɪkwív(ə)lənt]
同等の 形　同等物 名

類 equal ➔ 等しい

(D) improper
[ɪmprɑ́pər]
誤った、ふさわしくない 形

反 proper ➔ 適切な、ふさわしい

選択肢の訳：(A) 簡潔な　(B) 同等の　(C) 従順な　(D) 誤った

正解 (D)

149.

According to the report, the company's six **refineries** were all operating at or near ------- **as of** March 31.

(A) insight
(B) omission
(C) additive
(D) capacity

報告書によると、3月31日の時点で、その会社の6か所の精製所はすべてフル操業、あるいはそれに近い能力で稼働していました。

☐ **refinery** [rɪfáɪn(ə)ri]　精製所、精油所 名
　☐ **refíne**　～を精製する、～を洗練する 動

☐ **as of ...**　…の時点で、…現在

(A) ☐ **insight** [ínsàɪt]　洞察(力)、見識 名

(B) ☐ **omission** [oumíʃ(ə)n, ə-]　省略 名
　☐ **omít**　～を省く 動

(C) ☐ **additive** [ædətɪv]　(食品などの)添加物 名　付加的な 形

(D) ☐ **capacity** [kəpǽsəti]　生産能力、収容能力、才能 名
　● **at capacity** ➡ フル操業で

選択肢の訳：(A) 洞察力　(B) 省略　(C) 添加物　(D) 生産能力　　正解 (D)

150.

Because of the large number of tourists in summer months, travelers should plan ------- and make their **reservations** early.

(A) accordingly
(B) subsequently
(C) conversely
(D) assuredly

夏季の間は大勢の観光客がいるため、旅行をする人は状況に応じて計画を立て、早めに予約するべきです。

☐ **reservation** [rèzərvéɪʃ(ə)n] 予約 名

● make a reservation ➡ 予約する

類 booking ➡ 予約

(A) ☐ **accordingly** [əkɔ́ːrdɪŋli] それに応じて、適宜に 副

Tip! 前述の内容を受けて用いられる。

(B) ☐ **subsequently** [sʌ́bsɪkwəntli] 後で、その後 副

● subsequently to ... ➡ …に続いて

☐ **súbsequent** 後の、その次の 形

類 afterward ➡ その後

(C) ☐ **conversely** [kənvə́ːrsli] 逆に、反対に 副

☐ **cónverse** 逆の、反対の 形　逆、反対 名

(D) ☐ **assuredly** [əʃúərədli, -ʃúərd-] 確かに、確実に 副

選択肢の訳： (A) それに応じて　(B) 後で　(C) 逆に　(D) 確かに　　正解 (A)

151.

Recent graduates apply for work at Harnum Corporation because it offers ------- opportunities for advancement.

(A) outgrown (B) outlying
(C) outstretched (D) outstanding

最近の卒業生は、昇進への優れた機会が与えられるという理由で、Harnum 社での仕事に応募します。

☐ **graduate** 卒業生、大学院生 名 [grǽdʒuət, -èɪt]
　　　　　　　卒業する 動 [grǽdʒuèɪt]

☐ **corporation** [kɔ̀ːrpəréɪʃ(ə)n] （株式）会社、法人 名

> Tip! cooperation [kouàpəréɪʃ(ə)n]「協力」と、発音とつづりが似ているので注意。

　☐ **córporate** 法人（組織）の 形

☐ **advancement** [ədvǽnsmənt] 昇進、進歩 名

　☐ **advánce** 〜を昇進させる、〜を前進させる 動

　類 promotion ➡ 昇進

(A) ☐ **outgrow** [àʊtgróʊ] 〜よりも成長する 動　outgrown は過去分詞形

(B) ☐ **outlying** [áʊtlàɪɪŋ] 中心から離れた 形

(C) ☐ **outstretched** [àʊtstrétʃt] いっぱいに伸ばした 形

選択肢の訳： (A) より成長した (B) 中心から離れた (C) いっぱいに伸ばした (D) 優れた　　正解 (D)

152.

The Moorestown **Redevelopment** Agency is responsible for **determining** whether **various** properties throughout the Township of Moorestown are ------- for redevelopment.

(A) similar
(B) suitable
(C) consistent
(D) accurate

Moorestown 再開発機関には、Moorestown 地区中のさまざまな建物が再開発に適しているかどうかを判定する責任があります。

---

redevelopment [riːdivéləpmənt] 再開発 名

determine [dɪtə́ːrmən] (〜を)決定する、〜を決める 動

　detèrminátion 決定、決心 名

　類 decide ➡ (〜を)決める

various [véəriəs] さまざまな 形

(B) **suitable** [súːtəb(ə)l] 適切な 形

　● be suitable for ... ➡ …にふさわしい

　súit 〜に適する、〜に似合う 動

　反 unsuitable ➡ 不適切な

(C) **consistent** [kənsíst(ə)nt] 首尾一貫した 形

　反 inconsistent ➡ 一貫性のない

選択肢の訳： (A) 類似した　(B) 適切な　(C) 首尾一貫した　(D) 正確な

正解 **(B)**

153.

Linella **Media** Group has **indicated** that **growth** in its new media revenues last year helped ------- a **decrease** in television advertising.

(A) offset
(B) outplay
(C) input
(D) overact

Linella メディアグループは、新しいメディアにおける昨年の収益の伸びが、テレビ広告の減少を相殺するのに役立ったことを示しました。

---

media [míːdiə]
マスメディア、広告媒体 名
medium の複数形

indicate [índəkèɪt]
〜を示す、〜をほのめかす 動

indicátion 指示、徴候 名

growth [gróʊθ]
成長、発展 名

decrease
減少 名 [díːkriːs, dɪkríːs]
減少する、〜を減少させる 動 [dɪkríːs, díːkriːs]

● a decrease in ... ➡ …の減少

反 increase ➡ 増加

(A) **offset** [ɔ́(ː)fsèt, ɑ́f-]
〜を相殺する 動　相殺 名

(D) **overact** [òʊvərǽkt]
(〜を)大げさに演じる、やりすぎる 動

選択肢の訳：(A) 〜を相殺する (B) 〜に競技で勝つ (C) 〜を入力する (D) 〜を大げさに演じる　　正解 (A)

154.

For over thirty years, our firm has been conducting **audits** to determine companies' ------- with local and national tax laws.

(A) diagnosis
(B) compliance
(C) settlement
(D) criticism

当事務所は 30 年以上にわたり、企業が地方税法および国税法を遵守しているかを判定する監査を行っています。

☐ **audit** [ɔ́ːdət]
会計監査 名
(会計)を検査する 動

☐ **áuditor** 監査役 名

(A) ☐ **diagnosis** [dàɪɪɡnóʊsəs, -əɡ-]
診断 名

(B) ☐ **compliance** [kəmpláɪəns]
遵守、(命令などに)従うこと 名

● in compliance with ... ➡ …に従って

☐ **complý** (命令などに) 従う 動

(C) ☐ **settlement** [sétlmənt]
解決、身を落ち着けること 名

☐ **séttle** 〜を解決する、落ち着く 動

(D) ☐ **criticism** [krítəsìz(ə)m]
批判、批評 名

☐ **críticìze** 〜を非難する、〜を批評する 動
☐ **crítical** 批評の、批判的な 形
☐ **crític** 批評家 名

選択肢の訳： (A) 診断　(B) 遵守　(C) 解決　(D) 批判　　正解 **(B)**

155.

The mayor's office is expected to ------- a press release tomorrow morning regarding the city's new building **ordinance**.

(A) debate
(B) notify
(C) issue
(D) waive

市当局は明日の朝、市の新しい建築条例に関して報道発表を行う見込みです。

---

ordinance
[ɔ́ːrdnəns]
条例、法令 名

debate
(A) [dɪbéɪt]
(～を)討論する 動　討論 名

類 discuss ➡ ～を論議する

issue
(C) [tʃu]
(命令など)を出す、～を発行する 動
発行、発布 名　➡ p.12

● issue a press release ➡ 報道発表を行う

waive
(D) [wéɪv]
(権利など)を放棄する 動

類 abandon ➡ ～を放棄する

選択肢の訳：(A) ～を討論する　(B) ～に通知する　(C) ～を出す　(D) ～を放棄する　　**正解 (C)**

156.

When he **served** as president of Delvan **Manufacturing**, Pierre Dunn ------- several policies that transformed the company.

(A) instituted
(B) relieved
(C) interviewed
(D) fabricated

Delvan 製造の社長を務めたとき、Pierre Dunn は会社を一変させるいくつかの方針を設けました。

☐ **serve** [sə́ːrv]   (〜を)務める、(〜に)仕える 動

☐ **manufacturing** [mæ̀n(j)əfǽktʃərɪŋ]   製造(工業) 名 製造の 形

　☐ **mànufácture**   〜を製造する 動 製造 名
　☐ **mànufácturer**   製造業者 名

☐ (A) **institute** [ínstət(j)ùːt]   〜を設ける、〜を設立する 動 ➡ p.116

　☐ **ìnstitútion**   設立、機関 名

☐ (B) **relieve** [rɪlíːv]   〜をやわらげる、〜を安心させる 動

　☐ **relíef**   (苦痛などの)軽減、安心 名
　☐ **relíeved**   ほっとした 形

☐ (D) **fabricate** [fǽbrɪkèɪt]   〜を偽造する、〜を製作する 動

　☐ **fàbricátion**   偽造、製作 名

選択肢の訳: (A) 〜を設けた　(B) 〜をやわらげた　(C) 〜と面接した　(D) 〜を偽造した　　**正解 (A)**

157.

The **prevention** of **environmental pollution** has become an important **consideration** for small and large businesses -------.

(A) forth
(B) even
(C) alike
(D) beyond

環境汚染の防止は、中小企業にも大企業にも同様に、重要な考慮事項になりました。

---

prevention [prɪvénʃ(ə)n] 防止、予防 名

- **prevént** ～を防ぐ 動

environmental [ɪnvàɪərənméntl] 環境の 形

- **envíronment** 環境 名

pollution [pəlúːʃ(ə)n] 汚染、公害 名

- **pollúte** ～を汚染する 動

consideration [kənsìdəréɪʃ(ə)n] 考慮すべき事柄、よく考えること 名

● take + 物・事 + into consideration ➡ (物・事)を考慮に入れる

- **consíder** (～を)よく考える 動

(A) **forth** [fɔ́ːrθ] 前へ 副

(C) **alike** [əláɪk] 同様に 副　似ている 形

選択肢の訳： (A) 前へ　(B) ～でさえ　(C) 同様に　(D) 向こうに　　　正解 (C)

268　Part 別語句　Part 5 短文

158.

The Global Marketing Manager is required to travel extensively and so must be ------- to unfamiliar situations.

(A) opposed
(B) versatile
(C) relative
(D) adaptable

グローバルマーケティング部長は広範囲にわたって出張する必要があり、そのため慣れない状況に適応できなければなりません。

☐ **be required to** *do* 〜する必要がある

☐ **extensively** [ɪkstɛ́nsɪvli] 広範囲にわたって、広く 副

☐ **unfamiliar** [ʌnfəmíljər] 不慣れな、よく知らない 形
- be unfamiliar with ... ➡ (人が)…に不慣れな
- 反 familiar ➡ よく知っている、精通している

☐ (A) **opposed** [əpóuzd] 対立した 形
- be opposed to ... ➡ …に対立する

☐ (B) **versatile** [vɚ́ːrsət(ə)l] 多才な、用途の広い 形

☐ (D) **adaptable** [ədǽptəb(ə)l] 適応できる、順応性のある 形
- be adaptable to ... ➡ …に適応できる
- ☐ **adápt** 〜を適合させる、順応する 動

選択肢の訳：(A) 対立した　(B) 多才な　(C) 関連した　(D) 適応できる　　正解 (D)

159.

The employee **handbook** clearly ------- the procedure for **filing expense reports**.

(A) purchases
(B) outlines
(C) rations
(D) invests

従業員の手引き書には、経費報告書を提出する手順の概要が明確に記載されています。

☐ **handbook** [hǽndbùk] 手引き(書) 名

  類 manual / guidebook ➡ 手引き

☐ **file** [fáɪl] （申請書など）を提出する 動

  Tip! file には名詞「ファイル」、動詞「（〜を）ファイルにとじ込む」の意味もある。

☐ **expense report** 経費報告書

  ☐ **expense** [ɪkspéns] 費用 名

☐ (C) **ration** [rǽʃ(ə)n] 〜を配給する 動　一定配給量 名

選択肢の訳： (A) 〜を購入する (B) 〜の概要を述べる (C) 〜を配給する (D) 〜を投資する　　正解 (B)

160.

Performance of Rozcorp's low-cost digital recorder has been **unsatisfactory due to** a problem with ------- **wiring**.

(A) guilty
(B) injured
(C) faulty
(D) unreal

Rozcorpの低価格のデジタルレコーダーの性能は、欠陥のある配線による問題のため、満足のいくものではありません。

unsatisfactory [ʌ̀nsætəsfǽkt(ə)ri]
(人にとって)不満足な、不十分な 形

- **ùnsátisfied** (人が)不満足な 形

due to ...
…が原因で、…のため

- 類 **because of ...** ➡ …のために

wiring [wáɪərɪŋ]
配線、架線 名

(A) guilty [gílti]
有罪の 形

(B) injured [índʒərd]
傷ついた 形

- **ínjure** ～を傷つける、～に損害を与える 動

(C) faulty [fɔ́ːlti]
欠陥のある、誤った 形

- **fáult** 欠陥、欠点 名

選択肢の訳： (A) 有罪の　(B) 傷ついた　(C) 欠陥のある　(D) 非現実的な　　正解 (C)

161.

The **impressive** floral display at the building entrance **is** ------- **made up of** blue flowers, with a few red ones **artfully** placed throughout.

(A) enough
(B) exclusively
(C) primarily
(D) everywhere

建物の入口にある印象的な花のディスプレイは、主に青い花で構成され、あちこちにいくつかの赤い花が巧みに配されています。

☐ impressive [ɪmprésɪv]
強い印象を与える、素晴らしい 形

- ☐ **impréss** ～に印象〔感銘〕を与える 動
- ☐ **impréssion** 印象 名

☐ be made up of ...
…で構成される

> 類 be composed of ... ➡ …で構成される

☐ artfully [άːrtfəli]
巧みに 副

- ☐ **ártful** 巧みな 形

☐ (B) exclusively [ɪksklúːsɪvli]
独占的に、もっぱら 副

- ☐ **exclúde** ～を締め出す、～を除く 動
- ☐ **exclúsive** 排他的な、独占的な、高級な 形

☐ (C) primarily [praɪmérəli, práɪmèrə-]
主に、最初に 副

- ☐ **prímàry** 主要な、初歩の 形

選択肢の訳： (A) 十分に　(B) 独占的に　(C) 主に　(D) あらゆるところで　　正解 (C)

162.

Employment figures confirm that the nation's economy is growing at its fastest ------- in five years.

(A) payment
(B) strategy
(C) pace
(D) data

就業統計は、国の経済がこの5年間で最も速いペースで成長していることを立証しています。

☐ **employment figures** 就業統計

☐ **nation** [néɪʃ(ə)n] 国家、国民 名

 ☐ **nátional** 国家の、国民の、全国的な 形
 ☐ **nàtionálity** 国籍 名

☐ **economy** [ɪkánəmi] 経済 名

 Tip! economy には「節約、倹約」という意味もある。

 ☐ **èconómic** 経済(上)の 形
 ☐ **èconómical** 経済的な 形

☐ **grow** [gróʊ] (経済などが)成長する、伸びる 動

 ☐ **grówth** 成長、発展 名

☐ (C) **pace** [péɪs] 速度、歩調 名

 ● at a fast pace ➡ 速いペースで

選択肢の訳: (A) 支払い (B) 戦略 (C) 速度 (D) データ　　　正解 (C)

163.

------- the **hypothesis**, the results of the study showed that there was no **significant difference** in total sleep time between the two groups.

(A) Contrary to
(B) Even though
(C) Except for
(D) In place of

仮説に反して、研究結果は2つのグループの間に合計の睡眠時間の有意な差はないことを示しました。

---

hypothesis [haɪpɑ́θəsəs, hɪ-]
仮説、前提 名
複数形は hypotheses [haɪpɑ́θəsìːz, hɪ-]

- **hỳpothétical** 仮説の、仮想の 形

significant [sɪgnífɪkənt]
意味のある、重要な、著しい 形

- **significance** 意義、重要性 名
- 反 **insignificant** ➡ 無意味な、取るに足りない

difference [dífǝrəns]
差、違い 名

- ● make a difference ➡ 相違を生じる
- **differ** 異なる 動

(A) contrary to ...
…に反して

- **contrary** [kántrèri] 反対の 形

(D) in place of ...
…の代わりに

選択肢の訳：(A) 〜に反して (B) 〜であるのに (C) 〜を除いて (D) 〜の代わりに　　正解 (A)

164.

The new restaurant on Park Avenue has ------- much **excitement** because of the **international reputation** of its executive chef.

(A) marketed
(B) equipped
(C) generated
(D) received

Park 大通りにある新しいレストランは、総料理長の国際的な名声のおかげで、大きな興奮を引き起こしました。

---

excitement
[ɪksáɪtmənt]
興奮、騒ぎ 名

- **excíte** 〜を興奮させる 動
- **excíted** （人が）興奮した 形
- **excíting** （物事が）興奮させる 形

international
[ìntərnǽʃ(ə)n(ə)l]
国際的な 形

- 類 **global** → 世界的な

reputation
[rèpjətéɪʃ(ə)n]
評判、名声 名

- **réputable** 評判のよい、信頼できる 形
- 類 **fame** → 名声

(B) equip
[ɪkwíp]
〜を備え付ける、〜を装備する 動

- ● **be equipped with ...** → …を備えている

(C) generate
[dʒénərèɪt]
〜を引き起こす、〜を生じる 動

選択肢の訳： (A) 〜を市場に出した (B) 〜を備え付けた (C) 〜を引き起こした (D) 〜を受けた　　**正解 (C)**

165.

Siesna **Electronics** products are evaluated for quality and ------- **rigorous technical specifications**.

(A) transmit (B) contact
(C) meet   (D) visit

Siesna 電子機器の製品は品質を評価され、厳格な技術的仕様を満たしています。

☐ **electronics** [ɪlɛktrɑ́nɪks] ... 電子機器、電子工学 名

☐ **rigorous** [rígərəs] ... 厳格な 形
　類 strict ➡ 厳格な　　severe ➡ 厳しい

☐ **technical** [téknɪk(ə)l] ... 技術(上)の、専門的な 形
　☐ **technique** 技術、技法 名

☐ **specification** [spès(ə)fəkéɪʃ(ə)n] ... <複数形で> 仕様(書) 名
　省略形は spec

☐ (A) **transmit** [trænsmít, trænz-] ... ～を送る、～を伝える 動

☐ (C) **meet** [mí:t] ... (要求など)を満たす 動
　● meet specifications ➡ 仕様を満たす

選択肢の訳：(A) ～を送る　(B) ～と連絡を取る　(C) ～を満たす　(D) ～を訪れる　　正解 (C)

166.

The new Vitrolux X500 camera **comes** ------- with an **integrated** flash and a **simple control panel**.

(A) equipped
(B) advanced
(C) captured
(D) pointed

新しい Vitrolux X500 カメラには、内蔵型フラッシュと、シンプルな操作パネルが標準装備されています。

come [kʌm]
市場に出る、売られる 動

● come equipped with ... ➡ …が標準装備になっている

integrated [íntəgrèitəd]
一体化した、統合した 形

- íntegràte ～を統合する、～を融合させる 動
- integrátion 統合、統一 名

simple [símp(ə)l]
簡単な、簡素な 形

- símplifỳ ～を簡単にする 動
- simplícity 簡単、簡素 名

control panel
操作〔制御〕盤、コントロールパネル

Tip! panel には「盤、パネル」の意味のほか、コンテストの「審査員団」や討論会の「討論者団」などの意味もある。

capture [kǽptʃər]
(C) ～を獲得する、～を捕まえる 動　捕獲 名

選択肢の訳：(A) 備えられた　(B) 進んだ　(C) 獲得された　(D) 指された　　正解 (A)

167.

At its -------, Checker Enterprises **represented** over 30 percent of the **auto** glass manufacturing market.

(A) peak
(B) scale
(C) depth
(D) record

最盛期に、Checker 事業社は自動車ガラス製造市場の 30 パーセント以上を占めました。

☐ **represent**
[rèprɪzént]
〜に相当する、〜を表す、〜を代表する 動

　☐ **rèpreséntative** 代表者 名　代表の 形
　☐ **rèpresèntátion** 表現 名

☐ **auto**
[ɔ́ːtou]
自動車 名　自動車の 形
automobile の省略形

☐ (A) **peak**
[píːk]
最高点、山頂 名

　● at one's peak ➡ 絶頂で

☐ (B) **scale**
[skéɪl]
目盛り、規模 名

☐ (C) **depth**
[dépθ]
深さ 名

　☐ **déep** 深い 形
　☐ **déepen** 〜を深める、深くなる 動

選択肢の訳：(A) 最高点　(B) 目盛り　(C) 深さ　(D) 記録　　　正解 (A)

168.

The stated **objective** is to ------- a **compensation** plan that will attract, **retain**, and **motivate** employees.

(A) participate (B) devise
(C) subtract (D) count

公表された目標は、従業員を引きつけ、つなぎ留め、やる気にさせる報奨プランを考案することです。

---

objective [əbdʒéktɪv, ɑb-]　目標、目的 名
　目標の、目的の、客観的な 形

　óbject　対象、目的 名

compensation [kɑ̀mpənséɪʃ(ə)n, -pèn-]　報酬、補償 名

　cómpensàte　〜に報酬を支払う、(〜を)補償する 動

retain [rɪtéɪn]　〜を保持する、〜を保つ 動

　reténtion　保持、保留 名

motivate [móʊtəvèɪt]　〜に動機を与える、〜に刺激を与える 動

　mòtivátion　動機(づけ)、やる気 名

(B) **devise** [dɪváɪz]　〜を考案する、〜を工夫する 動

(C) **subtract** [səbtrǽkt]　〜を引く 動

　subtráction　引くこと、引き算 名

選択肢の訳： (A) 参加する　(B) 〜を考案する　(C) 〜を引く　(D) 〜を数える　　正解 (B)

169.

The **Produce** Growers Association has distributed a **pamphlet** to area supermarkets that lists fruits and vegetables with the highest ------- of vitamins.

(A) attractions
(B) concentrations
(C) beneficiaries
(D) commands

農産物生産者協会は、ビタミン濃度の最も高い果物と野菜を一覧にしたパンフレットを地域のスーパーマーケットに配りました。

☐ **produce** [prɑ́d(j)us]　＜集合的に＞農作物 名　→ p.50

Tip! 動詞で「（〜を）生産する」を表す場合は、発音とアクセントの位置が異なる。p.50 参照。

☐ **pamphlet** [pǽmflət]　パンフレット、小冊子 名

(A) ☐ **attraction** [ətrǽkʃ(ə)n]　引きつけること〔もの〕、魅力 名
　☐ **attráct**　〜を引きつける、〜を魅惑する 動

(B) ☐ **concentration** [kɑ̀ns(ə)ntréıʃ(ə)n, -sèn-]　濃度、凝縮したもの、集中 名
　☐ **cóncentràte**　（〜を）凝縮する、集中する 動　凝縮液 名

(C) ☐ **beneficiary** [bènəfíʃièri, -fíʃ(ə)ri]　（年金などの）受取人 名
　☐ **bénefìt**　利益 名

(D) ☐ **command** [kəmǽnd]　命令、指揮 名　〜を命じる 動

選択肢の訳：(A) 引きつけること　(B) 濃度　(C) 受取人　(D) 命令　　正解 (B)

170.

Since the **labeling** machine **broke down** last night, **sending out** the deliveries this morning was not -------.

(A) potential
(B) concise
(C) feasible
(D) credible

昨夜、ラベルを貼る機械が壊れたので、今朝配達品を発送することはできませんでした。

label [léɪb(ə)l]
〜にラベルを貼る 動　ラベル、札 名

break down
壊れる、〜を壊す

send out
〜を発送する

(C) feasible [fíːzəb(ə)l]
実行できる、うまくいきそうな 形

- **feasibility** 実行できること 名
- 類 **practical** ➡ 実際的な

(D) credible [krédəb(ə)l]
信用できる、確かな 形

- 反 **incredible** ➡ 信じられない

選択肢の訳： (A) 見込みのある　(B) 簡潔な　(C) 実行できる　(D) 信用できる　　正解 (C)

公式問題で学ぶ！
Part別語句

— Reading Section より —

Part 7
読解問題（文書）
を使った学習

【Part 7 での注意事項】

Part 7 の下記の番号の問題では、通常のページと異なり、文書が1ページ全体に渡ります。そのため、設問は文書の2ページ後に掲載しています。和訳のページを半分に谷折りにすると、和訳を隠して文書を見ながら設問を解くことができます。

問題　195-196、209-210、211-212、219-220、
221-222、225-226、229-230

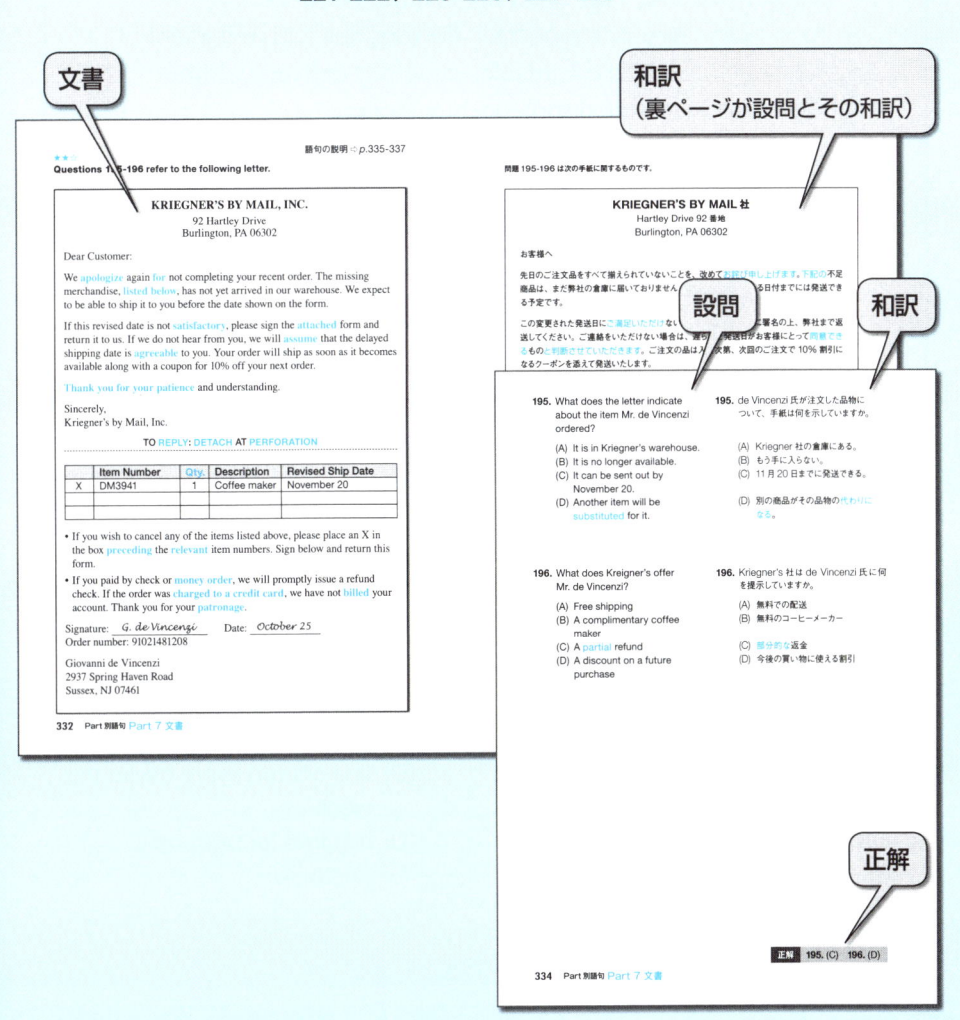

文書

語句の説明：*p.335-337*

Questions 195-196 refer to the following letter.

KRIEGNER'S BY MAIL, INC.
92 Hartley Drive
Burlington, PA 06302

Dear Customer:

We apologize again for not completing your recent order. The missing merchandise, listed below, has not yet arrived in our warehouse. We expect to be able to ship it to you before the date shown on the form.

If this revised date is not satisfactory, please sign the attached form and return it to us. If we do not hear from you, we will assume that the delayed shipping date is agreeable to you. Your order will ship as soon as it becomes available along with a coupon for 10% off your next order.

Thank you for your patience and understanding.

Sincerely,
Kriegner's by Mail, Inc.

TO REPLY: DETACH AT PERFORATION

Item Number	Qty.	Description	Revised Ship Date
X DM3941	1	Coffee maker	November 20

- If you wish to cancel any of the items listed above, please place an X in the box preceding the relevant item numbers. Sign below and return this form.
- If you paid by check or money order, we will promptly issue a refund check. If the order was charged to a credit card, we have not billed your account. Thank you for your patronage.

Signature: *G. de Vincenzi*　Date: *October 25*
Order number: 91021481208

Giovanni de Vincenzi
2937 Spring Haven Road
Sussex, NJ 07461

和訳（裏ページが設問とその和訳）

問題 195-196 は次の手紙に関するものです。

KRIEGNER'S BY MAIL 社
Hartley Drive 92 番地
Burlington, PA 06302

お客様へ

先日のご注文をすべて揃えられていないことを、改めてお詫び申し上げます。下記の不足商品は、まだ弊社の倉庫に届いておりません。用紙に記載された日付までには発送できる予定です。

この変更された発送日にご満足いただけない場合は、同封の用紙にご署名の上、弊社までご返送してください。ご連絡をいただけない場合は、遅れた発送日をお客様にとって同意いただけるものと判断させていただきます。ご注文の品は入荷次第、次回のご注文で 10% 割引になるクーポンを添えて発送いたします。

設問

195. What does the letter indicate about the item Mr. de Vincenzi ordered?
 (A) It is in Kriegner's warehouse.
 (B) It is no longer available.
 (C) It can be sent out by November 20.
 (D) Another item will be substituted for it.

196. What does Kriegner's offer Mr. de Vincenzi?
 (A) Free shipping
 (B) A complimentary coffee maker
 (C) A partial refund
 (D) A discount on a future purchase

和訳

195. de Vincenzi 氏が注文した品物について、手紙は何を示していますか。
 (A) Kriegner 社の倉庫にある。
 (B) もう手に入らない。
 (C) 11月20日までに発送できる。
 (D) 別の商品がその品物の代わりになる。

196. Kriegner 社は de Vincenzi 氏に何を提示していますか。
 (A) 無料での配送
 (B) 無料のコーヒーメーカー
 (C) 部分的な返金
 (D) 今後の買い物に使える割引

正解

正解　195. (C)　196. (D)

広告

語句の説明 ⇨ p.286-287

★☆☆
Questions 171-172 refer to the following advertisement.

Nelson's Blooms
Custom arrangements for any occasion

- Award-winning staff of 5 FSA-certified florists
- Area's largest selection of fresh flowers; stock arriving daily
- Nationwide delivery available; same-day delivery within Piedmont Township during opening hours
- Large selection of plants
- Gift certificates and balloon bouquets available
- Open Mon. through Sat., 10:00 A.M. – 9:00 P.M.
- All major credit cards accepted
- Conveniently located in downtown Piedmont on Main Street
- Free parking available

Visit us, or order by phone at 670-555-0122 or online at www.nelsonsblooms.com.

---

171. What is mentioned about the staff at Nelson's Blooms?

(A) They have many years of experience.
(B) They have won awards.
(C) They grow the flowers they sell.
(D) They are from Piedmont.

172. What is indicated about delivery?

(A) It is always completed on the day an order is placed.
(B) It is available anywhere in the country.
(C) It is offered every day of the week.
(D) It is free for preferred customers.

問題 171-172 は次の広告に関するものです。

Nelson's 花店
あらゆる場面向けのご注文に応じた手配

- 受賞歴のある、FSA 公認の 5 人の従業員
- 生花は地域最大級の品揃えで、仕入れは毎日
- 全国への配送可能。営業時間内の注文であれば Piedmont 地区内には当日配送いたします
- 豊富な品揃えの草花
- ギフト券や風船のブーケも取扱いあり
- 月曜日〜土曜日、午前 10 時〜午後 9 時まで営業
- 主要なクレジットカードはすべてご利用可
- Piedmont 中心街の Main 通りという便利な立地
- 無料駐車場ご利用可

ご来店ください。またはお電話 670-555-0122、あるいはオンライン www.nelsonsblooms.com でご注文ください。

---

171. Nelson's 花店の店員についてどんなことが述べられていますか。

(A) 長年の経験がある。
(B) 受賞歴がある。
(C) 自店で販売する花を育てている。
(D) Piedmont の出身である。

172. 配送についてどんなことが示されていますか。

(A) 常に、注文を受けた当日に配送される。
(B) 国内のどこへでも配送が可能である。
(C) 何曜日でも配送される。
(D) 得意客への配送は無料である。

正解　171. (B)　172. (B)

bloom
[blú:m]
花 名　（花が）咲く 動

custom
[kʌ́stəm]
客の注文に応じた、あつらえの 形
愛顧、習慣 名

- **cústomìze**　～を客の注文に応じて作る 動
- **cústomer**　顧客 名

Tip! customs（複数形）には「税関」という意味もある。

arrangements
[əréɪndʒmənts]
手配、準備 名

- ● make arrangements ➡ 準備を整える
- **arránge**　～を手配する、（～の）準備をする 動

award-winning
受賞した 形

- ● win an award ➡ 賞を取る

certified
[sə́:rtəfàɪd]
公認の、証明された 形

- **cértifỳ**　～を証明する 動
- **cèrtificátion**　証明（書）名

florist
[flɔ́(:)rɪst, flɑ́r-]
生花店の店員、生花店 名

stock
[stɑ́k]
仕入れ品、在庫、株式 名
～を仕入れる 動

- ● in stock ➡ 在庫があって
- ● out of stock ➡ 在庫がなくて

- ☐ **nationwide** [nèɪʃ(ə)nwáɪd, néɪʃ(ə)nwàɪd] 　全国的な 形　全国的に 副

- ☐ **gift certificate** 　商品券
  - ☐ certificate [səːrtífɪkət]　証明書 名

- ☐ **bouquet** [boʊkéɪ, bu-] 　花束 名

- ☐ **major** [méɪdʒər] 　主要な、多い方の 形　専攻科目 名　専攻する 動
  - ☐ majórity　大多数 名
  - 反 minor ➡ 重要でない、少ない方の

- ☐ **conveniently** [kənvíːnjəntli] 　便利に、都合よく 副
  - ☐ convénient　便利な、都合のよい 形
  - 反 inconveniently ➡ 不便に

◆ 設問・選択肢からの語句 ◆

※チェックボックスの下の番号は p.284 の設問番号です。

- ☐ 172. **anywhere** [éni(h)wèər, éni(h)wər] 　<肯定文で>どこへでも、<疑問文で>どこかに、<否定文で>どこにも（〜ない） 副

- ☐ 172. **preferred customer** 　得意客
  - ☐ prefer [prɪfə́ːr]　〜のほうを好む 動
  - 類 loyal customer ➡ ひいき客

★★☆

語句の説明 ⇨ p.290-291

Questions 173-174 refer to the following advertisement.

The Manor at Aldous Street
in one of Barchester's most livable neighborhoods

Parkhurst's newest apartment building offers city life at its most comfortable and convenient. The Manor at Aldous Street has a wide array of shops and fine restaurants just outside its door. And for daily commuters to the city center, public transportation is available at the Queens Landing station, just a short walk to the north.

Our apartment units range from one to three bedrooms. Each unit has the following: a full-sized kitchen complete with newly installed refrigerator, oven, and dishwashing machine; a dining room separate from the kitchen; and a spacious sitting room with balcony access.

Residents will also have access to complimentary high-speed Internet, shared laundry facilities, and, for an additional monthly fee, the parking garage.

Tour an apartment at The Manor at Aldous Street today. Call Henman Estate Agents at 0430 555 0108 to schedule an appointment.

Visit our Web site at www.henmanestateagents.com.au/themanor for apartment floor plans, photos of the building, and a map of the Parkhurst neighborhood. Units will be available beginning on April 1.

---

173. How is the Parkhurst neighborhood described?

(A) It is in the center of the city.
(B) It is not accessible by public transportation.
(C) It offers many dining options.
(D) It has few newly constructed apartment buildings.

174. What is suggested about the units at The Manor?

(A) They do not include kitchen appliances.
(B) The bedrooms have balconies.
(C) The kitchens include dining areas.
(D) They are equipped for Internet access.

問題 173-174 は次の広告に関するものです。

Barchester で最も住みやすい地域の１つにある
Aldous 通りの The Manor

Parkhurst の最新のアパートは、最も快適で便利な都会暮らしをご提供します。Aldous 通りにある The Manor では、ドアのすぐ外にお店や洗練されたレストランが勢揃いしています。また、中心街へ毎日通勤する方は、北へ少し歩けば Queens Landing 駅から公共の交通機関を利用できます。

当アパートの各戸は、ベッドルームが１室のものから３室のものまであります。各戸には次のものが備わっています。新たに取り付けられた冷蔵庫・オーブン・食器洗浄機を完備した標準サイズのキッチン、キッチンから独立したダイニングルーム、バルコニーへ出られる広々とした居間。

居住者は、無料の高速インターネット、共用ランドリー施設、さらに別途月額料金にて駐車場もご利用いただけます。

Aldous 通りにある The Manor の部屋をすぐにご見学ください。Henman 不動産代理店、0430 555 0108 までお電話でご予約をお取りください。

部屋の間取り、建物の外観写真、Parkhurst 近隣の地図は、当社サイト www.henmanestateagents.com.au/themanor をご覧ください。各戸は４月１日からご入居可能です。

---

173. Parkhurst 近隣はどのように説明されていますか。

(A) 町の中心にある。
(B) 公共の交通機関を利用しにくい。
(C) 食事ができる場所の選択肢が多い。
(D) 新しく建設されたアパートはほとんどない。

174. The Manor の各戸についてどんなことがわかりますか。

(A) キッチン用の電化製品は装備されていない。
(B) ベッドルームにバルコニーがある。
(C) キッチンには食事をするスペースがある。
(D) インターネット接続の設備が整っている。

正解 173. (C)　174. (D)

livable
[lívəb(ə)l]

住みやすい、住むのに適した 形

apartment
[əpáːrtmənt]

アパート〔マンション〕の一室 名

- apartment building ➡ アパートの建物全体
- apartment unit ➡ アパートの1戸

array
[əréɪ]

ずらりと並んだもの、整列 名
〜を配置する 動

- an array of ... ➡ …の勢揃い、ずらりと並んだ…

commuter
[kəmjúːtər]

通勤〔通学〕者 名

☑ commúte 通勤〔通学〕する 動 通勤〔通学〕 名

following
[fɑ́louɪŋ]

< the をつけて > 次に述べること、
下記のもの 名 次の、下記の 形 ➡ p.89

full-sized

標準サイズの 形

Tip! full-size と言う場合もある。

complete with ...

…を完備して

refrigerator
[rɪfrídʒərèɪtər]

冷蔵庫 名

Tip! 口語では fridge [frídʒ] と言う。

separate

別の、分かれた 形 [sép(ə)rət]
〜を分ける、別れる 動 [sép(ə)rèɪt]

- separate from ... ➡ …とは別の

☐ **sitting room** 居間

> 類 living room ➡ 居間

☐ **balcony** [bǽlkəni] バルコニー 名

☐ **access** [ǽksès] 通路、近づく方法 名
〜を利用する、〜に接近する 動

● have access to ... ➡ …を利用できる、…に自由に出入りできる
☐ **accéssible** 行きやすい、利用しやすい 形

☐ **laundry** [lɔ́:ndri] 洗濯場、クリーニング店、<集合的に> 洗濯物 名

☐ **parking garage** 駐車場

◆ 設問・選択肢からの語句 ◆

※チェックボックスの下の番号はp.288の設問番号です。

☐ 174. **suggest** [sə(g)dʒést] 〜を示唆する、〜をほのめかす 動 ➡ p.126

☐ 174. **appliance** [əpláiəns] (家庭用の)電化製品 名

● home〔household〕appliances ➡ 家庭用電化製品

291

お知らせ

語句の説明 ⇨ *p.294-295*

★☆☆
Questions 175-176 refer to the following letter.

GHD
Wellington
04 499 9999

Joan Huygens
287 McMillan Ave.
Wellington 6011

Dear Ms. Huygens,

I am writing to express our **gratitude** to you for being a **faithful** customer of Genex Hair Design (GHD) for the last ten years. We greatly **appreciate** the fact that over the years you have helped our business grow by introducing us to your **relatives** and friends.

As a token of our appreciation, please accept the enclosed $20 gift certificate. It is **valid** for two months from the **day of issue** and **redeemable** at any of our **salons**. Use it toward your next hair **treatment** or the purchase of your favorite hair products.

We appreciate your business and we are looking forward to serving you **for** many more **years to come**.

Yours **sincerely**,

Marina Prasad
GHD **Customer Relations** Manager

---

175. Why was the letter written?

(A) To announce the opening of a store
(B) To ask for payment
(C) To complain about a service
(D) To thank a customer

176. What is indicated about Ms. Huygens?

(A) She recently paid $20 for a hair treatment at GHD.
(B) She has been working at GHD for ten years.
(C) She has referred friends and family members to GHD.
(D) She recently bought GHD hair products.

問題 175-176 は次の手紙に関するものです。

GHD

Wellington
04 499 9999

Joan Huygens
McMillan Ave. 287 番地
Wellington 6011

Huygens 様

この 10 年間、Genex Hair Design (GHD) をご愛顧くださったお客様に、感謝の気持ちを表すためにお便りいたします。ご親族やご友人にご紹介していただくことにより、長年にわたり私どもの事業成長をご支援くださり、深く感謝申し上げます。

感謝のしるしとして、同封した 20 ドル分のギフト券をお受け取りください。ギフト券は発行日から 2 か月間有効で、弊社のいずれの店舗でもご利用いただけます。次回のヘアトリートメントやお好きなヘアケア製品のご購入にお使いください。

ご愛顧に感謝するとともに、これからも末長くお客様のお役に立てることを楽しみにしております。

敬具

Marina Prasad
GHD 顧客担当マネージャー

---

175. 手紙はなぜ書かれましたか。

(A) 開店を知らせるため。
(B) 支払いを請求するため。
(C) サービスに対して苦情を言うため。
(D) 顧客にお礼を述べるため。

176. Huygens さんについてどんなことが示されていますか。

(A) 最近 GHD でヘアトリートメントに 20 ドル支払った。
(B) GHD で 10 年間働いている。
(C) 友人や家族に GHD を紹介した。
(D) 最近 GHD のヘアケア製品を買った。

正解 **175.** (D) **176.** (C)

I am writing to *do*

＜手紙・Eメールなどの冒頭で＞
〜するためにご連絡いたします

express
[ɪksprés]

〜を表現する 動
急行の、速達の 形　急行、速達 名

- **expréssion**　表現、表情 名
- **expréssive**　表現の、表現に富む 形

gratitude
[grǽtət(j)ùːd]

感謝（の念）、謝意 名

● express one's gratitude ➡ 感謝の意を表す

類 appreciation ➡ 感謝

faithful
[féɪθfəl]

忠実な、誠実な 形

- **fáith**　信頼、信仰 名

appreciate
[əpríːʃièɪt]

（好意など）に感謝する、
（人や物の）真価を認める 動

Tip! 「感謝する」の意味では通例、目的語に「人」ではなく「行為」などをとる。

- **apprèciátion**　感謝、真価（を認めること）名

relative
[rélətɪv]

親戚 名　関連した、比較上の 形

as a token of ...

…のしるしに

- **token** [tóukən]　しるし、記念品 名

類 in token of ... ➡ …のしるしに

valid
[vǽləd]
有効な、正当な 形

- **válidàte** ～を有効にする 動
  - 反 invalid ➡ 無効な

day of issue
発行日

- **issue** [íʃu] 発行 名 ～を発行する 動

redeemable
[rɪdíːməb(ə)l]
商品に換えられる、換金できる 形

- **redéem** ～を商品に換える、～を換金する 動

salon
[səlάn, sǽlàn]
（服飾・美容などの）店 名

treatment
[tríːtmənt]
処理、治療（法）、扱い 名

- **tréat** ～を扱う、～を手当てする 動

for ... years to come
この先…年間

sincerely
[sɪnsíərli]
＜手紙の結びで＞ 敬具 副

- ● Yours sincerely / Sincerely yours ➡ 敬具
- *Tip!* sincerely には「心から」の意味もある。

customer relations
顧客窓口

- **relation** [rɪléɪʃ(ə)n] 関係、関連 名

★☆☆

Questions 177-178 refer to the following notice.

Motorists' Alert: Mt. Pleasant Highway

Beginning Monday, April 12, and continuing for the next 15 months, the Mt. Pleasant Highway will undergo repairs. The 40-year-old road has been in great need of repair for many years. In particular, the section around Front Street will undergo major work, and the Front Street exit will be closed for a period of about three weeks while the exit ramp is replaced.

In announcing that the funding for this much-anticipated project has finally been approved, public works commissioner Michael Rudra urged commuters to use the public transportation system whenever possible to help ease crowding and delays on the road. Those traveling to and from Mt. Pleasant's city center should check the Web site of the Mt. Pleasant Regional Transit System, www.mprts.org, for train and bus routes and schedules. Those who must drive into the city center while the repair work is in progress should watch for signs announcing detours and new traffic patterns.

---

177. What is mentioned about Front Street?

(A) Cars will be unable to exit there temporarily.
(B) It needs only minor repairs.
(C) A bus shelter is being built there.
(D) It will be closed for the entire month of April.

178. What are motorists going to the city center asked to do?

(A) Contact the Department of Public Works about travel alerts
(B) Look for signs that indicate changes in route
(C) Arrange to share rides with coworkers
(D) Support the efforts of city officials to raise more funds

問題 177-178 は次のお知らせに関するものです。

ドライバーの方への警告：Mt. Pleasant 幹線道路

4月12日月曜日より 15 か月間にわたり、Mt. Pleasant 幹線道路では補修工事が行われます。40 年が経過したこの道路は長年、修理を非常に必要としていました。特に、Front 通りの周辺区域では大がかりな工事が行われ、Front 通りの出口は出口ランプを交換する間、約 3 週間にわたって閉鎖されます。

この待望の計画のための予算がついに承認されたという発表の際、Michael Rudra 公共事業局長は、道路の混雑と遅延を緩和する助けとなるよう、通勤者に可能なときはいつでも公共交通機関を利用するように強く呼び掛けました。Mt. Pleasant 中心街へ行き来する方は、Mt. Pleasant 地域交通システムのウェブサイト www.mprts.org にて、電車とバスの経路および運行予定表をご確認ください。補修工事の実施中に車で中心街へ行かなければならない方は、う回路や新しい交通経路を示す表示にご注意ください。

---

177. Front 通りについてどんなことが述べられていますか。

(A) 車は一時的にその通りへ出られなくなる。
(B) 小規模の修復工事のみが必要である。
(C) バスの待合所が建設中である。
(D) 4月いっぱい閉鎖される。

178. 中心街へ向かうドライバーは何をするように言われていますか。

(A) 通行に関する注意事項について公共事業局に問い合わせる。
(B) 経路変更を指示する表示を探す。
(C) 職場の同僚と相乗り通勤するように調整する。
(D) 資金をもっと集めるための市の職員の取り組みを支援する。

正解 177. (A)　178. (B)

motorist
[móʊtərɪst]
自動車を運転する人 名

- **mótor** 自動車、モーター 名

alert
[əlˈɚːrt]
警告、警報 名　用心深い 形
〜に警報を出す 動

類 warning ➡ 警告、注意

highway
[hάɪwèɪ]
幹線道路 名

Tip! 日本の「国道」や「県道」に当たるもの。「高速道路」は expressway、freeway などと言い、highway に「高速道路」という意味はない。

undergo
[ʌ̀ndərgóʊ]
〜を経験する、〜に耐える 動

in need of ...
…を必要として

ramp
[rǽmp]
ランプ（高速道路などへの出入り口の坂道）、傾斜路 名

- exit ramp ➡ 出口ランプ

commissioner
[kəmíʃ(ə)nər]
局長、委員 名

- **commíssion** 委任、委員会 名

urge
[ˈɚːrdʒ]
〜をしきりに促す、〜を駆りたてる 動
衝動 名

- urge + 人 + to do ➡ （人）に〜するようにしきりに促す〔勧める〕

whenever
[(h)wɛnévər]
〜するときはいつでも 接

ease [íːz]
〜を緩和する、〜を楽にする 動
容易さ 名

- with ease ➡ 楽々と

crowd [kráud]
(〜に)群がる、押し寄せる 動
群衆、人込み 名

- **crówded** 込み合った、満員の 形

route [rúːt, ráut]
路線、道、ルート 名

in progress
進行中で

- **progress** [prágrès, -rəs] 進行、進歩 名
- **progress** [prəgrés] 前進する、進歩する 動

sign [sáɪn]
標識、合図、兆候 名
(〜に)署名する 動

detour [díːtʊ̀ər]
う回路 名 回り道をする 動

◆ 設問・選択肢からの語句 ◆

※チェックボックスの下の番号は p.296 の設問番号です。

shelter [ʃéltər]
177.
(雨風をしのぐ)小屋、避難所 名
〜を保護する、避難する 動

★★☆

Questions 179-180 refer to the following information.

語句の説明 ⇨ p.302-303

Thank you for your purchase. We feel **confident** that your **calculator** will bring you many years of **satisfaction**. If you **encounter** a problem, the chart below may **be of use**.

X1020 Graphing Calculator **Troubleshooting** Guide	
Problem	**Solution**
Calculator will not **turn on**	**Remove batteries** and **reinsert**. This should restart the system. If this does not work, replace the batteries.
Display **faint**, hard to read	Press and hold the ON key, then press the + key to adjust the **contrast**. If this does not work, replace the batteries.
Slow **response** when keys are pressed	Reinstall the software.
Black **blotch** on screen	The screen is damaged. Take it to your local Calcucenter for repair.

NOTE: Replacing the batteries will **cause** any data stored in the calculator to be lost. Back up your data to your computer before changing the batteries.

The above problems are the most common ones encountered. For other possible problems and solutions, please go to www.calcucenter.com/X1020. Here you will have the opportunity to download software **upgrades** and post your comments about the X1020.

---

179. According to the information, what might cause the calculator to operate less quickly than usual?

(A) The software needs to be reinstalled.
(B) The batteries need to be replaced.
(C) The display needs to be cleaned.
(D) The keys need to be repaired.

180. What is NOT mentioned as being available on the Web site?

(A) Customer reviews
(B) Troubleshooting information
(C) A software upgrade
(D) A discount code

問題 179-180 は次の案内に関するものです。

お買い上げありがとうございます。お買い上げいただいた計算機は、長年にわたってお客様にご満足いただけるものと確信しております。もし問題に直面した場合には、下記の表がお役に立つかもしれません。

X1020 グラフ計算機 トラブル解決ガイド

問題	解決方法
計算機の電源が入らない	電池を取り出し、入れ直してください。これでシステムが再起動します。それでも電源が入らない場合は、電池を交換してください。
画面の表示が薄い、読みにくい	ON のボタンを押したままにしてください。次に＋キーを押してコントラストを調節してください。それでも直らない場合は、電池を交換してください。
キーを押したときの反応が遅い	ソフトウェアを再インストールしてください。
画面上に黒い点がある	スクリーンが損傷しています。修理のため、お近くの Calcucenter までお持ちください。

注記：電池の交換は、計算機内に保存されているデータが失われる原因となります。電池交換の前に、パソコンにデータのバックアップを取っておいてください。

上記の問題は最も一般的に直面するものです。その他の起こりうる問題と解決方法については、www.calcucenter.com/X1020 をご覧ください。そちらで、ソフトウェアの更新版のダウンロード、並びに X1020 に関するご意見の投稿ができます。

---

179. 案内によると、何が原因で計算機の動作が通常よりも遅くなることがありますか。

(A) ソフトウェアを再インストールする必要がある。
(B) 電池を交換する必要がある。
(C) 画面をきれいにする必要がある。
(D) キーを修理する必要がある。

180. ウェブサイト上で得られるものとして述べられていないことは何ですか。

(A) 顧客による批評
(B) トラブル解決に関する情報
(C) ソフトウェアの更新版
(D) 割引用のコード

正解　179. (A)　180. (D)

confident
[kɑ́nfəd(ə)nt, -dènt]
確信して、自信を持って 形

- **cónfidence** 自信、信頼 名

calculator
[kǽlkjəlèɪtər]
計算機、電卓 名

- **cálculàte** （〜を）計算する 動
- **càlculátion** 計算（すること）名

satisfaction
[sæ̀təsfǽkʃ(ə)n]
満足 名

反 dissatisfaction ➡ 不満

encounter
[ɪnkáʊntər, ɛn-]
〜に直面する、〜に出会う 動
出会い、遭遇 名

be of use
役に立つ

- **use** [júːs] 役に立つこと 名
- *Tip!* 名詞の use の発音は、動詞の use [júːz] とは異なる。

troubleshooting
[trʌ́b(ə)lʃùːtɪŋ]
トラブル解決、修理 名

- **tróublesho̱ot** 〜を修理する 動

solution
[səlúːʃ(ə)n]
解決（策）名

- **sólve** 〜を解決する 動

turn on
（テレビ、ラジオなどが）つく、（明かりが）つく

反 turn off ➡ （明かりなどが）消える

remove [rɪmúːv] ～を取り除く、～を移す 動

　☐ **remóval** 除去、移動 名

battery [bǽt(ə)ri] 電池、バッテリー 名

reinsert [rìːɪnsə́ːrt] ～を再挿入する 動

faint [féɪnt] (音・色・光などが)かすかな、(人が)気が遠くなって 形

Tip! faint には動詞で「気絶する」、名詞で「気絶」の意味もある。

contrast (明暗の)コントラスト、対比 名 [kɑ́ntræst]
～を対照させる 動 [kəntrǽst]

● by contrast ➡ 対照的に、対照してみると

response [rɪspɑ́ns] 反応、返答 名

● in response to ... ➡ …に応じて

blotch [blɑ́tʃ] 大きなしみ、汚れ 名

cause [kɔ́ːz] ～の原因となる、～を引き起こす 動
原因 名

● cause + 人・物 + to do ➡ (人・物)に～させる

upgrade (製品などの)グレード(バージョン)アップしたもの 名 [ʌ́pgrèɪd]
～をグレード(バージョン)アップする 動 [ʌ́pgrèɪd, ʌ̀pgréɪd]

303

★★☆

Questions 181-182 refer to the following letter.

Dear Subscriber,

Welcome to our first edition of the *Healthy Living* newsletter. We hope you will find the topics both entertaining and beneficial. The newsletter will be sent out every two months and will include articles of special interest, the latest health care updates, and profiles of the outstanding medical professionals who work here at Tanaka Hospital. Each newsletter will also include a schedule of our new series of free *Healthy Living* classes.

The initial class, entitled "How to Prevent Lower Back Pain," will be held on Wednesday evening, September 15, in the exercise room on the first floor of the hospital. The class will begin promptly at 6 p.m. and will last 2 hours with a 10-minute break. Participants should come prepared with comfortable clothing and an exercise mat. The room will open approximately 30 minutes before the class.

If you would like to attend, please call the hospital receptionist between 8:30 a.m. and 5:30 p.m., Monday to Friday to reserve a space. If you have family or friends who would like to receive our newsletter, please have them sign up on our Web site at www.tanakahospital.org.

Sincerely,
The staff of Tanaka Hospital

---

181. According to the letter, what does the hospital's newsletter contain?

(A) Staff biographies
(B) Entertainment tips
(C) Healthy recipes
(D) Exercise advice

182. How are participants asked to register for the class?

(A) By visiting a Web site
(B) By telephoning a hospital employee
(C) By filling out an interest card
(D) By visiting the reception desk

問題 181-182 は次の手紙に関するものです。

定期購読者の皆様へ

Healthy Living 会報の第1号をお届けします。テーマが楽しく、役に立つと感じていただけることを願っております。この会報は2か月ごとに送付され、特に興味深い記事、健康管理に関する最新情報、さらに、ここ Tanaka 病院で働く優れた医療専門家のプロフィールなどを掲載いたします。毎号の会報には、無料の *Healthy Living* 講座の新シリーズの予定も掲載します。

「腰痛の予防法」と題された初回講座は、9月15日水曜日の夕方に病院1階のエクササイズルームにて開催されます。講座は午後6時ちょうどに始まり、10分間の休憩をはさんで2時間続きます。参加者は、動きやすい服装と運動用のマットをご持参ください。エクササイズルームは講座の約30分前に開場します。

参加ご希望の方は、月曜日から金曜日の午前8時30分から午後5時30分の間に、病院の受付係までご予約のお電話をお願いします。ご家族やご友人で、この会報を受け取りたいという方がいらっしゃいましたら、当院のウェブサイト www.tanakahospital.org で申し込むようお伝えください。

敬具
Tanaka 病院スタッフ一同

181. 手紙によると、病院の会報は何を掲載していますか。

(A) スタッフの経歴
(B) 娯楽情報
(C) 健康的なレシピ
(D) 運動に関するアドバイス

182. 参加者はどのように講座に登録するように言われていますか。

(A) ウェブサイトにアクセスする。
(B) 病院の職員へ電話をする。
(C) 関心表明カードに記入する。
(D) 受付を訪れる。

正解　181. (A)　182. (B)

305

subscriber
[səbskráɪbər]

（新聞・雑誌の）予約〔定期〕購読者、（インターネット・電話などの）加入者 名

- **subscríbe** （新聞・雑誌を）予約〔定期〕購読する、（各種サービスに）加入する 動
- **subscríption** 予約〔定期〕購読 名

newsletter
[n(j)úːzlètər]

会報、社報 名

entertaining
[ɛntərtéɪnɪŋ]

楽しい、おもしろい 形

- **èntertáin** 〜を楽しませる 動
- **entertáinment** 娯楽、もてなし 名

  類 **amusing** ➡ 楽しい

beneficial
[bènəfíʃ(ə)l]

有益な、ためになる 形

- **bénefìt** 利益、ためになること 名　〜のためになる 動

  類 **profitable** ➡ 有益な

profile
[próʊfaɪl]

人物紹介、横顔 名
〜の人物紹介を書く 動

medical
[médɪk(ə)l]

医療の、医学の 形

- **médicàte** 〜に投薬する 動
- **médicine** 薬剤、医学 名

series
[síəriz]

シリーズ、連続 名

- ● **a series of ...** ➡ 一連の…

☐	**entitle** [ɪntáɪtl, en-]	(本など)を(〜と)題する、〜に権利を与える 動

☐	**prevent** [prɪvént]	〜を防ぐ 動

- prevent + 人・物 + from *doing* ➡ (人・物)が〜しないように防ぐ
- ☐ **prevéntion** 防止、予防 名

☐	**lower back**	腰、腰部

☐	**promptly** [prám(p)tli]	時間通りに、即座に 副

- ☐ **prómpt** 即座の、迅速な 形

☐	**comfortable clothing**	動きやすい服装

- ☐ **comfortable** [kʌ́mfərtəb(ə)l] 快適な、心地よい 形

◆ 設問・選択肢からの語句 ◆

※チェックボックスの下の番号は p.304 の設問番号です。

☐ 181.	**biography** [baɪágrəfi]	経歴、伝記 名

- ☐ **àutobiógraphy** 自伝 名

☐ 181.	**recipe** [résəpìː]	調理法、レシピ 名

Part 別語句 Part 7 文書

★★★

Questions 183-184 refer to the following announcement.

Small Business Resource Centre Grand Opening
Morton Town Library
19 Fergus Road, Morton
Thursday, 6 October
5:00 P.M.–8:00 P.M.

Help us celebrate the opening of the Morton Town Library's Small Business Resource Centre by attending our grand opening celebration! Our librarians will introduce you to the full range of services offered by the new centre.
- An extensive collection of electronic and print resources for owners of small businesses
- Training courses covering business/software programmes in a state-of-the-art computer facility
- Access to information about local organizations aimed at assisting local businesses such as the Eyre Business Network (EBN), a nationwide mentoring programme that pairs owners of start-up businesses with established business owners

Longtime EBN mentor Jean McKenna, owner of McKenna Computer Services, will be giving a talk to introduce attendees to the programme. Tours of the entire library facility will also be conducted, and light refreshments will be served during an informal meet and greet in the Connor O'Casey Lounge at 7:00 P.M.

Admission to the event is free, but an active library card is required for admittance. All nonmembers will need to complete a library card application before the event.

Questions? E-mail us at SBRC@mortonlibrary.co.ie or call 021 555 0186. Additional information and library card application forms are available from our Web site at www.mortonlibrary.co.ie.

---

183. For whom is the announcement most likely intended?

(A) Corporate executives
(B) Local shop owners
(C) Reference librarians
(D) Computer teachers

184. What is true of the Eyre Business Network?

(A) It donated funds to support the resource center.
(B) It was founded by Connor O'Casey.
(C) One of its mentors will speak at the event.
(D) Some of its members receive discounts at local businesses.

問題 183-184 は次のお知らせに関するものです。

中小企業情報センターの新規開設
Morton Town 図書館
Fergus Road 19 番地 Morton
10 月 6 日 木曜日
午後 5 時～午後 8 時

Morton Town 図書館の中小企業情報センター開設記念の祝賀会にご参加いただき、ぜひ共に開設を祝ってください。図書館員が、新しいセンターが提供するあらゆるサービスをご紹介します。

- 中小企業経営者のための電子版および印刷物資料の膨大なコレクション

- 最新のコンピュータ施設での、ビジネスおよびソフトウェア・プログラムを扱うトレーニング・コース

- 新興企業の経営者を既存企業の経営者とペアにする全国規模の指導プログラムである Eyre Business Network (EBN) のような、地元の企業を支援しようと意図された地域団体に関する情報の入手

長年の EBN の指導者で、McKenna Computer Services の経営者でもある Jean McKenna 氏が、ご出席の方々にプログラムを紹介する講演を行います。図書館の全設備の案内も実施され、午後 7 時から Connor O'Casey ラウンジにて催される気軽な親睦会では、軽食が用意されます。

イベントへの入場料は無料ですが、入場には有効な図書館カードが必要です。会員でない方は、事前に図書館カード申込書にご記入いただく必要があります。

お問い合わせ　SBRC@mortonlibrary.co.ie へ E メールを送っていただくか、または
021 555 0186 までお電話ください。
さらに詳しい情報と図書館カードの申込書は、当館ウェブサイト
www.mortonlibrary.co.ie で入手できます。

---

183. このお知らせは誰を対象としたものだと考えられますか。

(A) 企業幹部
(B) 地元の店舗の経営者
(C) 照会担当の司書
(D) コンピュータの教師

184. Eyre Business Network について当てはまることは何ですか。

(A) 情報センターを支援するための資金を寄付した。
(B) Connor O'Casey によって設立された。
(C) 指導者の 1 人が、催しで話をする。
(D) 会員には地元の企業で割引を受けている者もいる。

正解　**183.** (B)　**184.** (C)

resource
[ríːsɔːrs, -zɔːrs]
(情報・知識の)供給源、<複数形で>資源 名

celebrate
[séləbrèɪt]
(〜を)祝う 動

- **celebrátion** 祝賀、祝賀会 名

librarian
[laɪbréəriən]
図書館員、司書 名

extensive
[ɪksténsɪv]
広範囲にわたる、大規模な 形

cover
[kʌ́vər]
(問題など)を扱う、〜を覆う 動

state-of-the-art
最新式の、最先端の 形

aim
[éɪm]
ねらう 動　ねらい、目的 名

- ● aim at *doing* ➡ 〜するように意図する

assist
[əsíst]
〜を援助する 動

- **assístance** 援助、助力 名

pair A with B
A を B とひと組にする

- **pair** [péər] 〜をペアにする 動　ひと組 名

start-up
(会社などが)創業したばかりの 形
新興企業 名

longtime
[lɔ́(ː)ŋtàɪm, lɑ́ŋ-]
長年の 形

refreshment
[rɪfréʃmənt]
<しばしば複数形で> 軽い飲食物 名

● light refreshments ➡ 軽食

Tip! refreshment には「元気を回復させるもの」の意味もある。

☑ **refrésh** （～の）元気を回復する 動

informal
[ɪnfɔ́ːrm(ə)l]
打ち解けた、非公式の 形

反 formal ➡ 公式な、堅苦しい

類 unofficial ➡ 非公式の、私的な　　casual ➡ 略式の

meet and greet
会談、懇談

admission
[ədmíʃ(ə)n, æd-]
入場料、入場 名

● admission to ... ➡ …への入場（料）

active
[ǽktɪv]
有効な、現行の 形

☑ **áctivàte**　～を有効にする、～を活動的にする 動

反 inactive ➡ 効力のない

admittance
[ədmít(ə)ns, æd-]
（ある場所への）入場、入場許可 名

☑ **admít**　（場所・会などに）～を入れる、～を認める 動

Tip! admittance は「ある場所に実際に入ること」や「入場できる権利」を指す。一方、admission は「入場、入場料」に加え「入学、入会」など幅広い意味を持つ。

★★★

Questions 185-186 refer to the following notice.

語句の説明 ⇨ p.314-315

Passenger Check-in

Air Albion asks that you allow yourself ample time to board your flight. Passenger check-in and security screening are subject to unexpected and sometimes lengthy delays. Please arrive at the airport at least one hour before scheduled departure of flights within the United Kingdom, 90 minutes before departure of flights from the UK to Ireland, and two hours before departure of flights from the UK to international destinations other than Ireland.

Valid government-issued photo identification, such as a passport, driving license, or national identity card, is required at check-in. The name on the ID must match the name in which the reservation was made.

Your reservation is subject to cancellation and/or additional rescheduling fees if you are not checked in and present at the boarding gate at least 10 minutes before scheduled departure of domestic flights and flights between the UK and Ireland, and at least 25 minutes before scheduled departure of all other international flights.

Domestic flights and flights between the UK and Ireland do not require confirmation. For all other international flights, confirm your reservation at least 24 hours before departure by phoning 0844-555-0-109 or visiting our website at www.airalbion.co.uk.

---

185. What is suggested about the check-in process?

(A) It is more complicated than it used to be.
(B) It can vary widely in duration.
(C) It comes after a security screening.
(D) It can be expedited for an additional fee.

186. For what destination from the UK, would passengers have to confirm a flight in advance?

(A) Edinburgh, UK
(B) Paris, France
(C) Manchester, UK
(D) Dublin, Ireland

問題 185-186 は次のお知らせに関するものです。

お客様のご搭乗手続きについて

Albion 航空ではお客様に、飛行機にご搭乗されるまでの時間には十分余裕を持っていただくようにお願いしています。お客様のご搭乗手続きおよび保安検査は、予想外の、また時には非常に長い時間がかかることがあります。英国国内便の場合は遅くとも出発予定時刻の 1 時間前までに、英国からアイルランドへの便はご出発の 90 分前までに、英国からアイルランド以外の国外の目的地への便はご出発の 2 時間前までに、空港にご到着ください。

ご搭乗手続きの際には、パスポート、運転免許証、国民 ID カードなど、政府発行の有効な写真付き身分証明書が必要です。身分証明書の名前は予約された際の名前と一致していなくてはなりません。

国内線および英国ーアイルランド間の便では出発予定時刻の遅くとも 10 分前、その他すべての国際線では 25 分前までに、ご搭乗手続きがお済みでなく搭乗口にいらっしゃらない場合、お客様の予約はキャンセルされるか、スケジュール変更の追加料金が必要となる、もしくはその両方となることがあります。

国内線および英国ーアイルランド間の便の予約確認は不要です。その他すべての国際線に関しては、遅くともご出発の 24 時間前までに 0844-555-0-109 にお電話いただくか、当社ウェブサイト www.airalbion.co.uk にて、予約の確認を行ってください。

185. 搭乗手続きの手順についてどんなことがわかりますか。

(A) 以前よりも複雑である。
(B) かかる時間が大幅に変わることもある。
(C) 保安検査の後に行われる。
(D) 追加料金で早く済ませられる。

186. 英国からどこへ向かう場合に、乗客は前もって便の予約確認をしなければなりませんか。

(A) 英国のエジンバラ
(B) フランスのパリ
(C) 英国のマンチェスター
(D) アイルランドのダブリン

正解 185. (B) 186. (B)

| □ | **check-in** | （空港での）**搭乗手続き、**（ホテルでの）**チェックイン** 名 |

| □ | **board** [bɔ́ːrd] | （飛行機など）**に乗り込む** 動　**板、委員会** 名 |

- on board ➡ 飛行機〔電車・船〕に乗って
- □ **bóarding**　搭乗、乗車、乗船 名

| □ | **security screening** | **保安検査、手荷物検査** |

- □ **screening** [skríːnɪŋ]　審査、選考、ふるい分け 名

| □ | **be subject to ...** | **…を受けやすい、…に陥りやすい** |

Tip! to の後は(代)名詞。

| □ | **unexpected** [ʌ̀nɪkspéktəd] | **予期しない** 形 |

| □ | **lengthy** [léŋ(k)θi] | **長い、冗長な** 形 |

- □ **léngth**　長さ 名

| □ | **other than ...** | **…以外の** |

類 **except** ➡ 〜を除いて

| □ | **driving license** | **運転免許証** |

Tip! 米国では一般的に *driver's license* と言う。

identity card　身分証明書

- **identity** [aɪdéntəti, ə-]　本人であること、同一であること 名

Tip! identity card や identification card「身分証明書」を省略して ID と言う。

match [mætʃ]
～と合う、～に似合う 動
試合、競争相手 名

present [préz(ə)nt]
居合わせる、出席している、現在の 形
現在 名 ➡ p.141

反 absent ➡ 不在の、欠席している

domestic [dəméstɪk]
国内の、家庭の 形

● domestic flight ➡ 国内線

反 foreign ➡ 外国の　　international ➡ 国際的な

confirmation [kànfərméɪʃ(ə)n]
確認 名

- **confirm**　～を確認する 動

◆ 設問・選択肢からの語句 ◆

※チェックボックスの下の番号は p.312 の設問番号です。

used to *do*
以前は～した

185.

Tip! 現在と対比して過去の状態や事実を述べるときに使う。< be used to ＋名詞 > の「～に慣れている」と混同しないこと。

duration [d(j)ʊəréɪʃ(ə)n]
持続時間〔期間〕 名

185.

315

ビジネス

語句の説明 ⇨ p.318-319

★☆☆

Questions 187-188 refer to the following invoice.

Apollo, Inc.
7000 High Street
Canandaigua, NY 14410

Invoice # 48921
Invoice date: May 2

Client: Santini Law Offices
         2110 Evergreen Road, Suite A
         Penfield, NY 14633

Description of service:

April 28	Carpet vacuuming & steaming	$245.00
April 29	Window washing	$115.00
	Subtotal	$360.00
	Tax (5%)	$18.00
	Total	$378.00

Payment due: May 9

---

187. What kind of service does Apollo, Inc., provide?

(A) Computer repair
(B) Accounting
(C) Interior design
(D) Cleaning

188. When was service most recently performed at Santini Law Offices?

(A) On April 28
(B) On April 29
(C) On May 2
(D) On May 9

問題 187-188 は次の請求書に関するものです。

Apollo 社
High Street 7000 番地
Canandaigua, NY 14410

請求書番号：48921
請求日：5月2日

顧客名：	Santini 法律事務所
	Evergreen Road 2110 番地　A 号室
	Penfield, NY 14633

業務明細：

4月28日	掃除機および蒸気によるカーペットの清掃	245 ドル
4月29日	窓洗浄	115 ドル
	小計	360 ドル
	税 (5%)	18 ドル
	計	378 ドル

支払い期日：5月9日

187. Apollo 社はどんな業務を行っていますか。

(A) コンピュータの修理
(B) 会計業務
(C) インテリア・デザイン
(D) 清掃

188. Santini 法律事務所でいちばん最近作業が行われたのはいつですか。

(A) 4月28日
(B) 4月29日
(C) 5月2日
(D) 5月9日

正解　**187.** (D)　**188.** (B)

Inc.
[ɪŋk]
株式会社
incorporated の省略形

Tip! incorporated は形容詞で「法人組織の」という意味を表す。社名の後に省略形 Inc. を続けて用いられる。

invoice date
請求日

invoice [ínvɔɪs] （納品書・明細書を兼ねた）請求書、送り状 名

law office
法律事務所

law [lɔ́ː] 法律 名

類 **law firm** ➡ 法律事務所

suite
[swíːt]
ひと続きの部屋 名

Tip! 寝室、居間、浴室がひと続きになっているホテルの部屋やアパート、ひと続きの事務室などを指す。

description
[dɪskríp∫(ə)n]
記述、説明 名

describe ～を言葉で述べる、～を説明する 動

vacuum
[vǽkjum, -kjəm]
（～に）掃除機をかける 動　真空 名

steam
[stíːm]
（～を）蒸気に当てる、～を蒸す 動
蒸気 名

subtotal
[sʌ́btòutl, sʌ̀btóutl]
小計 名

tax [tæks]
税 名　～に課税する 動

- income tax ➡ 所得税

total [tóʊtl]
合計 名　全体の、総計の 形

- in total ➡ 全体で

tótalìze　～を合計する 動

類 sum ➡ 合計

payment due
支払い期限(の)

payment [péɪmənt]　支払い 名
due [d(j)úː]　支払い期限の来た 形

◆ 設問・選択肢からの語句 ◆

※チェックボックスの下の番号は p.316 の設問番号です。

187. accounting [əkáʊntɪŋ]
会計(学)、経理 名

accóuntant　会計士 名

187. design [dɪzáɪn]
デザイン、設計 名
～をデザインする、～を計画する 動

語句の説明 ⇨ p.322-323

Questions 189-190 refer to the following invitation.

The Business Initiative Society of Greater San Marino

invites you to our regularly held Social Hour.

This is an open forum for owners of small companies to meet and discuss issues affecting our area.

San Marino Botanical Gardens
Every Friday evening
6:30-7:30 p.m.
Light refreshments will be served.

Upcoming speakers
April 1: Alfredo Rojas, San Marino Mayor
April 8: Alexis Lin, San Marino Chamber of Commerce President
April 15: Dana O'Leary, owner, Pinewood Grill

---

189. For whom is the invitation intended?

(A) Government officials
(B) Expert gardeners
(C) New residents
(D) Local businesspeople

190. How often is the event held?

(A) Once a day
(B) Once a week
(C) Once a month
(D) Once a year

問題 189-190 は次の招待状に関するものです。

Greater San Marino
ビジネス新戦略協会

当協会より定例の懇親会にご招待します。

これは中小企業経営者が集い、地域に影響を及ぼす
問題点について話し合う公開討論会です。

San Marino 植物園
毎週金曜日夜
午後 6 時 30 分〜7 時 30 分
軽食が提供されます。

今後の講演者
4 月 1 日：Alfredo Rojas（San Marino 市長）
4 月 8 日：Alexis Lin（San Marino 商工会議所所長）
4 月 15 日：Dana O'Leary（Pinewood Grill 経営者）

---

189. この招待状は誰に宛てられたものですか。

(A) 政府関係者
(B) 熟練の庭師
(C) 新しい住民
(D) 地元の実業家

190. この催しはどれくらいの頻度で開催されますか。

(A) 1 日に 1 回
(B) 週に 1 回
(C) 月に 1 回
(D) 1 年に 1 回

正解　189. (D)　190. (B)

invitation
[ìnvətéɪʃ(ə)n]

招待状、招待 名

- **invíte** ～を招待する 動

initiative
[ɪníʃ(i)ətɪv]

新構想、主導権 名　手始めの 形

- **inítiàte** ～を始める、～に着手する 動
- **inítial** 初めの 形

social hour

懇親会

open forum

公開討論会

- **forum** [fɔ́ːrəm] フォーラム、公開討論会 名

issue
[íʃu]

問題(点)、論点 名　➡ p.12, 266

- ● discuss an issue ➡ 問題を話し合う
- 類 matter ➡ 問題、事柄

area
[ɛ́əriə]

地域、領域 名

- 類 region ➡ 地域、地方　district ➡ 地域

botanical
[bətǽnɪk(ə)l]

植物の、植物学の 形

- ● botanical garden ➡ 植物園

chamber of commerce　商工会議所

- **chamber** [tʃéɪmbər]　会議所、〜室 名
- **commerce** [kámərs]　商業 名

◆ 設問・選択肢からの語句 ◆

※チェックボックスの下の番号は p.320 の設問番号です。

government official　政府関係者、官僚
189.

- **government** [gʌ́vər(n)mənt, gʌ́v(ə)mənt]　政府 名
- **official** [əfíʃ(ə)l]　公務員、役人 名

expert　熟練した、専門の 形 [ékspə:rt, ikspə́:rt]
189.　専門家 名 [ékspə:rt]　→ p.17

類 skillful → 熟練した

gardener [gá:rdnər]　庭師、庭いじりをする人 名
189.

businesspeople [bíznəspì:p(ə)l]　実業家、会社員 名
189.

Tip! 単数の場合は businessperson。男女区別なく使える表現。

Part 別語句 Part 7 文書

323

Questions 191-192 refer to the following notice.

SPACE AVAILABLE

8505 Freeport Parkway provides 12,000 **square meters** of **luxury** space set on a large, beautifully **landscaped lot**. The finished site **consists of** two 12-story office towers, a four-**level** parking garage, and a restaurant. This site **is located** in a highly **visible** location near the **rapidly growing** residential area of Meltonville. For information on leasing, please call Michiko Watanabe at 555-0183.

191. For whom is the notice primarily intended?

(A) People who want to buy a house in Meltonville
(B) Landscape designers
(C) Real estate developers
(D) Businesspeople looking for office space

192. Who most likely is Michiko Watanabe?

(A) A restaurant owner
(B) An interior decorator
(C) A rental agent
(D) A city planner

問題 191-192 は次のお知らせに関するものです。

賃貸スペースあり

Freeport Parkway 8505 番地には、広大で美しく景観整備された区画に広がる 12,000 平方メートルのぜいたくなスペースがあります。完成後の敷地は、12 階建てのオフィスビル 2 棟、4 階建ての駐車場、そしてレストランで構成されます。この敷地は、Meltonville の急速に発展している住宅地近くの、非常に目立つ場所に位置しています。賃貸に関するお問い合わせは Michiko Watanabe まで、555-0183 にお電話ください。

---

191. このお知らせは主に誰を対象としたものですか。

(A) Meltonville に家を買いたい人
(B) 造園設計者
(C) 不動産開発業者
(D) オフィス用物件を探している実業家

192. Michiko Watanabe とは誰だと思われますか。

(A) レストランの経営者
(B) インテリア・デザイナー
(C) 賃貸業者
(D) 都市計画者

正解 191. (D)　192. (C)

square meter 平方メートル

- **square** [skwéɚr] 平方、2乗、正方形 名
- *Tip!* 「立方メートル」は *cubic meter* と言う。

luxury [lʌ́kʃ(ə)ri] ぜいたくな、豪華な 形　ぜいたく（品）名

- **luxúrious** ぜいたくな、華美な 形

landscape [læn(d)skèɪp] 〜を景観整備する 動　風景（画）名

- **lándscàping** 造園 名

lot [lάt] （土地の）1区画、敷地、くじ 名

consist of ... （部分・要素）から成る

- ● consist in ... ➡ …にある

level [lév(ə)l] （建物などの）階 名

be located （場所に）ある、位置する

- **locate** [lóʊkeɪt, loʊkéɪt] 〜を置く 動

visible [vízəb(ə)l] 目立つ、目に見える 形

- **vìsibílity** 目に見えること、視界 名
- **vísion** 視覚、光景 名

反 **invisible** ➡ 目に見えない

- [ ] **rapidly** [rǽpədli] 速く 副
  - [ ] **rápid** 速い 形
    - 類 quickly ➡ 速く

- [ ] **growing** [gróuɪŋ] 発展する、成長する 形

◆ 設問・選択肢からの語句 ◆

※チェックボックスの下の番号は p.324 の設問番号です。

- [ ] 191. **developer** [dɪvéləpər] 宅地開発業者、開発者 名

- [ ] 192. **decorator** [dékərèɪtər] 室内装飾業者 名

- [ ] 192. **rental agent** 賃貸業者
  - [ ] **rental** [rént(ə)l] 賃貸の 形
  - [ ] **agent** [éɪdʒ(ə)nt] 代理人、代理店 名

★☆☆

Questions 193-194 refer to the following e-mail.

From: Preeti Patel <ppatel@desantech.com>
To: All Employees
Date: October 9
Subject: Painting

I am writing to remind everyone that the lobby will be painted tomorrow, Tuesday, October 10. The work is scheduled to begin at 8 A.M., and it should be finished by 4 P.M. All employees should avoid the lobby while the painters are working. You will need to enter and exit the building through the rear door (from the parking area) and use the staircase located to the right of that doorway.

Thank you for your cooperation. If you have any questions, please contact me at extension 431.

Preeti Patel
Facilities Manager

---

193. What is the purpose of the e-mail?

(A) To distribute new work schedules
(B) To describe a computer program
(C) To send out a project proposal
(D) To repeat important information

194. What are employees asked to do?

(A) Complete a survey
(B) Park in a new location
(C) Use a different entrance
(D) Arrive before 8 A.M.

問題 193-194 は次の E メールに関するものです。

送信者：Preeti Patel <ppatel@desantech.com>
宛先：全社員
日時：10 月 9 日
件名：塗装作業

明日 10 月 10 日火曜日、ロビーの塗装作業が行われることを皆さんに思い出してもらうためにご連絡します。作業は午前 8 時に始まり、午後 4 時までに終了する予定です。塗装業者が作業している間は、全社員がロビーに立ち入らないようにしてください。建物へは（駐車場から）裏手のドアを通って出入りし、その出入り口の右側にある階段を利用してください。

ご協力をよろしくお願いします。何かご質問がありましたら、内線 431 までご連絡ください。

Preeti Patel
施設管理責任者

193. この E メールの目的は何ですか。
(A) 新しい業務予定表を配布する。
(B) コンピュータ・プログラムを説明する。
(C) 企画書を送付する。
(D) 重要な情報を再度伝える。

194. 社員は何をするように言われていますか。
(A) 調査表に記入する。
(B) 新しい場所に駐車する。
(C) 別の入口を使う。
(D) 午前 8 時前に到着する。

正解　193. (D)　194. (C)

| □ | **remind + 人 + that ...** | (人)に…ということを思い出させる、(人)に…ということを気づかせる |

| □ | **lobby** [lábi] | (建物の) ロビー 名 |

| □ | **avoid** [əvɔ́ɪd] | ～を避ける 動 |

- □ **avóidance** 回避 名
- □ **avóidable** 避けられる 形

| □ | **enter** [éntər] | ～に入る 動 |

- □ **éntrance** 入口、入場 名

| □ | **exit** [éɡzət, éks-] | ～を出る、立ち去る 動 出口 名 |

| □ | **parking area** | 駐車場 |

類 parking lot ➡ 駐車場　　parking facilities ➡ 駐車施設

| □ | **staircase** [stέərkèɪs] | (手すりも含めて) 階段 名 |

類 stairs / steps / stairway ➡ 階段

| □ | **to the right of ...** | …の右側に |

● to the left of ... ➡ …の左側に

☐ **doorway** [dɔ́ːrwèɪ]　出入り口、戸口 名

☐ **cooperation** [koʊàpəréɪʃ(ə)n]　協力 名

● Thank you for your cooperation. ➡ ご協力ありがとうございます。

Tip! Thank you for your cooperation. は、事前に協力を依頼する場合と、協力してくれたことに感謝する場合の両方で用いられる。

☐ **coóperàte**　協力する 動
☐ **coóperative**　協力的な 形

類 assistance ➡ 援助、助力

◆ 設問・選択肢からの語句 ◆

※チェックボックスの下の番号は p.328 の設問番号です。

☐ 193. **project proposal**　企画書、事業計画

☐ 193. **repeat** [rɪpíːt]　(〜を)繰り返す、(〜を)重ねて言う 動

☐ **règpetítion**　繰り返し 名
☐ **repéated**　繰り返された、たびたびの 形
☐ **repéatedly**　繰り返して 副

★★☆
語句の説明 ⇨ p.335-337

Questions 195-196 refer to the following letter.

KRIEGNER'S BY MAIL, INC.
92 Hartley Drive
Burlington, PA 06302

Dear Customer:

We **apologize** again **for** not completing your recent order. The missing merchandise, **listed below**, has not yet arrived in our warehouse. We expect to be able to ship it to you before the date shown on the form.

If this revised date is not **satisfactory**, please sign the **attached** form and return it to us. If we do not hear from you, we will **assume** that the delayed shipping date is **agreeable** to you. Your order will ship as soon as it becomes available along with a coupon for 10% off your next order.

Thank you for your patience and understanding.

Sincerely,
Kriegner's by Mail, Inc.

TO **REPLY**: **DETACH** AT **PERFORATION**

	Item Number	Qty.	Description	Revised Ship Date
X	DM3941	1	Coffee maker	November 20

- If you wish to cancel any of the items listed above, please place an X in the box **preceding** the **relevant** item numbers. Sign below and return this form.
- If you paid by check or **money order**, we will promptly issue a refund check. If the order was **charged to a credit card**, we have not **billed** your account. Thank you for your **patronage**.

Signature: _G. de Vincenzi_   Date: _October 25_
Order number: 91021481208

Giovanni de Vincenzi
2937 Spring Haven Road
Sussex, NJ 07461

問題 195-196 は次の手紙に関するものです。

KRIEGNER'S BY MAIL 社
Hartley Drive 92 番地
Burlington, PA 06302

お客様へ

先日のご注文品をすべて揃えられていないことを、改めてお詫び申し上げます。下記の不足商品は、まだ弊社の倉庫に届いておりません。用紙に記載されている日付までには発送できる予定です。

この変更された発送日にご満足いただけない場合は、添付の用紙に署名の上、弊社まで返送してください。ご連絡をいただけない場合は、遅らせた発送日がお客様にとって同意できるものと判断させていただきます。ご注文の品は入荷次第、次回のご注文で 10% 割引になるクーポンを添えて発送いたします。

ご辛抱とご理解のほどよろしくお願い申し上げます。

敬具
Kriegner's by Mail 社

<返信用：ミシン目に沿って切り離す>

	商品番号	数量	内容	変更発送日
X	DM3941	1	コーヒーメーカー	11月20日

- 上記のいずれかの商品のキャンセルをご希望の場合は、適切な商品番号の前の枠内に X 印をご記入ください。下記にご署名の上、この用紙を返送してください。

- 小切手または郵便為替でお支払い済みの場合は、ただちに払い戻し小切手を発行いたします。注文がクレジットカード払いの場合、お客様の口座に請求はしておりません。お引き立ていただき、ありがとうございます。

署名：　_G. de Vincenzi_　　　日付：　_10月25日_
注文番号：91021481208

Giovanni de Vincenzi 様
Spring Haven Road 2937 番地
Sussex, NJ 07461

195. What does the letter indicate about the item Mr. de Vincenzi ordered?

    (A) It is in Kriegner's warehouse.
    (B) It is no longer available.
    (C) It can be sent out by November 20.
    (D) Another item will be substituted for it.

195. de Vincenzi 氏が注文した品物について、手紙は何を示していますか。

    (A) Kriegner's 社の倉庫にある。
    (B) もう手に入らない。
    (C) 11月20日までに発送できる。
    (D) 別の商品がその品物の代わりになる。

196. What does Kriegner's offer Mr. de Vincenzi?

    (A) Free shipping
    (B) A complimentary coffee maker
    (C) A partial refund
    (D) A discount on a future purchase

196. Kriegner's 社は de Vincenzi 氏に何を提示していますか。

    (A) 無料での配送
    (B) 無料のコーヒーメーカー
    (C) 部分的な返金
    (D) 今後の買い物に使える割引

正解　195. (C)　196. (D)

apologize for ...
…についてお詫びする

listed below
以下に記載の

● listed above ➡ 以上に記載の

satisfactory
[sæ̀təsfǽkt(ə)ri]
(人にとって) 満足な 形

- **sátisfied** (人が) 満足して 形
- 反 **unsatisfactory** ➡ (人にとって) 不満足な

attached
[ətǽtʃt]
添付の、付属の 形

● attached form ➡ 付属の書式、添付の用紙

- **attách** 〜を取り付ける 動
- **attáchment** 添付物 名

assume
[əsúːm]
〜であるとみなす、〜と仮定する 動 ➡ p.237

- **assúmption** 仮定、前提 名

agreeable
[əgríːəb(ə)l]
同意できる、好ましい 形

● be agreeable to + 人 ➡ (人) にとって同意できる

- **agrée** 同意する 動

Thank you for your patience.
ご辛抱のほどよろしくお願いいたします。

- **patience** [péɪʃ(ə)ns] 辛抱強さ 名

reply
[rɪpláɪ]
返信する、〜と回答する 動
返信、回答 名

detach
[dɪtǽtʃ]
(〜を)切り離す 動

- **detáchment** 分離 名
- 反 **attach** ➡ 〜を取り付ける、〜を添付する

perforation
[pə̀ːrfəréɪʃ(ə)n]
ミシン目、切り取り線 名

quantity
[kwάntəti]
量、数量 名　Qty. は省略形

- 反 **quality** ➡ 質、品質

precede
[prɪsíːd]
〜の前にある、〜の先に立つ 動

- **precéding** (場所・時間を表して)前の、先立つ 形

relevant
[réləvənt]
適切な、関連のある 形

- ● be relevant to ... ➡ …に関連して
- **rélevance** 関連(性) 名
- 反 **irrelevant** ➡ 不適切な、関連性のない

money order
郵便為替

charge ... to a credit card
…をクレジットカードで支払う

- **charge** [tʃɑ́ːrdʒ] 〜をつけで買う、〜を請求する 動　料金、請求 名

bill
[bíl]
〜に請求する、〜に請求書を送る 動
請求書、紙幣、法案 名

Tip! bill は英国では「勘定（書）」という意味でも使われる。

patronage
[pǽtrənɪdʒ, péɪ-]
引き立て、愛顧 名

- **pátron** ひいき客、後援者 名

◆ 設問・選択肢からの語句 ◆

※チェックボックスの下の番号は p.334 の設問番号です。

195. substitute
[sʌ́bstət(j)ùːt]
〜を代わりに用いる 動
代わりの人〔物〕名

● substitute A for B ➡ A を B の代わりに用いる

- **sùbstitútion** 代用（品）、代理（人）名

196. partial
[pɑ́ːrʃ(ə)l]
部分的な 形

- **pártially** 部分的に 副

反 total ➡ 全体の

Questions 197-198 refer to the following notice.

SAFETY REGULATIONS
Personal Protective Equipment (PPE)

Items of personal protective equipment (PPE) such as face **shields**, safety glasses, safety shoes, and high-visibility vests should only be used if they are in good, **undamaged** condition. While the **durability** of PPE items **varies from** three months **to** two years, most items used by TBNC personnel remain in good condition for up to six months. TBNC **routinely** conducts **inspections** of every PPE item twice a year, but an item must be replaced as soon as it is **torn** or damaged, even if that **occurs** before one of the official inspections.

Whenever you need to replace a PPE item, you should file a request for a new one with your supervisor. The supervisor will inquire about the **nature** of your work (nighttime work, **repaving**, maintenance work, etc.) to make sure you are being provided with the **proper** PPE item or items. Once you have received a replacement PPE item, you should **dispose of** the item that is being replaced in one of the specially **designated** bins. These are located in room 2B of the main office. Please **do your part** to maintain the company's excellent safety record!

197. What is the notice about?

(A) Policies regarding protective items
(B) Ways of preparing work sites for inspection
(C) Designing new types of apparel
(D) Training work supervisors

198. According to the notice, what information will the supervisor request?

(A) The size needed for clothing items
(B) The type of work an employee performs
(C) The date of the last PPE inspection
(D) The number of hours an employee usually works

問題 197-198 は次のお知らせに関するものです。

安全規約
個人用保護具（PPE）

顔用の保護マスク、安全メガネ、安全靴、高視認性ベストといった個人用保護具（PPE）は、良好で損傷のない状態でのみ使用すること。PPE 用品の耐久性は 3 か月から 2 年までさまざまだが、TBNC の従業員が使用する大半の用品が、良好な状態を保てるのは、最高で 6 か月間である。TBNC は年に 2 回、定期的にすべての PPE 用品の検査を実施している。しかし用品が破れていたり傷がついていたりしたら、それが正式な検査の前に起きた場合でもただちに交換されなければならない。

PPE 用品の交換が必要な場合は必ず、各自の監督者に新品の要望を提出すること。監督者は従業員の作業の性質（夜間作業、再舗装、メンテナンス作業など）について尋ね、適切な PPE 用品が与えられているかを確認する。新しい PPE 用品を受け取ったら、取り換えられた古い用品を、特別に指定された容器に廃棄すること。容器は本社の 2B 室に置かれている。当社の優秀な安全記録を維持するために、各自の役割を果たしてください。

197. 何についてのお知らせですか。
- (A) 保護用品に関する指針
- (B) 検査に備えた作業現場の準備方法
- (C) 新しいタイプの服のデザイン
- (D) 作業監督者の研修

198. お知らせによると、監督者はどんな情報を求めますか。
- (A) 衣料用品のために必要なサイズ
- (B) 従業員が行っている作業の種類
- (C) 最後に PPE の検査が行われた日
- (D) 従業員の通常の労働時間数

正解　**197.** (A)　**198.** (B)

| ☐ | **safety regulations** | 安全規約 |

| ☐ | **shield** [ʃíːld] | 防御物、盾 名　（～を）保護する 動 |

| ☐ | **undamaged** [ʌ̀ndǽmɪdʒd] | 無傷の、損害を受けていない 形 |

| ☐ | **durability** [d(j)ʊ̀ərəbíləti] | 耐久性〔力〕名 |

　☐ **dúrable** 耐久性〔永続性〕のある、丈夫な 形
　☐ **dúrableness** 耐久性 名

| ☐ | **vary from A to B** | A から B まで多様である |

| ☐ | **routinely** [ruːtíːnli] | 定期的に、決まって 副 |

　☐ **routíne** 決まりきった、日常の 形　日常業務 名
　類 **regularly** ➡ 定期的に、規則正しく

| ☐ | **inspection** [ɪnspék ʃ(ə)n] | 検査、視察 名 |

　● **conduct an inspection** ➡ 検査を行う
　☐ **inspéct** ～を検査する 動

| ☐ | **torn** [tɔ́ːrn] | 裂けた 形 |

　☐ **tear** [téər] ～を引き裂く、破れる 動　裂け目 名
　Tip! torn は tear の過去分詞形（過去形は tore）。p.415 tear down の項も参照。

340　Part 別語句　Part 7 文書

occur [əkə́ːr]
起こる、発生する 動

- occúrrence 発生、起こること、出来事 名
- 類 happen ➡ 起こる

nature [néɪtʃər]
性質、自然 名

repave [ripéɪv]
(道路)を再舗装する 動

- páve (道路)を舗装する 動

proper [prɑ́pər]
適切な 形

- 反 improper ➡ 不適切な

dispose of ...
…を処分する

- disposal [dɪspóʊz(ə)l] 処分、(ごみ)処理 名

designated [dézɪgnèɪtəd]
指定された、示された 形

- désignàte ～を指定する、～を指名する 動
- dèsignátion 指定、指名 名

do one's part
自分の役割を果たす

- 類 play one's part ➡ 自分の役割を果たす

Questions 199-200 refer to the following instructions.

Submission Guidelines

Maple Leaf Literary Journal, the most widely circulated literary magazine in Canada, has published fiction by some of the most well-known writers in the country. We are now inviting new writers to submit short stories for publication.

Submitted stories should be carefully proofread and should conform to our editing criteria. These can be accessed at www.mapleleaflj.ca/submissions/stylesheet.

Submissions are accepted in the form of email attachments only, sent to our Editorial Office at submissions@mapleleaflj.org.ca. Please include a cover letter and a brief summary of the piece (listing major events in the story's plot, main characters' names, etc.). When the editors have finished reviewing the submission, they will notify you as to whether it will be published. Notification can be expected within six months of submission. Please do not contact the Editorial Office for review results.

Writers whose stories are published will be compensated at the rate of $20 for each page as the story appears in the final print layout of the magazine.

199. What is suggested about the magazine?

(A) It is hiring for editorial positions.
(B) It sells more copies than its competitors.
(C) It is published quarterly.
(D) It was founded six months ago.

200. What will authors receive if their pieces are chosen?

(A) Payment according to story length
(B) A one-year subscription to the magazine
(C) A free copy of the next magazine issue
(D) Reimbursement for postage costs

問題 199-200 は次の指示に関するものです。

投稿ガイドライン

カナダで最も広く流通している文芸雑誌 Maple Leaf 文学誌は、国内の大変著名な作家たちによる小説作品を出版してきました。現在当誌では、新人作家による出版用の短編作品の投稿を求めています。

投稿作品は入念に校正され、当誌の編集基準に従ったものであること。編集基準は www.mapleleaflj.ca/submissions/stylesheet で入手できます。

投稿はEメール添付の形式でのみ受け付けます。当誌編集部 submissions@mapleleaflj.org.ca までお送りください。添え状と作品の短い概要（物語の筋における主な出来事や、主要登場人物の名前をリストにしたものなど）も添付してください。編集者による作品の評価が終わりましたら、出版されるか否かについてご連絡いたします。通知は投稿の6か月以内を見込んでいます。評価の結果に関する編集部へのお問い合わせはご遠慮ください。

作品が出版される運びとなった作家の方々には、当誌の最終稿レイアウトで、作品が掲載される1ページにつき20ドルの値段で報酬が支払われます。

199. 雑誌についてどんなことがわかりますか。
 (A) 編集職で人を雇おうとしている。
 (B) 競合誌よりも多くの部数を販売している。
 (C) 年に4回発行される。
 (D) 6か月前に創刊された。

200. 作品が選ばれた場合、著者は何を受け取りますか。
 (A) 作品の長さに応じた支払い
 (B) 雑誌の1年間の定期購読
 (C) 次号の雑誌の無料提供
 (D) 郵送料の払い戻し

正解　199. (B)　**200.** (A)

- [ ] **submission** [səbmíʃ(ə)n] 投稿(物) 名

- [ ] **circulate** [sə́ːrkjəlèɪt] (新聞・本などが)流通する、(血液・空気などが)循環する 動
  - [ ] **circulátion** 流通、循環 名

- [ ] **proofread** [prúːfrìːd] (〜を)校正する 動

- [ ] **conform** [kənfɔ́ːrm] 従う、〜を一致させる 動
  - ● conform to ... ➡ …に従う
  - 類 **comply** ➡ 従う

- [ ] **criteria** [kraɪtíəriə] (判断の)基準 名 criterion の複数形
  - 類 **standard** ➡ 標準 **norm** ➡ 規範

- [ ] **attachment** [ətǽtʃmənt] 添付物 名
  - [ ] **attách** 〜を取り付ける 動

- [ ] **cover letter** 送り状、(書類と共に送る)カバーレター

- [ ] **character** [kǽrɪktər] 登場人物、性格 名

- [ ] **as to ...** …について

□ **notification**
[nòutəfəkéɪʃ(ə)n]
（正式な）通知 名

　□ **nótify** 〜に通知する 動

□ **compensate**
[kámpənsèɪt, -pèn-]
〜に報酬を支払う 動 → p.159

□ **rate**
[réɪt]
値段、料金、割合 名

● at the rate of ... → …の値段で

◆ 設問・選択肢からの語句 ◆

※チェックボックスの下の番号は p.342 の設問番号です。

□ 199. **competitor**
[kəmpétətər]
競合企業、競争者 名

　□ **còmpetítion** 競争 名
　類 rival → 競争相手

□ 199. **quarterly**
[kwɔ́ːrtərli]
（雑誌などが）年4回発行で、季刊で 副
季刊誌 名　四半期ごとの 形

□ 200. **reimbursement**
[rìːəmbə́ːrsmənt]
払い戻し、返済 名

　□ **rèimbúrse** （支払われた金）を払い戻す、〜を返済する 動
　類 refund → 払い戻し

□ 200. **postage**
[póustɪdʒ]
郵送料金 名

345

★★★

Questions 201-202 refer to the following e-mail.

語句の説明 ⇨ p.348-349

To: Mark Holt <mholt@professionalfilters.com>
From: Paula Ruiz <pruiz@templetonmfg.com>
Date: May 10
Re: Air Filters

Dear Mr. Holt,

I am writing to follow up on our conversation of this morning. Yesterday we received a shipment of 200 air filters (Supreme model, product number 23769) at $235.00 each. I also received a statement indicating that the product cost and delivery charges had been applied to my account. However, I had ordered 20 air filters (Deluxe model, product number 23678) at $189.00 each. Per your request, I will be forwarding you the confirmation e-mail I received after I placed my order on April 15.

When we spoke earlier today, you stated that Professional Filters would arrange for the pickup of the 200 filters and for the delivery of the products I ordered. You also told me that a credit would be issued to my account for the 200 Supreme filters plus the shipping charges of $143.76 incurred due to this mix-up. Finally, as compensation for my inconvenience, you agreed to waive the $23.87 shipping charge for the delivery of the 20 Deluxe filters.

Thank you again for your assistance. We at Templeton Manufacturing continue to appreciate the excellent service that we have received from your company over the past several years.

Sincerely,
Paula Ruiz

---

201. What does the e-mail discuss?

(A) A rise in shipping costs
(B) An address change
(C) An error in a product order
(D) A defective product

202. What has Professional Filters agreed to do?

(A) Pay for shipping costs
(B) Provide free samples of new filter models
(C) Send more Supreme model air filters
(D) Apply a discount to a future order

問題 201-202 は次の E メールに関するものです。

宛先：Mark Holt <mholt@professionalfilters.com>
差出人：Paula Ruiz <pruiz@templetonmfg.com>
日付：5月10日
件名：空気浄化フィルター

Holt 様

今朝の会話をさらに確認するためにご連絡いたします。昨日、単価235ドルの空気浄化フィルター（最高品質モデル、商品番号23769）200枚を受け取りました。商品代金および配送料が当方の口座に請求されたと記載された明細書も受け取りました。しかし、私は単価189ドルの空気浄化フィルター（デラックスモデル、商品番号23678）を20枚注文していました。あなたのご依頼により、4月15日の注文後に受信した確認メールを転送します。

本日先ほどお話しした際、Professional フィルター社が200枚のフィルターの引き取りと、私が注文した商品の配送を手配してくださるとのことでした。また、今回の取り違えが原因で負担させられた最高品質フィルター200枚分の代金と配送料143ドル76セントの分の金額が、当方の口座に入金されるとのことでした。最後に、こちらへの迷惑に対する埋め合わせとして、デラックスモデルのフィルター20枚分の配送料23ドル87セントの請求を差し控えることに同意してくれました。

ご協力に改めてお礼を申し上げます。我々 Templeton 製造社一同は、過去数年にわたって受けてきた、御社の優れたサービスを引き続き評価していきます。

敬具
Paula Ruiz

201. Eメールは何について書いてありますか。

(A) 配送料の値上げ
(B) 住所変更
(C) 商品の注文に関する間違い
(D) 欠陥品

202. Professional フィルター社は何をすることに同意しましたか。

(A) 配送料を支払う。
(B) 新しいモデルのフィルターの無料サンプルを提供する。
(C) 最高品質モデルの空気浄化フィルターを追加で送る。
(D) 今後の注文に割引を適用する。

正解 **201.** (C) **202.** (A)

filter
[fíltər]

フィルター 名　〜をろ過する 動

follow up on ...

…をさらに確認する、…を追求する

supreme
[səprí:m, su-]

最高の 形

類 extraordinary / exceptional ➡ 並はずれた

statement
[stéɪtmənt]

(取引)明細書、述べること 名

● financial statement ➡ 財務報告書

☐ státe　〜を述べる 動

類 account ➡ 明細書　　bill ➡ 請求書、明細書

apply + 物 + to ...

(請求など)を…に当てる

deluxe
[dɪlúks, -lʌ́ks]

豪華な、デラックスな 形

per your request

(あなたの)ご依頼により

forward
[fɔ́:rwərd]

〜を転送する、〜を発送する 動
先へ 副　前方(へ)の 形

pickup
[píkʌ̀p]

集荷、集めること 名

● pick ... up ➡ …を集める、…を拾う

348　Part 別語句 Part 7 文書

credit
[krédət]
振り込み額、信用 名

incur
[ɪnkə́ːr]
（損失や責任）を負う、
（好ましくないこと）を招く 動

finally
[fáɪn(ə)li]
最後に、最終的に 副

- **fínal** 最終的な 形
- 類 eventually / in the end ➡ 結局、ついに

waive
[wéɪv]
（要求など）を差し控える 動 ➡ p.266

assistance
[əsístəns]
援助、助力 名

- **assíst** ～を援助する 動
- **assístant** 助手 名　補助の 形

◆ 設問・選択肢からの語句 ◆

※チェックボックスの下の番号はp.346の設問番号です。

201. defective
[dɪféktɪv]
欠陥のある 形　不良品 名

- **défèct** 欠陥 名
- 類 faulty ➡ 欠陥のある

★★☆

語句の説明 ⇨ p.352-353

Questions 203-204 refer to the following notice.

Welcome to the Smythe and Lewes team! We look forward to helping you build a career with us. We **pride ourselves on** the **professionalism** of our employees. **Therefore**, we offer the following tips to help you serve customers better and make your work **as productive as possible**.

We specialize in well-made formal and business **attire** for men and women, from **respected** manufacturers. We expect employees to wear similar attire at work, and we encourage you to wear products from our stores. Therefore, we offer you a 40% discount on all merchandise, including shoes and accessories, at all Smythe and Lewes locations. This will allow you to promote our store and, **at the same time**, to develop a professional **wardrobe** of your own.

It will also **introduce** you **to** the products and fashions we carry. As you can **imagine**, customers expect Smythe and Lewes employees to be knowledgeable about our inventory. Please make an effort to **familiarize** yourself with it. This task is best **reserved** for periods when there are fewer customers in the store—in the morning for weekday shifts and, for weekend shifts, at night before closing. As our inventory changes **from week to week**, this needs to be an **ongoing** process. With a little effort, you will soon be able to answer questions from our customers confidently!

203. For whom is the notice intended?

(A) Clothing manufacturers
(B) Smythe and Lewes customers
(C) Newly hired employees
(D) Smythe and Lewes executives

204. What are recipients encouraged to do?

(A) Avoid wearing business attire
(B) Study the store's inventory
(C) Return defective products
(D) Replenish the stock regularly

問題 203-204 は次のお知らせに関するものです。

Smythe and Lewes のチームへようこそ。皆さんが私たちといっしょにキャリアを積むお手伝いをするのを楽しみにしています。私たちは当社の社員のプロ意識を誇りに思っています。したがって、皆さんがお客様によりよいサービスを提供し、できるだけ生産的に仕事ができるように、次のアドバイスをお伝えします。

私たちは、評判のいいメーカーによって作られた、紳士・婦人向けの仕立てのいいフォーマル用とビジネス用衣服を専門に扱っています。私たちは社員に、勤務時は同じような服を身につけるよう望んでおり、当店の商品を着用することを奨励しています。そのため、皆さんには Smythe and Lewes の全店舗で、靴や小物類を含むすべての商品を 40% 割引で提供します。そのようにして皆さんは当店を宣伝すると同時に、プロとしての自分の衣装をよりよいものにすることができるでしょう。

また、これにより当店が取り扱う商品や流行のスタイルに触れることにもなります。想像できるように、お客様は Smythe and Lewes の社員が在庫商品を熟知していることを期待しています。商品をよく把握するように努力してください。この業務は、店内にお客様が比較的少ない時間帯、すなわち平日のシフトなら午前中、週末のシフトなら閉店前の夜に取っておくのが最適です。在庫商品は毎週変わるため、この業務は継続して行われる必要があります。少し努力をすれば、すぐにお客様からの質問に自信を持って答えられるようになるでしょう。

203. このお知らせは誰を対象としたものですか。

(A) 服の製造業者
(B) Smythe and Lewes の顧客
(C) 新しく雇われた従業員
(D) Smythe and Lewes の重役

204. このお知らせの受け手は何をするように勧められていますか。

(A) ビジネス用の衣服を着ないようにする。
(B) 店の在庫商品について勉強する。
(C) 不良品を返品する。
(D) 定期的に商品を補充する。

正解 203. (C) 204. (B)

☐	**pride oneself on ...**	…を誇りに思う

　　類 **be proud of ...** ➡ …を誇りに思う

☐	**professionalism** [prəféʃ(ə)n(ə)lìz(ə)m]	プロ意識、専門的技術 名

　　☐ **proféssional** 専門的な 形 （アマチュアに対して）プロ 名

☐	**therefore** [ðéərfɔːr]	したがって、そのため 副
☐	**as ... as possible**	できるだけ…
☐	**productive** [prədʌ́ktɪv]	生産的な 形
☐	**attire** [ətáɪər]	（豪華な）服装、装い 名

　　類 **costume** ➡ 衣装

☐	**respected** [rɪspéktəd]	評判のいい、尊敬される 形

　　☐ **respéctful** 礼儀正しい、丁寧な 形

☐	**at the same time**	同時に
☐	**wardrobe** [wɔ́ːrdròub]	（持ち）衣装、洋服だんす 名

- [ ] **introduce + 人 + to ...** （人）を…に接触させる

- [ ] **imagine** [ɪmǽdʒən] （〜を）想像する 動
  - [ ] **imàginátion** 想像（力）名

- [ ] **familiarize** [fəmíljəràɪz] 〜に精通させる、〜に親しませる 動
  - ● familiarize oneself with ... ➡ …に精通する
  - [ ] **famíliar** よく知っている、精通している 形
    - ● be familiar with ... ➡ …に詳しい

- [ ] **reserve** [rɪzə́ːrv] 〜を取っておく、〜を残しておく 動 保留 名 ➡ p.54

- [ ] **from week to week** 毎週、週ごとに

- [ ] **ongoing** [ángòʊɪŋ] 継続している 形 進行 名
  - 類 continuous ➡ 継続する

◆ 設問・選択肢からの語句 ◆

※チェックボックスの下の番号は p.350 の設問番号です。

- [ ] 204. **recipient** [rɪsípiənt] 受け手 名
  - [ ] **recéive** 〜を受け取る 動

- [ ] 204. **replenish** [rɪplénɪʃ] 〜を補充する、〜を再び満たす 動

353

★★☆
Questions 205-206 refer to the following e-mail.

To: Louis Arndt [larndt@shirinpublishing.com]
From: Mina Singh [msingh@shirinpublishing.com]
Date: June 13
Subject: Cycler Monthly update

Louis,

In anticipation of our meeting about the future of *Cycler Monthly*, I wanted to give you an update on the magazine's current and future sales trends.

Jean Wells in our sales department reports that the publication has seen a sharp drop in newsstand sales and in subscriptions to the print edition. By contrast, subscriptions to our online edition have by far exceeded the company's expectations. Over the last six months, we have seen a 40 percent increase in the number of Internet subscriptions, and we expect about 2,000 more by the end of the year.

Jean pointed out, furthermore, that *Cycler Monthly* is increasingly appealing to a younger audience. Overwhelmingly, new subscribers are between the ages of 18 and 30.

Given these data, I'd like you to start thinking about ways to promote *Cycler Monthly* online edition more heavily, and to target younger readers in particular. Additionally, we may want to consider phasing out the print version entirely since it is now a money-losing operation.

I look forward to discussing these and other issues involving the magazine with you on Tuesday.

Mina

---

205. What is indicated about *Cycler Monthly*?

(A) It is owned by Jean Wells.
(B) It is currently offering a 40 percent discount to new subscribers.
(C) It is attracting greater numbers of younger readers.
(D) Its total number of subscribers recently decreased by 2,000.

206. What does Mina Singh ask Louis Arndt to do?

(A) Contact the sales department for additional information
(B) Invite Jean Wells to participate in Tuesday's meeting
(C) Make plans to publicize the online version of the magazine
(D) Raise the price of the print version of the magazine

問題 205-206 は次の E メールに関するものです。

宛先： Louis Arndt [larndt@shirinpublishing.com]
差出人： Mina Singh [msingh@shirinpublishing.com]
日付： 6月13日
件名： Cycler Monthly（月刊自転車愛好家）の最新情報

Louis さん

Cycler Monthly の今後についての会議を見越して、本誌の現在と将来の販売傾向に関する最新情報をお伝えしたいと思いました。

営業部の Jean Wells の報告によると、出版物は売店での販売数と印刷版での定期購読者数が急落しています。対照的に、オンライン版の定期購読者数は社の予想を大きく上回っています。この 6 か月間で、インターネットの定期購読者数は 40% 増加し、年末までにはさらに約 2,000 増えると思われます。

さらに Jean は、Cycler Monthly が次第により若い読者の心をつかんできていると指摘しました。圧倒的に、新規定期購読者は 18 歳から 30 歳の間です。

これらのデータを前提として、Cycler Monthly のオンライン版をより重点的に販売促進し、特に若い読者をターゲットとする戦略について考え始めていただきたいと思います。加えて、印刷版は現在採算がとれない事業なので、段階的にですが完全に廃止することを考えてもよいかと思います。

本件や本誌に関するその他の件について、火曜日に話し合えるのを楽しみにしています。

Mina

205. Cycler Monthly についてどんなことが示されていますか。

(A) Jean Wells によって経営されている。
(B) 新規定期購読者には現在 40% の割引を提供している。
(C) より多くの若い読者を引きつけている。
(D) 最近、定期購読者の総数が 2,000 減少した。

206. Mina Singh は Louis Arndt に何をするように頼んでいますか。

(A) さらなる情報を求めて営業部に連絡を取る。
(B) Jean Wells に火曜日の会議に参加するよう勧める。
(C) 雑誌のオンライン版を宣伝する計画を立てる。
(D) 雑誌の印刷版の価格を上げる。

正解 **205.** (C)　**206.** (C)

in anticipation of ...　…を見越して、…を予想して

- **anticipation** [æntìsəpéɪʃ(ə)n]　予想、期待　名
- **anticipate** [æntísəpèɪt]　～を予想する　動

sales trend　販売傾向

sharp drop　急落

- **drop** [drάp]　下落、落下、しずく 名　落ちる、～を落とす 動

反 sharp rise ➡ 急上昇

newsstand [n(j)úːzstænd]　（駅などにある新聞・雑誌の）売店 名

subscription [səbskrípʃ(ə)n]　予約購読、定期購読 名

- **subscribe**　予約購読する 動

by far　はるかに、とても

expectation [èkspèktéɪʃ(ə)n]　予想、期待 名

- meet one's expectations ➡ （人）の期待に応える
- beyond expectation(s) ➡ 予想以上に

類 anticipation ➡ 予想、期待

point out　指摘する

furthermore
[fə́ːrðərmɔ̀ːr]
さらに、その上 副

類 additionally / besides / moreover ➡ その上

increasingly
[ɪnkríːsɪŋli]
次第に、ますます 副

appeal
[əpíːl]
心に訴える、興味をそそる 動

overwhelmingly
[òuvər(h)wélmɪŋli]
圧倒的に 副

- òverwhélm ～を圧倒する 動
- overwhélming 圧倒的な 形

given
[gív(ə)n]
<前置詞・接続詞的に用いて>～を前提として 形

phase out ...
…を段階的に廃止する

- phase [féɪz] ～を段階的に実行する 動 段階 名

involve
[ɪnválv]
～を関係させる、～を巻き込む 動

- be involved with ... ➡ …と関係がある

◆ 設問・選択肢からの語句 ◆
※チェックボックスの下の番号は p.354 の設問番号です。

participate in ...
206.
…に参加する

類 take part in ... ➡ …に参加する   join ➡ ～に参加する

357

★★☆

語句の説明 ⇨ p.360-361

Questions 207-208 refer to the following letter.

Herman Briggs
Briggs, Salvatore & Jurasinski
5000 South Fork Drive, Suite 325
Melbourne, VIC 3205

Dear Mr. Briggs:

It was a **pleasure** meeting you and your associates at my interview last week. I was delighted to have the opportunity to discuss my **legal** experience and **qualifications** with you, and I was very pleased when I learned from you yesterday that the firm had **voted** to offer me a position as an associate. However, I have decided to accept a previous offer from Chang & Associates, another firm that also specializes in **patent** law.

As I mentioned last week, I **am** extremely **impressed with** the **casework** that has been done by you and your **partners** in the field, and I **regret** I will not be able to join your team. My **decision** to accept another offer was **largely** due to my **desire** to work in Newcastle, where I have lived for the last ten years. Had distance not been a **factor**, I would have been happy to accept your offer.

Again, thank you for considering me for the position. I will be at both of the major patent policy conferences in Sydney and Auckland later this year, so I look forward to seeing you or your colleagues again in the near future.

Sincerely,

Ayesha Chandran

Ayesha Chandran

---

207. Why was the letter written?

(A) To describe job qualifications
(B) To submit a job application
(C) To schedule a job interview
(D) To **decline** a job offer

208. Where is Chang & Associates located?

(A) In Auckland
(B) In Melbourne
(C) In Newcastle
(D) In Sydney

問題 207-208 は次の手紙に関するものです。

Herman Briggs 様
Briggs, Salvatore & Jurasinski
South Fork Drive 5000 番地 325 号室
Melbourne, VIC 3205

Briggs 様

先週の面接では、貴殿や社員の皆様にお目にかかれて光栄でした。私の法律に関する経験と資格について御社と話し合う機会を持ててうれしかったです。また昨日、貴殿より御社が私に社員としての職を与えることを票決したと伺ったときは、本当にうれしく思いました。しかし、私は同じく特許法を専門とする別の事務所、Chang & Associates から先にいただいていた申し出を受けることにしました。

先週申し上げたように、貴殿と共同経営者の皆様が現場で行っている社会福祉事業に大変感銘を受けており、御社のチームに参加できないことを残念に思います。別の申し出を受ける決心をしたのは、主として、この 10 年間住んでいる Newcastle で働きたいという私の願いのためです。距離が要因とならなかったならば、私は御社からの申し出を喜んで受け入れていたでしょう。

改めて、私の採用を考えてくださってありがとうございました。今年の後半に Sydney と Auckland で開かれる特許政策の主要会議にはどちらにも参加する予定ですので、近いうちに貴殿や事務所の皆様に再びお会いできるのを楽しみにしております。

敬具

Ayesha Chandran（署名）

Ayesha Chandran

---

207. この手紙が書かれたのはなぜですか。

(A) 仕事に必要な資格について説明するため。
(B) 求人応募書類を提出するため。
(C) 採用面接の日程を設定するため。
(D) 職の申し出を断るため。

208. Chang & Associates の所在地はどこですか。

(A) Auckland
(B) Melbourne
(C) Newcastle
(D) Sydney

正解 207. (D)　208. (C)

pleasure
[pléʒər]
光栄、喜び 名

- **pléase** ～を喜ばせる 動
  - 類 delight ➡ 大喜び

legal
[líːg(ə)l]
法律に関する、法律の、合法の 形

- 反 illegal ➡ 不法な、違法の

qualifications
[kwɑ̀ləfəkéɪʃ(ə)nz]
資格、適性 名

- **quálifỳ** ～に資格を与える、資格を得る 動

vote
[vóut]
～を票決する、(～に)投票する 動
投票 名

patent
[pǽt(ə)nt, péɪ-]
特許(権) 名　特許の 形
～の特許を取る 動

- ● patent law ➡ 特許法

be impressed with …
…に感銘を受ける

- **impress** [ɪmprés] ～を感動させる、～に印象を与える 動

casework
[kéɪswə̀ːrk]
社会福祉事業、ケースワーク 名

partner
[pɑ́ːrtnər]
共同経営者、仲間 名　～と組む 動

- **pártnershìp** 提携、協力 名

☐ **regret** [rɪgrét] （〜を）残念に思う、（〜を）後悔する 動
残念、後悔 名

- regret to do ➡ 残念ながら〜する

☐ **decision** [dɪsíʒ(ə)n] 決心、決定 名

- make a decision ➡ 決定する

☐ **decíde** （〜を）決める 動

☐ **largely** [láːrdʒli] 主として、大きく 副

類 mainly ➡ 主として

☐ **desire** [dɪzáɪər] 願望、欲望 名 〜を強く望む 動

☐ **desírable** 望ましい 形

☐ **factor** [fǽktər] 要因 名

◆ 設問・選択肢からの語句 ◆

※チェックボックスの下の番号は p.358 の設問番号です。

☐ 207. **decline** [dɪkláɪn] （〜を）丁寧に断る、低下する 動
衰退、低下 名

- decline an offer ➡ 申し出を断る

類 refuse / reject ➡ 〜をきっぱりと断る

反 accept ➡ 〜を受け入れる

★★★
Questions 209-210 refer to the following letter.

語句の説明 ⇨ p.365-367

February 1

Dear Valsen Lines Subscriber:

Thank you for being a **loyal** Valsen Lines subscriber. **As you know**, we consider it one of our highest priorities to keep our longtime customers **up-to-date** on all changes or improvements in the services we provide. For this reason, we are writing to inform you of some changes to our pricing policies that may affect your business.

Beginning on February 20, the rate for **international calls** placed during **regular** business hours will increase from 14 cents **per** minute to 16 cents per minute. Also, the rate for all other international calls will be raised from 9 cents per minute to 11 cents per minute. **In addition**, local calls during business hours will no longer cost 5 cents per minute. Instead, they will be 6 cents per minute. However, all other rates will remain the same. Please also note that regular business hours are **defined** as 8 A.M. to 6 P.M., Monday through Friday.

We wish to **assure** you that these changes are **necessary** and that we **are committed to** providing the best possible service to all our customers. As one **measure** taken to ensure that our service remains of the highest quality, we recently **refurbished** several of our communications **receivers**, which has improved the **clarity** of telephone calls on the Valsen Lines network. **Moreover**, on March 15, we will set up a new customer service call center that will help reduce the amount of time customers have to wait to speak to a representative. These and other planned improvements over the next few months are our way of showing you that we at Valsen Lines **value** your continued business.

Sincerely,
Rashna Richards
Vice President, Customer Relations

問題 209-210 は次の手紙に関するものです。

2月1日

Valsen Lines ご加入者様

Valsen Lines をいつもご利用いただきありがとうございます。ご存じの通り、弊社が最優先課題の1つとしておりますのは、長年ご利用いただいているお客様に、弊社が提供するサービスに関するすべての変更点および改善点について、最新情報を常にご案内することです。このため、お客様の業務に影響を及ぼす可能性のある、弊社の価格設定方針に関するいくつかの変更についてお知らせしたく、ご連絡しております。

2月20日より、通常の業務時間帯にご利用になる国際通話料金が、1分につき14セントから16セントへと上がります。また、その他のすべての国際通話料金も、1分につき9セントから11セントへと引き上げられます。さらに、業務時間帯の市内通話料金は、1分につき5セントではなくなり、代わりに6セントとなります。しかし、その他すべての料金は現状のままです。通常の業務時間帯とは、月曜から金曜までの午前8時から午後6時までと定義されている点にもご注意ください。

これらの変更は必要なものであり、また、弊社はすべてのお客様に可能なかぎり最高のサービスを提供できるように尽力することを保証したいと思います。弊社のサービスを確実に最高品質に保つための手段の1つとして、先日いくつかの通話受信器を一新しました。それによって、Valsen Lines のネットワークでの通話の明瞭さが向上しました。さらに、3月15日に顧客対応の新しいコールセンターを開設し、これはお客様が担当者と話すための待ち時間を短縮することになります。これらと、その他の今後数か月にわたる改善計画は、私たち Valsen Lines がお客様の変わらぬお引き立てを重視していることを伝えるためのものです。

敬具
Rashna Richards
顧客担当副部長

209. For whom is the letter intended?

(A) People who have been Valsen Lines customers for an extended period
(B) People who recently switched from Valsen Lines to another telephone company
(C) Potential Valsen Lines employees
(D) Service technicians at Valsen Lines

210. What type of call will NOT be affected by the rate changes?

(A) A local call on a Saturday evening
(B) A local call on a Monday afternoon
(C) An international call on a Sunday morning
(D) An international call on a Tuesday afternoon

209. この手紙は誰に宛てられたものですか。

(A) 長期間 Valsen Lines の顧客である人々
(B) 最近 Valsen Lines から他の電話会社に切り換えた人々
(C) Valsen Lines への就職希望者
(D) Valsen Lines のサービス技術者

210. 料金変更の影響を受けないのはどのタイプの通話ですか。

(A) 土曜日の夕方の市内通話
(B) 月曜日の午後の市内通話
(C) 日曜日の午前中の国際通話
(D) 火曜日の午後の国際通話

正解 **209.** (A)　**210.** (A)

loyal [lɔ́ɪ(ə)l]
忠実な、誠実な 形

- **lóyalty** 忠誠 名

as you know
ご存じの通り

up-to-date
最新の（状態になった）形

- keep ... up-to-date ➡ …を最新の状態に保つ
- 類 latest ➡ 最新の
- 反 out-of-date ➡ 旧式の、時代遅れの

international call
国際通話

- local call ➡ 市内通話

regular [régjələr]
通常の、規則的な 形

- **régularly** 定期的に、規則正しく 副

per [pər, pə́ːr]
＜無冠詞の単数名詞の前に置いて＞ 〜につき 前

in addition
さらに、その上

- **addition** [ədíʃ(ə)n] 追加、付加 名

define [dɪfáɪn]
（〜を）定義する、〜を定める 動

- define A as B ➡ A を B と定義する
- **dèfinítion** 定義 名

assure [əʃúər]
～を保証する、～に確信させる 動

- **assúrance** 保証、確信 名
- 類 ensure ➡ ～を保証する

necessary [nésəsèri]
必要な、必然の 形

- **necéssity** 必要性 名

be commited to ...
…に尽力する

- **commitment** [kəmítmənt] 献身、委託 名

measure [méʒər]
手段、対策、基準 名
(寸法など)を測る、～を評価する 動

- ● take measures ➡ 処置を取る
- 類 action ➡ 手段

refurbish [rɪfə́ːrbɪʃ]
～を刷新する、～を再び磨く 動

- **refúrbishment** 一新、改修 名
- **fúrbish** ～を磨く 動

receiver [rɪsíːvər]
受信機器、受取人 名

clarity [klǽrəti]
(音や映像の)鮮明さ、(表現などの)明快さ 名

- **clárify** ～を明らかにする、明らかになる 動

moreover
[mɔːróuvər]
さらに、その上 副

類 additionally / besides / furthermore ➡ その上

value
[vǽlju]
〜を大切にする、〜を評価する 動
価値 名

- váluable 価値のある 形

◆ 設問・選択肢からの語句 ◆

※チェックボックスの下の番号は p.364 の設問番号です。

switch
209. [swítʃ]
切り換える、〜を交換する 動
スイッチ、転換 名

● switch from A to B ➡ A から B に切り換える

technician
209. [tɛkníʃ(ə)n]
(専門)技術者、専門家 名

- techníque （専門）技術、技法 名

★★★
Questions 211-212 refer to the following letter.

語句の説明 ⇨ p.371-373

Bartel Manufacturing, Inc.
301 San Andreas Street, Oakland, CA 94621

October 11

Daniel Rhee
Home Country Family Foods
175 Calle del Sol
Cupertino, CA 91031

Dear Mr. Rhee:

Thank you for your interest in Bartel's food packaging technology.

As we discussed in our telephone conversation, Certain Seal is well suited to the needs of a mid-to-large-scale food processing company. It is designed to handle large volumes and can be customized for almost any size or shape of food product.

Certain Seal also lengthens the shelf life of your products. As you know, one of the biggest causes of food spoilage is excess air left in vacuum-sealed packages. Our system is especially effective in eliminating this threat. In the September issue of *Industry World* magazine, comparison testing indicated that Certain Seal removed excess air more efficiently than similar vacuum packaging systems (such as the Sigillare 100 produced by TYT Industries).

Food quality is ensured further by the packaging material itself. For the Certain Seal system, we use an especially durable plastic that protects foods throughout the freezing, shipping, and reheating processes.

This is just an overview of some of the benefits of our technology. I will go into greater detail in my October 28 presentation at your office. In order to tailor the presentation to your needs, I would like to know more about Home Country's production requirements. Please contact me at our main offices in Oakland, at (510) 555-0116 between 9 A.M. and 6 P.M.

Sincerely,

Julie Chan

Julie Chan
Sales Director

問題 211-212 は次の手紙に関するものです。

Bartel 製造社
San Andreas Street 301 番地 Oakland, CA 94621

10 月 11 日

Daniel Rhee 様
Home Country Family 食品
Calle del Sol 175 番地
Cupertino, CA 91031

Rhee 様

Bartel の食品包装技術にご興味をお持ちいただきありがとうございます。

電話でお話ししたように、Certain Seal は中規模から大規模の食品加工会社のご要望によく適しています。大量の食品を扱えるように設計されており、また、食品のほぼすべてのサイズや形に合わせてカスタマイズできます。

また、Certain Seal は製品の品質保持期限を延ばします。ご存じの通り、食品の傷みの最大の原因の1つは、真空密封された包装の中に残ってしまった余分な空気です。弊社のシステムはこの脅威を排除するのに特に効果的です。Industry World 誌の9月号では、比較テストによって、Certain Seal が似たタイプの真空包装システム（例えば TYT 産業社製の Sigillare 100 など）より効率的に余分な空気を除去できたと示されました。

食品の品質は包装材料そのものによって、さらに確かなものになります。Certain Seal システムには冷凍、輸送、再加熱といった過程を通して食品を保護する、特に耐久性の高いプラスチックが使われています。

ここに挙げたことは、弊社の技術の利点の概要にすぎません。10 月 28 日の御社でのプレゼンテーションで、より詳しく説明する予定です。プレゼンテーションを御社のご要望に応じたものにするために、Home Country 社様の製造要件について、さらに伺いたいと思います。Oakland 本社の私宛てに、午前9時から午後6時までの間に (510) 555-0116 へご連絡ください。

敬具

Julie Chan（署名）

Julie Chan
営業部長

211. What is stated as a benefit of Certain Seal?

(A) Lower production costs
(B) Reliable packaging
(C) Environmental friendliness
(D) Ease of disposal

212. What does Ms. Chan ask Mr. Rhee to do?

(A) Decrease production levels
(B) Schedule a presentation
(C) Provide additional information
(D) Customize a product for her

211. Certain Seal の利点として何が述べられていますか。

(A) より低い生産コスト
(B) 信頼性の高い包装技術
(C) 環境保全性
(D) 処分のしやすさ

212. Chan さんは Rhee さんに何をするよう頼んでいますか。

(A) 生産量を減らす。
(B) プレゼンテーションの日程を決める。
(C) 追加情報を提供する。
(D) 彼女のために製品をカスタマイズする。

正解 **211.** (B) **212.** (C)

technology [tɛknɑ́lədʒi]
(科学)技術 名

- **techníque** (専門)技術、技法 名

be suited to ...
…に適している

- **suit** [súːt] 〜に適する、〜に似合う 動

need [níːd]
ニーズ、必要なもの 名
〜を必要とする 動

volume [vάljum, -jəm]
容量、量、(書物などの)1巻 名

lengthen [léŋ(k)θ(ə)n]
〜をのばす、長くなる 動

- **léngth** 長さ 名
- 反 **shorten** ➡ 〜を短くする、短くなる

shelf life
(食品などの)品質保持期限

- **shelf** [ʃélf] 棚 名

spoilage [spɔ́ɪlɪdʒ]
(食物の)腐敗、損傷 名

- **spóil** 〜を台無しにする、〜を甘やかす、腐敗する 動

excess [ɪksés, éksès]
余分な 形　超過、過剰 名

- **excéssive** 過度の、極端な 形
- **excéed** 超過する、〜を超える 動

vacuum-sealed 真空密封された 形

- **vacuum** [vǽkjum, -kjəm] 真空 名
- **seal** [síːl] ～を密封する、～に封をする 動　密封 名

especially [ɪspéʃ(ə)li, es-] 特に 副

類 particularly / in particular ➡ 特に

effective [ɪféktɪv, e-] 効果的な、(法律などが)有効な 形

- be effective in *doing* ➡ ～するのに効果的である
- **efféct** 効果、結果 名

反 ineffective ➡ 効果のない

threat [θrét] 脅威 名

- **thréaten** ～をおびやかす 動

comparison [kəmpǽrəs(ə)n] 比較 名

- in comparison with ... ➡ …と比較すると
- **compáre** ～を比較する 動

further [fə́ːrðər] (程度・時間などについて)さらに(進んで) 副 さらに遠い、なお一層の 形

Tip! *far* の比較級。距離を示すときは *further* の代わりに *farther* を使うこともある。

plastic [plǽstɪk] プラスチック、ビニール 名 プラスチック製の 形

- plastic bag ➡ ビニール袋

freeze [fríːz]
凍る、～を凍らせる 動　寒波、凍結 名

- fréezing　冷凍 名　凍るような 形
- fréezer　冷凍庫 名

reheat
～を再加熱する 動 [riːhíːt]
再加熱 名 [ríːhìːt]

overview [óuvərvjùː]
概要、要約 名

類 outline ➡ 概要　　summary ➡ 要約

go into detail
詳しく説明する

- detail [dɪtéɪl, díːtèɪl]　詳細、細部 名　～を詳しく述べる 動

tailor [téɪlər]
～を目的に合わせて作る 動　➡ p.138

● tailor ... to one's needs ➡ …を(人)の要望に合わせて作る

◆ 設問・選択肢からの語句 ◆

※チェックボックスの下の番号は p.370 の設問番号です。

211. disposal [dɪspóuz(ə)l]
処分、(ごみ)処理 名

373

記事

★★☆
Questions 213-214 refer to the following article.

語句の説明 ⇨ p.376-377

Samuels Ltd., announced on Monday that it will spend $1 billion to build nylon production and processing facilities in Singapore to serve the Asia Pacific region. Construction of the 45,000-square-meter plant will take two years. When the factory is complete, it will employ over 500 workers and have an estimated annual production of 60,000 tons of nylon and nylon components. According to company spokesperson Michael Tan, the plant will be equipped with the same advanced technology used in Samuels plants in India and Canada, enabling the company to price its nylon competitively. The nylon products will be sold to companies throughout the region for use in various industrial textile applications.

The Asia Pacific market for nylon has remained strong over the last decade, with the majority of purchases coming from the automobile manufacturers. Samuels is hoping that the efficient production from the new factory will position it to become a leader in the market. It will face stiff competition from Haring Corporation, the current leader, and from several other large chemical companies that ship nylon products into the area from Europe and Africa.

213. What is the purpose of the article?

(A) To publicize new merchandise
(B) To discuss a company's plans for expansion
(C) To explain a problem with a product
(D) To describe the layout of a factory

214. According to the article, why did Samuels Ltd., choose to target the Asia Pacific market?

(A) It can ship in products from its existing plants.
(B) There is no competition in the region.
(C) Raw materials are available locally.
(D) There is a steady demand for the product.

問題 213-214 は次の記事に関するものです。

Samuels 社は、10 億ドルを費やして、アジア太平洋地域に供給するためのナイロンの生産・処理施設をシンガポールに建設すると月曜日に発表した。45,000 平方メートルに及ぶこの施設の建設には 2 年かかる。工場完成時には、作業員を 500 名以上雇用する予定で、ナイロンおよびナイロン製部品の年間生産高を 60,000 トンと見込んでいる。Samuels 社の広報担当者の Michael Tan 氏によると、この工場にも、インドとカナダにある同社の工場と同じ先端技術が備えられるため、ナイロン製品に競争力のある価格をつけることが可能になるということだ。ナイロン製品は地域全体の企業へ、さまざまな産業用の布地に利用することを目的に販売される。

ナイロンのアジア太平洋市場は過去 10 年間にわたって堅調を維持しており、自動車メーカーからの購入が大部分を占める。Samuels 社は、新工場の効率的な生産が、同社が市場の主導者となるための位置を固めることを望んでいる。Samuels 社は、現在最大手の Haring 社、並びにヨーロッパとアフリカからこの地域にナイロン製品を出荷しているその他の大手化学製品会社との厳しい競争に直面するだろう。

213. この記事の目的は何ですか。

(A) 新製品を公表する。
(B) 会社の拡大計画について論じる。
(C) 製品の問題点を説明する。
(D) 工場の配置を説明する。

214. 記事によると、なぜ Samuels 社はアジア太平洋市場をターゲットにすることに決めましたか。

(A) 既存の工場から製品を出荷できる。
(B) この地域には競合相手がいない。
(C) 地元で原材料が手に入る。
(D) 製品の安定需要がある。

正解 213. (B)　214. (D)

☐	**nylon** [náɪlɑ̀n]	ナイロン 名
☐	**Pacific** [pəsífɪk]	太平洋の 形　＜the をつけて＞太平洋 名

　　反 Atlantic ➡ 大西洋の

☐	**plant** [plǽnt]	施設、工場、植物 名 〜を植える 動
☐	**component** [kəmpóʊnənt, kɑm-]	部品、成分 名

　　☐ **compóse** 〜を構成する、〜を組み立てる 動

☐	**spokesperson** [spóʊkspə̀ːrs(ə)n]	広報担当者、代表者 名
☐	**enable + 人 + to do**	(人)が〜することを可能にする
☐	**price** [práɪs]	〜に値をつける 動　価格 名
☐	**competitively** [kəmpétətɪvli]	競争して、競合的に 副
☐	**textile** [tékstaɪl]	布地の、織物の 形　布地、織物 名
☐	**decade** [dékeɪd, dekéɪd, dɪ-]	10 年間 名

majority
[mədʒɔ́(ː)rəti, -dʒár-]

大多数、大半 名

反 minority → 少数、少数派

position
[pəzíʃ(ə)n]

〜を位置づける 動　位置 名　→ p.17, 258

face
[féɪs]

〜に直面する、〜に立ち向かう 動

● face competition → 競争に直面する

stiff
[stíf]

厳しい、堅い 形

◆ 設問・選択肢からの語句 ◆

※チェックボックスの下の番号は p.374 の設問番号です。

214. existing
[ɪgzístɪŋ]

既存の、現存する 形

☐ exist　存在する 動

214. raw
[rɔ́ː]

原料のままの、生の 形

● raw materials → 原材料

214. steady
[stédi]

安定した、不変の 形

☐ steadily　着実に 副

214. demand
[dɪmǽnd]

需要、要求 名　〜を要求する 動

反 supply → 供給

377

★★☆

語句の説明 ⇨ p.380-381

Questions 215-216 refer to the following notice.

Grand Opening!

The owner of Woodcraft Designs is pleased to announce the opening of her second store in Falls City. The new store will offer high-quality wood furniture, with an **emphasis** on **pieces** made to customer specifications. Abigail Hurst, who opened the **original** Woodcraft Designs location on High Street five years ago, leads a small team of **experienced**, talented furniture makers whose unique **creations** will be displayed in both stores. Although Hurst's pieces cover a range of styles and periods, the new store will showcase the company's **remarkable replicas** of Victorian-style furniture made from **fine** quality cherry, oak, and mahogany woods.

Hurst's **craftwork** has **earned** her a reputation as a **master artisan** in her field. Her **reconstruction** of a nineteenth-century dressing table was the subject of a lengthy article in *Classics of Woodwork* on **methods** and techniques of **precision woodcutting**. In addition, photographs of some of her best pieces have appeared in *Today's Space*, which features information about houses and buildings that are known for their impressive furnishings and decor. Ms. Hurst will **divide** her time between the old and new store locations.

215. What is the purpose of the notice?

(A) To announce the publication of a new book
(B) To describe a recent trend in architecture
(C) To promote a new retail store
(D) To invite people to apply for a job

216. What are the articles in *Today's Space* mostly about?

(A) Real estate purchases
(B) Interior design
(C) Professional photography
(D) Natural history

問題 215-216 は次のお知らせに関するものです。

グランドオープン！

Woodcraft Designs のオーナーは、Falls City に第 2 号店を開店することを喜んで発表いたします。新店舗では上質な木製家具をご提供し、お客様の仕様に合わせた作品作りを重視します。5 年前、High Street に最初の Woodcraft Designs を開店した Abigail Hurst が、経験豊富で優秀な家具職人の小さなチームを指揮し、彼らの独特の創作物が両店舗に陳列されます。Hurst の作品はさまざまな様式と時代を網羅していますが、新店舗では、良質のサクラ、オーク、マホガニー材で作られた、ビクトリア朝様式の家具の優れた複製を展示します。

Hurst はその工芸作品から、自身の分野において熟練した職人として評価を得ています。彼女の手による 19 世紀の鏡台の復元は、精密な木彫の手法と技について取り上げた Classics of Woodwork (木材工芸の名品) の長文記事の題材となりました。さらに、彼女の最高傑作のうちの何点かの写真は、印象的な家具や内装で有名な家と建物についての情報を特集する Today's Space に掲載されました。Hurst さんは、古い店と新しい店の両方に時間を割くことになります。

215. このお知らせの目的は何ですか。

(A) 新しい本の出版を発表する。
(B) 建築について最近の傾向を説明する。
(C) 新しい小売店を宣伝する。
(D) 人々に仕事への応募を勧める。

216. Today's Space の記事は主に何に関するものですか。

(A) 不動産の購入
(B) インテリア・デザイン
(C) プロの写真撮影術
(D) 自然史

正解 **215.** (C) **216.** (B)

| □ | **emphasis** [émfəsəs] | 強調、重視 名 |

● with an emphasis on ... ➡ …に重点を置いて
□ émphasìze 〜を強調する 動

| □ | **piece** [píːs] | 作品 名 |

| □ | **original** [ərídʒ(ə)n(ə)l] | 最初の、もともとの、独創的な 形
原型、原物 名 |

□ órigin 起源 名
□ orìginálity 独創性 名

| □ | **experienced** [ɪkspíəriənst] | 経験を積んだ 形 |

| □ | **creation** [kriéɪʃ(ə)n] | 創作物、作品、創造 名 |

□ creáte 〜を創造する、〜を考案する 動

| □ | **remarkable** [rɪmáːrkəb(ə)l] | 優れた、注目すべき 形 |

□ remárk 〜に注目する、(〜と)言う 動　注目、意見 名

| □ | **replica** [réplɪkə] | 複製(品)、原作品の写し 名 |

| □ | **fine** [fáɪn] | 上等な、見事な、洗練された 形 |

| □ | **craftwork** [kræftwəːrk] | 工芸品、職人芸 名 |

- [ ] **earn** [ə́ːrn]　（名声など）をもたらす、〜を稼ぐ 動
  - ● earn a reputation ➡ 評判を得る

- [ ] **master** [mǽstər]　熟練した 形　主人、名人 名　〜に熟達する 動

- [ ] **artisan** [ɑ́ːrtəzən, -sən]　職人 名

- [ ] **reconstruction** [rìːkənstrʌ́kʃ(ə)n]　復元、再建 名

- [ ] **classic** [klǽsɪk]　一流の作品、名著、古典作品 名　最高級の、古典的な 形

- [ ] **woodwork** [wʊ́dwəːrk]　木材工芸、木工品 名

- [ ] **method** [méθəd]　方法 名

- [ ] **precision** [prɪsíʒ(ə)n]　正確、精密、〈形容詞的に〉精密な 名
  - [ ] **precise**　正確な、精密な 形

- [ ] **woodcutting** [wʊ́dkʌ̀tɪŋ]　木材彫刻 名

- [ ] **divide** [dəváɪd]　〜を分ける、分かれる 動
  - ● divide ... between A and B ➡ …（時間など）を A と B に配分する
  - [ ] **division**　分割、部門 名

★★☆

語句の説明 ⇨ p.384-385

Questions 217-218 refer to the following article.

Hochstein to Be Headed by Barrault Bondy Executive

February 10—Recent movement of executives among the fashion industry's leading companies appears not to be ending anytime soon. Hochstein Shoes, Inc., Swiss-based retailer and manufacturer of men's shoes, announced today that its chief executive officer, Gerard Hullot, will retire, and that Angelica Ferrara, current executive vice president of Barrault Bondy, will take his place.

Experts say the succession represents a major upset within the industry, since Barrault Bondy, the Paris-based manufacturer, is one of Hochstein's leading competitors in the high-end shoe market.

Hullot's departure comes as little surprise, however. He had publicly indicated his desire to retire in order to write a memoir of his long career in fashion, over thirty years of which were spent at Hochstein. Nevertheless, most experts had expected him to stay on until after November, when the company's winter collection is released.

Ferrara's move has generated much speculation about who will take her place at Barrault Bondy. Sources there indicate that current design director Marcel Hugo will be named the new executive vice president in a press release later this week.

217. How does the article describe Mr. Hullot?

(A) He has written several books on fashion.
(B) He personally designed the winter collection.
(C) He is upset about competition from Barrault Bondy.
(D) He has spent much of his career at Hochstein.

218. According to the article, what will probably happen later this week?

(A) Barrault Bondy will make an official announcement.
(B) Hochstein will release its winter collection.
(C) Mr. Hugo will replace Ms. Ferrara's designs with his own.
(D) Ms. Ferrara will announce new sources for shoe materials.

問題 217-218 は次の記事に関するものです。

Hochstein 社、Barrault Bondy 社の幹部が率いる

2月10日──ファッション業界の大手企業における経営陣の最近の動きは、すぐには終息しないようだ。スイスに本拠地を置く、紳士靴の製造販売会社である Hochstein 製靴社は今日、最高経営責任者の Gerard Hullot 氏が引退し、Barrault Bondy 社の現在の取締役副社長である Angelica Ferrara 氏が彼の地位に就くと発表した。

この後任人事は業界における大混乱を意味すると専門家は言う。パリに拠点を置く製造会社の Barrault Bondy 社は、高級靴市場における Hochstein 社の最大の競合相手の１つであるからだ。

しかし、Hullot 氏の引退はたいして驚くことではない。彼は、ファッション業界での長いキャリアについての回想録を書くために引退したいという望みを公に示していた。彼のキャリアの 30 年以上は Hochstein 社で費やされたものだ。とはいうものの、大半の専門家は、彼は同社の冬物コレクションが発表される 11 月過ぎまで会社にとどまると予測していた。

Ferrara 氏の異動は、Barrault Bondy 社で誰が彼女の地位に就くかについて多くの憶測を呼んだ。消息筋によると、現デザイン担当部長である Marcel Hugo 氏が、今週中に報道発表にて新しい取締役副社長に任命されるということだ。

217. 記事は Hullot 氏をどのように説明していますか。

(A) ファッションに関する本を数冊書いた。
(B) 冬物のコレクションを自らデザインした。
(C) Barrault Bondy 社との競争に動揺している。
(D) キャリアの多くを Hochstein 社で費やした。

218. 記事によると、今週中におそらくどんなことが起こりますか。

(A) Barrault Bondy 社が公式発表を行う。
(B) Hochstein 社が冬物のコレクションを発表する。
(C) Hugo 氏が Ferrara 氏のデザインを自分のものと取り替える。
(D) Ferrara 氏が靴の素材の新しい供給源を発表する。

正解 217. (D) **218.** (A)

☐	**head** [héd]	～を率いる、進む 動 (部門などの)長 名

☐	**movement** [múːvmənt]	動き、運動 名

　☐ **móve** 動く、～を動かす 動　移動 名

☐	**leading** [líːdɪŋ]	先導する、一流の、主な 形

　● leading company ➡ 大手企業
　☐ **léad** ～を導く、～を率いる 動

☐	**chief executive officer**	最高経営責任者 省略形は CEO

☐	**vice president**	副社長

☐	**take one's place**	～の位置を占める、～の代わりをする

☐	**succession** [səkséʃ(ə)n]	後継、継承、連続(すること) 名

　☐ **succéed** 後任となる、(～の)あとを継ぐ、成功する 動

☐	**upset**	混乱、動揺 名 [ʌ́psèt, ʌpsét] 混乱した 形　～を混乱させる 動 [ʌpsét]

☐	**high-end**	最高級の 形

come as a surprise	驚きである

● come as little surprise ➡ たいして驚くことではない

publicly [pʌ́blɪkli]	公に 副

nevertheless [nèvərðəlés]	<文頭では接続詞的に>それにもかかわらず 副

speculation [spèkjəléɪʃ(ə)n]	憶測、思索、投機 名

☑ spéculàte　思索する、(～と) 推測する 動

source [sɔ́ːrs]	情報源、供給源 名

Tip!　「情報源」の意味では複数形でよく使われる。

◆ 設問・選択肢からの語句 ◆

※チェックボックスの下の番号は p.382 の設問番号です。

217.
personally [pə́ːrs(ə)n(ə)li]	自ら、個人的に 副

☑ pérsonal　個人の、本人の 形

218.
announcement [ənáunsmənt]	発表、声明 名

● make an announcement ➡ 発表する

★☆☆

語句の説明 ⇨ p.389-391

Questions 219-220 refer to the following product reviews.

ALARM CLOCKS:

The following are customer product reviews provided by consumers. Product details and local information on prices and availability can be obtained by consulting individual retailers.

Selona ET-X

Rating: 7/10
Simple basic model that does its job.
By Pamela Cal

I got my Selona a few months ago, and initially, I experienced no problems. Unfortunately, at some point, the speakers started making crackling noises whenever the alarm goes off. I guess that's what you'd expect, considering the price. It's reliable and easy to set, so I have no major reasons to complain.

Ferni D100

Rating: 9/10
Good for home, not for travel.
By Alan Fletcher

I travel a lot, and I needed a small handy alarm clock for my frequent hotel stays. I was in for a surprise when I ordered this model online. What happened was the photograph did not reflect its actual size, which makes it unfit for travel. But it's a great home alarm clock.

Y-Tech 2700

Rating 10/10
You'll never need another alarm clock!
By Josh56

It's definitely as heavy-duty as it's described in the advertisement. I had dropped it in deep snow in my backyard and found it days later. It still worked as if nothing had happened. The only downside is its steep price.

Gritto CX2

Rating 9/10
Takes some time to learn, but it's worth it.
By Ana Ramos

Requires advanced knowledge to set. But once you learn to operate it, it allows you to do many useful things. The many features make it seem overwhelming at first, but it's worth your while to learn them all.

問題 219-220 は次の製品レビューに関するものです。

目覚まし時計

以下は消費者から寄せられた、顧客製品レビューです。製品の詳細と、価格や購入に関する地域情報は、個々の小売店に問い合わせれば入手できます。

Selona ET-X

評価：7点（10点満点）
きちんと役目を果たしてくれるシンプルで基本的なモデル。
Pamela Cal 評

数か月前にSelonaを購入し、当初は何の問題もありませんでした。けれど残念なことに、ある時から、アラームが鳴り出すときにスピーカーから決まってパチパチという音がするようになりました。価格を考えれば起こりうることと思います。信頼できる品ですし、セットするのも簡単ですから、不満を言う大きな理由はありません。

Ferni D100

評価：9点（10点満点）
家庭にはよいが、旅行には不向き。
Alan Fletcher 評

旅行をすることが多いので、頻繁なホテル滞在用に小さくて扱いやすい目覚まし時計が必要でした。オンラインでこの型を注文したところ、驚きました。どういうことかと言うと、写真は実物のサイズを反映しておらず、そのため旅行には不向きだったのです。でも家で使うにはとてもよい目覚まし時計です。

Y-Tech 2700

評価：10点（10点満点）
ほかの目覚まし時計はもういらない！
Josh56 評

広告に書かれている通り、確かに頑丈です。裏庭の深い雪の中に落としてしまい、数日後に見つけました。まるで何事もなかったかのようにまだ動いていたのです。唯一の欠点は値段が途方もなく高いことです。

Gritto CX2

評価：9点（10点満点）
操作を覚えるのに時間がかかるが、その価値あり。
Ana Ramos 評

設定するのに高度な知識が必要。しかし、いったん操作方法を覚えてしまえば、便利なことがいろいろできます。たくさんある機能は、最初は多すぎると思うかもしれませんが、機能をすべて覚える価値はあります。

219. What do the individual reviews NOT include?

(A) The name of the alarm clock model
(B) A numerical rating
(C) Comments about personal experience
(D) The name of the retailer who sold the product

219. それぞれのレビューに含まれないものは何ですか。

(A) 目覚まし時計の型の名前
(B) 数字で表した評価
(C) 個人の体験に関するコメント
(D) 製品を販売した小売店の名前

220. What disadvantage with her alarm clock does Ms. Ramos point out?

(A) It took a long time to be delivered.
(B) It was complicated to learn to use.
(C) It lacks some important features.
(D) It is relatively expensive.

220. Ramosさんは彼女の目覚まし時計の欠点として何を指摘していますか。

(A) 配達されるのに時間がかかった。
(B) 使い方を覚えるのが難しかった。
(C) 大切な機能がいくつか不足している。
(D) 比較的高価である。

正解　219. (D)　220. (B)

☐	**product review**	製品レビュー

☐	**consumer** [kənsúːmər]	消費者 名

- ☐ **consúme** 〜を消費する 動
- ☐ **consúmption** 消費 名

反 producer ➡ 生産者

☐	**rating** [réɪtɪŋ]	評価、格付け 名

- ☐ **ráte** 〜に評点をつける、〜を評価する 動

☐	**crackling** [krǽk(ə)lɪŋ]	パチパチと音を立てる 形 パチパチと音を立てること 名

☐	**go off**	(アラームなどが) 鳴り出す

☐	**guess** [gés]	(〜と) 思う、(〜と) 推測する 動 推測、推量 名

☐	**handy** [hǽndi]	扱いやすい、便利な、器用な 形

☐	**frequent** [fríːkwənt]	頻繁な 形

- ☐ **fréquently** 頻繁に 副
- ☐ **fréquency** しばしば起こること、頻度 名

反 infrequent ➡ めったに起こらない

reflect
[rɪflékt]
〜を反映する、(〜を)反射する、(〜を)熟考する 動

- **refléction** 反映、反射、熟考 名

actual
[ǽktʃu(ə)l]
実際の、現実の 形

unfit
[ʌnfít]
不向きで、不適当な 形

- unfit for ... ➡ …に不向きな
- 反 fit ➡ 適した

definitely
[déf(ə)nətli]
確かに、明確に 副

- **défínite** 確かな、明確な 形

heavy-duty
丈夫な、耐久性のある 形

backyard
[bǽkjɑ́ːrd]
裏庭 名

as if ...
まるで…かのように

downside
[dáʊnsàɪd]
悪い面、下降 名

- 反 upside ➡ 良い面、上昇

steep
[stíːp]
（値段などが）**途方もなく高い、険しい** 形

worth
[wɔ́ːrθ]
〜の価値があって 形　**価値** 名

- It is worth it. ➡ それだけの価値がある。
- worth one's while to *do* ➡ (人)が〜する価値があって

wórthy 価値のある 形

overwhelming
[òuvər(h)wélmɪŋ]
（数などで）**圧倒するような、圧倒的な** 形

◆ 設問・選択肢からの語句 ◆

※チェックボックスの下の番号はp.388の設問番号です。

219. numerical
[n(j)umérɪk(ə)l]
数字で表した、数の 形

220. disadvantage
[dìsədvǽntɪdʒ]
欠点、不利なこと 名

類 downside ➡ 悪い面

反 advantage ➡ 利点、有利なこと

220. expensive
[ɪkspénsɪv]
高価な 形

類 costly ➡ 高価な

反 inexpensive ➡ （値段が）高くない

391

★★☆

語句の説明 ⇨ *p.395-397*

Questions 221-222 refer to the following report.

Hinkle Industries

Hinkle Industries, one of the world's leading food companies, is **overhauling** the manufacturing process it uses to produce its soft drinks. **Sophisticated** new equipment for bottling and labeling **beverages** will enable the company to produce soft drinks faster and more efficiently. The company also has invested in a new **carbonation** system that will significantly reduce the amount of **waste material** that is generated during production.

Although the company has shown a **willingness** to **embrace cutting-edge** technology, it has not done so lightly. The quality **assurance** department conducted a series of rigorous **trials** using the new machines, and production was moved to the new machines only after strict **quality-control standards** had been met. According to Inga Edelstein, the company's assistant director of operations, care was taken to ensure that customers would not notice any difference in **taste**. "It's all very well if a new method is more efficient," **remarked** Ms. Edelstein, "but it is **hardly** a good idea if it affects the customer's enjoyment of the final product."

The changes at Hinkle are expected to **bolster** company growth over the next year. Although the European market still **accounts for** the biggest share (60 percent) of the company's sales, Hinkle has seen its markets in Asia and North America increase **dramatically** over the last two years. Moreover, with new markets expected to develop in South America and Africa over the next several years, industry **analysts** believe Hinkle Industries will match its **stated** goal of a 10 percent annual increase in worldwide sales.

問題 221-222 は次の報道記事に関するものです。

Hinkle 産業

世界的な大手食品会社の1つである Hinkle 産業は、清涼飲料の生産に使用している製造工程を徹底的に見直している。飲料を瓶詰めし、ラベルを貼る高性能の新しい機器のおかげで、同社は清涼飲料をより速く効率的に生産することが可能になるだろう。Hinkle 産業は、生産過程で発生する廃棄物の量を大幅に減らす新しい炭酸化システムにも投資をした。

同社では最新技術を採用したいという意欲を示してはいたものの、それを簡単に実行したわけではない。品質保証部は、新しい機械を使って一連の厳密な試験を実施した。そして厳しい品質管理基準が満たされた後、ようやく新しい機械での製造へと移行した。同社の業務部長補佐の Inga Edelstein によると、顧客が味の違いをまったく感じないことを確実にする配慮がなされた。Edelstein 氏は「新しい方法がより効率的であれば、それは非常にいいことです。しかし、出来上がった製品に対するお客様の満足度に影響するなら、いい考えではありません」と述べた。

Hinkle 産業の改革は、来年にかけて企業成長を後押しすると期待されている。ヨーロッパ市場が今なお同社の売上高で最も大きなシェア（60%）を占めるが、Hinkle 産業では、アジアと北米の市場が、ここ2年間で劇的に拡大した。さらに、今後数年間で南米とアフリカにおいて新しい市場の発展が見込まれており、Hinkle 産業は、全世界での売上高を年間10%増加させると公言している目標を達成するだろう、と業界アナリストは見ている。

221. Why will new technology be used at Hinkle Industries?

(A) To improve a manufacturing process
(B) To satisfy new government regulations
(C) To respond to customer complaints
(D) To enhance the flavor of a product

221. Hinkle 産業ではなぜ新しい技術が活用されますか。

(A) 製造工程を改良するため。
(B) 政府の新規定を満たすため。
(C) 顧客からの苦情に対応するため。
(D) 製品の風味を高めるため。

222. According to the report, what concern was raised about the changes being made?

(A) Manufacturing costs might rise.
(B) The manufacturing process might take more time.
(C) The product might not meet safety requirements.
(D) The product might not taste good.

222. 報道記事によると、実施されている変更に関してどんな懸念が持ち上がりましたか。

(A) 製造コストが上がるかもしれない。
(B) 製造工程に、より多くの時間がかかるかもしれない。
(C) 製品が安全要件を満たさなくなるかもしれない。
(D) 製品がおいしくなくなるかもしれない。

正解　221. (A)　222. (D)

overhaul
[òuvərhɔ́ːl]

〜を徹底的に見直す、〜を精査する 動
総点検 名

sophisticated
[səfístəkèɪtəd]

（機械・技術などが）高性能な、洗練された 形

- **sophistication** 精巧化、洗練 名

beverage
[bév(ə)rɪdʒ]

（水以外の）飲料 名

carbonation
[kàːrbənéɪʃ(ə)n]

炭酸化 名

waste material

廃棄物

- **waste** [wéɪst] 不用になった 形　廃棄物、浪費 名　〜を無駄にする、(〜を)浪費する 動
- **material** [mətíəriəl] 素材、材料 名

willingness
[wílɪŋnəs]

意欲、進んですること 名

- ● willingness to *do* ➡ 進んで〜すること
- **willing** 進んで〜する 形

embrace
[ɪmbréɪs, em-]

〜を取り入れる、〜に喜んで応じる、〜を抱きしめる 動

cutting-edge

最先端の 形

- 類 state-of-the-art ➡ 最先端の　　latest ➡ 最新の

assurance
[əʃúərəns]
保証 名

- **assúre** ～を保証する 動

trial
[tráɪ(ə)l]
試験、試み 名

quality-control
品質管理の 形

standard
[stǽndərd]
<しばしば複数形で> 基準 名

● meet the standard ➡ 基準を満たす

類 criterion（複数形は criteria）➡ 基準

taste
[téɪst]
味、風味 名
(～の)味がする、～の味見をする 動

Tip! taste には「好み」という意味もある。

類 flavor ➡ 風味

remark
[rɪmáːrk]
～と述べる、意見を述べる 動
意見、注目 名

hardly
[háːrdli]
ほとんど～ない 副

Tip! hardly を形容詞 hard「固い、熱心な」の副詞の形だと誤解しないこと。

bolster
[bóʊlstər]
～を支える、～を増強する 動

| □ | **account for ...** | …(の割合)を占める、…を説明する |

| □ | **dramatically** [drəmǽtɪk(ə)li] | 劇的に 副 |

　□ **dramátic** 劇的な、演技の 形

| □ | **analyst** [ǽn(ə)ləst] | アナリスト、分析者 名 |

　□ **ánalỳze** 〜を分析する 動
　□ **análysis** 分析 名

| □ | **stated** [stéɪtəd] | 表明された、定まった 形 |

　□ **státe** 〜をはっきりと述べる 動

◆ 設問・選択肢からの語句 ◆

※チェックボックスの下の番号は p.394 の設問番号です。

| □ 221. | **satisfy** [sǽtəsfàɪ] | (条件など)を満たす、(〜を)満足させる 動 |

| □ 221. | **enhance** [ɪnhǽns, en-] | 〜を高める 動 |

| □ 221. | **flavor** [fléɪvər] | 味、風味 名 〜に味をつける 動 |

Part 別語句 **Part 7 文書**

★★☆

Questions 223-224 refer to the following news article.

Engineering Firm to Expand

February 15—Aucoin-Braud, the French engineering firm best known for its **energy-efficient power generators**, **unveiled** today its plans for expansion.

　　Speaking in a press conference in Paris, Aucoin-Braud President Simone Roux announced plans for the construction of a new global headquarters there.

　　Construction projects **are** also **slated for** the firm's foreign **subsidiaries**, Tecnologia, in Genoa, Italy, and Nonpareil, Inc., in Brussels, Belgium. At both companies, additional production facilities will be built and staff sizes increased.

　　In order to focus on **alternative** energy sources such as ocean power, Aucoin-Braud will establish an additional subsidiary in another international market. When **pressed** by reporters to **specify** which, Roux declined to say, stating only that "Northern Europe has much potential in this **respect** and is important to our long-term goals."

　　For industry analyst Dieter Veidt, this comes as no surprise. "Aucoin-Braud has invested heavily in ocean power technology, so Northern European nations like Denmark or Finland are perfect **venues** for the firm's expansion."

　　Roux's final comment at the press conference will **undoubtedly fuel** speculation on this point. When asked what her short-term goals were, she replied that she is "planning a seaside vacation in Denmark."

223. How does Aucoin-Braud plan to expand?

(A) By increasing funding for research and development
(B) By **enlarging** its international presence
(C) By generating greater sales outside of Northern Europe
(D) By merging with another company

224. What does Mr. Veidt suggest about Denmark?

(A) It is an increasingly popular tourist destination.
(B) It **possesses** resources for alternative energy.
(C) Fuel costs are lower there than **elsewhere**.
(D) Aucoin-Braud might **relocate** its headquarters there.

問題 223-224 は次のニュース記事に関するものです。

エンジニアリング会社、事業拡大へ

2月15日──エネルギー効率のよい発電機で最もよく知られるフランスのエンジニアリング会社の Aucoin-Braud 社は今日、事業拡大の計画を明らかにした。

パリでの記者会見において、Aucoin-Braud 社代表取締役の Simone Roux 氏は、新しい国際本社を同地に建設する計画を発表した。

建設事業は、海外の子会社で、イタリアのジェノバにある Tecnologia 社と、ベルギーのブリュッセルにある Nonpareil 社でも予定されている。両社では、さらなる製造施設が建設され、人員の増強も行われる。

海洋発電のような代替エネルギー源に注力するため、Aucoin-Braud 社は、別の国際市場においてさらなる子会社を設立する。報道陣に場所を特定するよう問いただされたが、Roux 氏は明言を避け、「北ヨーロッパは、この点において大いに可能性があり、我々の長期目標にとって重要である」と述べるにとどまった。

業界アナリストの Dieter Veidt 氏にとって、これは驚くに当たらない。「Aucoin-Braud 社は海洋発電技術に多大な投資をしており、デンマークやフィンランドといった北ヨーロッパ諸国は、同社の事業拡大において完璧な場所である」

記者会見での Roux 氏の最後のコメントは、この点における推測を間違いなくあおるだろう。短期目標は何かと尋ねられると、彼女は「デンマークで海辺での休暇を計画している」と答えたのだ。

223. Aucoin-Braud 社はどのように事業拡大をするつもりですか。

(A) 研究開発のための資金を増やす。
(B) 国際社会における存在感を拡大する。
(C) 北ヨーロッパ以外での売り上げを伸ばす。
(D) 他社と合併する。

224. Veidt 氏はデンマークについて何を示唆していますか。

(A) 観光地としての人気が高まっている。
(B) 代替エネルギー資源を保有している。
(C) 燃料費がほかの場所よりも安い。
(D) Aucoin-Braud 社が本社を移すかもしれない。

正解　223. (B)　224. (B)

energy-efficient
エネルギー効率のよい 形

　類 energy-saving ➡ 省エネの

power generator
発電機

- **power** [páuər]　電力、動力 名
- **generator** [dʒénərèitər]　発電機、発生器 名

unveil
[ʌnvéil]
～を明らかにする、～の覆いを取る 動

be slated for ...
…に予定されている

● be slated to *do* ➡ ～する予定である

subsidiary
[səbsídièri, -sídəri]
子会社、補助する人 名　補助の 形

alternative
[ɔːltə́ːrnətiv]
代替の、二者択一の 形
代わりの方法、二者択一 名

● alternative energy ➡ 代替エネルギー
- **álternate**　交代の 形　～を交代にする、交代する 動

press
[prés]
～を問い詰める、(～を)押しつける 動
圧迫 名

specify
[spésəfài]
～を特定する、～を明細に述べる 動

- **specífic**　特定の、明確な 形

respect
[rɪspékt]
点、関連、尊敬 名　〜を尊敬する 動

- in this respect ➡ この点で

venue
[vénjuː]
場所、開催地 名

undoubtedly
[ʌndáutədli]
間違いなく、確かに 副

fuel
[fjúː(ə)l]
〜をたきつける、〜に燃料を供給する 動
燃料 名

◆ 設問・選択肢からの語句 ◆

※チェックボックスの下の番号は p.398 の設問番号です。

223. research and development
研究開発
省略形は R&D

223. enlarge
[ɪnláːrdʒ, en-]
〜を拡大する 動

- enlárgement 拡大 名

224. possess
[pəzés]
〜を所有する 動

- posséssion 所有（すること）、<複数形で> 所有物、財産 名

224. elsewhere
[éls(h)wèər]
どこかほかの所で〔へ〕 副

224. relocate
[rilóukeɪt]
〜を移転させる、移転する 動

- rèlocátion 移転、移住 名

401

★★☆

語句の説明 ⇨ p.405-407

Questions 225-226 refer to the following information from a Web site.

TECHNOLOGY NEWS:

The new Washwave ultrasonic home dishwasher developed by the Dowell Company is a great way to clean dishes and benefit the environment. The Washwave removes debris from dishes using ultrasonic waves in the same way that can be used to clean jewelry. The dishwasher contains a 100-liter tank with two metal converters that release high-frequency sound waves under water. The waves generate high-temperature, high-pressure bubbles that clean dishes using very little detergent. These micro-scrubbing bubbles can reach into small cracks and crevices that sponges or brushes cannot reach.

A conventional machine consumes 200 to 300 liters of fresh water per use. The Washwave filters the water in its tank for reuse after each cycle. The water in its tank only needs to be changed every other week. This can save the average household 250,000 to 500,000 liters of water annually. The shorter run time of the machine also saves on electricity. The Washwave cleaning cycle lasts only five minutes where a conventional machine usually takes twenty minutes or longer.

The Washwave unit was introduced in Japan in September, and Dowell is planning to introduce it around the world over the next several years. Dowell is also able to customize dishwashers to meet the needs of commercial clients such as those in the healthcare and hospitality industries. For more information, visit www.dowell.com to see demonstration videos, order a brochure, or find a local retailer.

問題 225-226 は次のウェブサイトからの情報に関するものです。

テクノロジー・ニュース

Dowell 社が開発した新しい家庭用超音波食器洗浄機の Washwave は、食器を洗浄して環境のためになる、素晴らしい手段です。Washwave は、宝石を磨くのに使われるのと同じ方法で、超音波を利用して食器から食べかすを落とします。この食器洗浄機は、水中で高周波音波を放つ 2 つの金属製の変換器を備えた 100 リットルのタンクを内蔵しています。この音波は、ほとんど洗剤を使わずに食器を洗浄する高温・高圧の泡を発生させます。この微細な洗浄用の泡は、スポンジやブラシでは届かない小さな隙間や溝に届きます。

従来の食器洗浄機は、1 回の使用につき 200 から 300 リットルのきれいな水を消費します。Washwave は 1 回の洗浄サイクルを終えるごとに、再利用のためタンク内の水をろ過します。タンク内の水は 1 週おきに替えるだけで構いません。このため、平均的な世帯で年間 25 万から 50 万リットルの水を節約することができます。機械の使用時間がより短いので電気も節約できます。従来型では通常 20 分以上はかかる 1 回の洗浄が、Washwave ならわずか 5 分です。

Washwave は 9 月に日本で発売されました。Dowell 社は今後数年をかけて世界中で発売する予定です。Dowell 社では、ヘルスケア業界やサービス業界といった商業用の顧客ニーズに合わせて、食器洗浄機をカスタマイズすることもできます。詳しい情報は www.dowell.com へアクセスし、実演ビデオの閲覧、パンフレットのご請求、またはお近くの販売店の検索にご利用ください。

403

225. What is the information mainly about?

(A) Choosing a dishwashing detergent
(B) Advances in ways to clean jewelry
(C) Using sound waves to clean dishes
(D) A new clothes washing machine

225. この情報は主に何についてですか。

(A) 食器洗浄洗剤の選び方
(B) 宝石の磨き方における進歩
(C) 食器洗浄のための音波の利用
(D) 新しい衣類用洗濯機

226. According to the information, what is an advantage of the Washwave?

(A) It eliminates the need for detergent.
(B) It uses high-powered brushes.
(C) It takes only 20 minutes to complete a cycle.
(D) It uses less energy than other machines.

226. 情報によると、Washwave の利点は何ですか。

(A) 洗剤は必要ない。
(B) 強力なブラシを使う。
(C) 1 回の使用を終えるのに 20 分しかかからない。
(D) ほかの機械よりも使用するエネルギー量が少ない。

正解 **225.** (C)　**226.** (D)

ultrasonic
[ʌ̀ltrəsánɪk] 超音波の 形

- ultrasonic waves ➡ 超音波

dishwasher
[díʃwɔ̀(ː)ʃər, -wɑ̀ʃər] 食器洗浄機 名

benefit
[bénəfɪt] ～のためになる 動　利益 名　➡ p.140

debris
[dəbríː, déɪbriː] 残骸、破片 名

liter
[líːtər] リットル 名

metal
[mét(ə)l] 金属 名

converter
[kənvə́ːrtər] 変換器 名

- convért ～を変える、(～を)転換する、変わる 動

high-frequency
高周波の、高頻度の 形

- frequency [fríːkwənsi] 周波数、頻度 名

sound waves
音波

Part 別語句 Part 7 文書

405

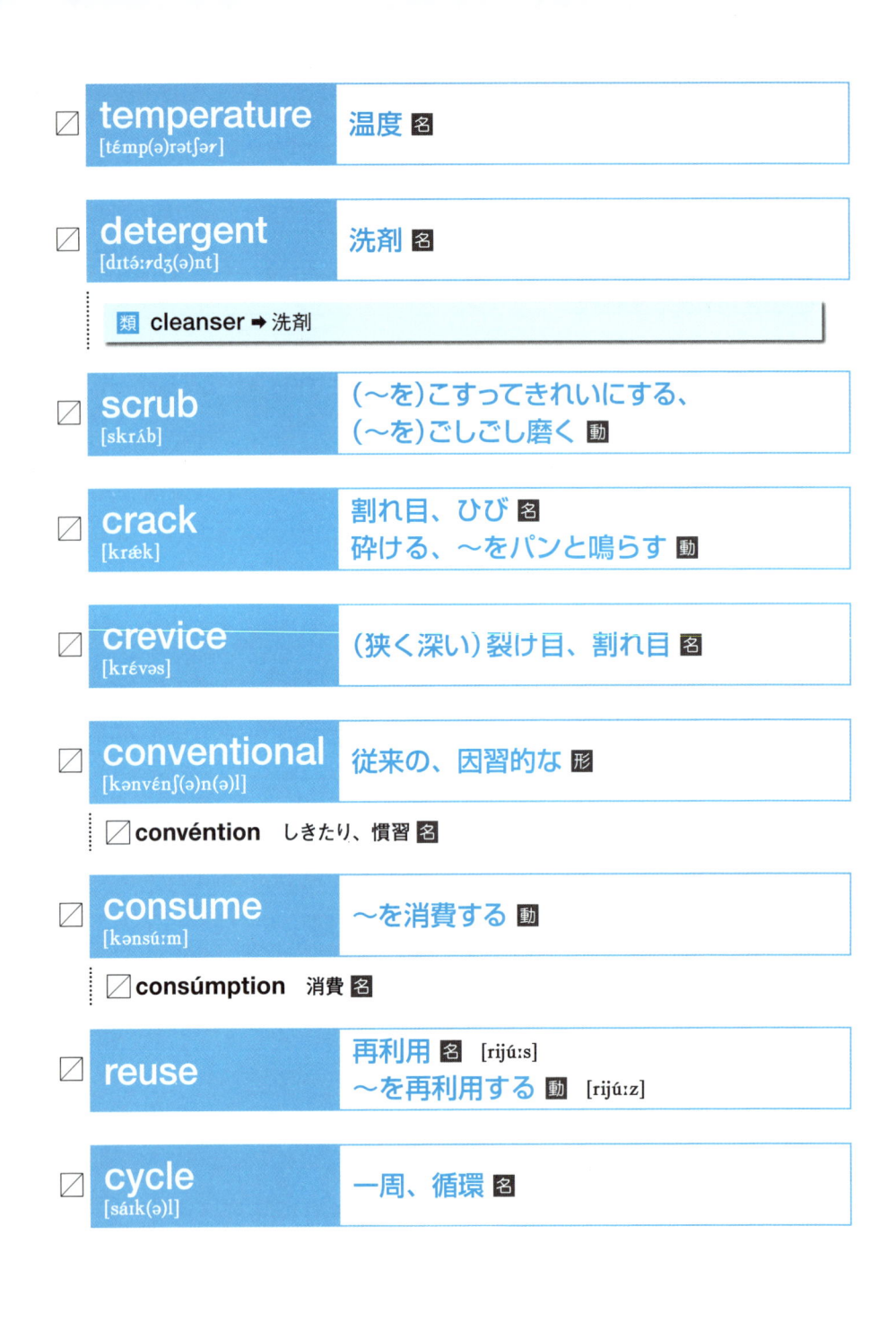

☐	**temperature** [témp(ə)rətʃər]	温度 名
☐	**detergent** [dɪtə́ːrdʒ(ə)nt]	洗剤 名

> 類 **cleanser** ➡ 洗剤

☐	**scrub** [skrʌ́b]	(〜を)こすってきれいにする、(〜を)ごしごし磨く 動
☐	**crack** [krǽk]	割れ目、ひび 名 砕ける、〜をパンと鳴らす 動
☐	**crevice** [krévəs]	(狭く深い)裂け目、割れ目 名
☐	**conventional** [kənvénʃ(ə)n(ə)l]	従来の、因習的な 形

☐ **convéntion** しきたり、慣習 名

☐	**consume** [kənsúːm]	〜を消費する 動

☐ **consúmption** 消費 名

☐	**reuse**	再利用 名 [rijúːs] 〜を再利用する 動 [rijúːz]
☐	**cycle** [sáɪk(ə)l]	一周、循環 名

☐ **every other week** 1週おきに

  類 every two weeks / every second week ➡ 2週ごとに

☐ **save + 人 + ...** （人）の…を節約する

☐ **household** [háushòuld] 世帯、家庭 名 ➡ p.241

☐ **electricity** [ɪlèktrís(ə)ti, i-] 電気 名

  ☐ **eléctric** 電気の、電気で動く 形
  ☐ **eléctrical** 電気に関する、電気を用いた 形

☐ **hospitality industry** サービス業、接客業

  ☐ **hospitality** [hɑ̀spətǽləti] 親切にもてなすこと 名

☐ **demonstration** [dèmənstréɪʃ(ə)n] 実演、デモンストレーション 名

  ☐ **démonstràte** （見本・実物などを使って）〜を説明する、〜を論証する 動

★★★
語句の説明 ⇨ p.410-411

Questions 227-228 refer to the following article.

Carolyn Adelson received Newport Business School's Stevens Excellence in Business award on Friday at a **ceremony** at the school.

The award is given annually to an individual who represents professional success and **commitment** to development in the local community. Named for Brian H. Stevens, the **past** president and **founder** of Newport Business School, the award is presented during the school's Excellence in Business dinner. The dinner also **serves** as a **fundraising** event for the school; it has raised more than $1 million since it began.

Ms. Adelson is the CEO of Akron Engineering, a growing local firm that specializes in using **recycled** materials to build commercial and residential **structures**. The company's focus on **sustainability** has been **gaining** industry-wide attention and was recently highlighted in a major international business journal.

Under Ms. Adelson's **guidance**, Akron Engineering has increased its commitment to promoting development projects in the Newport area. "I believe that a company **prospers** when it shares with the community," noted Ms. Adelson as she **detailed** some of her company's **philanthropic** activities. Akron Engineering has **donated** over $25,000 to local facilities, including libraries and parks.

Newport Business School President Theresa Harmon said at the dinner that Ms. Adelson represents the ideals that the school **seeks** to promote. Previous Excellence in Business award recipients include Ken Lawson, president of Green Supermarkets, and Victoria Rubino, owner of Rubino Driving School.

---

227. What is the subject of the article?

(A) Akron Engineering has built a new library.
(B) Newport Business School has announced a new president.
(C) A local businessperson has received an award.
(D) An international company has moved to the area.

228. What is suggested about Newport Business School?

(A) It encourages business leaders to support the local community.
(B) Its campus features buildings made of recycled materials.
(C) It sponsors an annual award for a leading business professor.
(D) Its graduates include Mr. Lawson and Ms. Rubino.

問題 227-228 は次の記事に関するものです。

Carolyn Adelson は金曜日、Newport ビジネススクールの Stevens ビジネス優秀賞を、同校で行われた式典で受賞した。

この賞は、仕事で成功し、地域社会の発展に尽力した個人に毎年贈られる。Newport ビジネススクールの元校長で創立者の Brian H. Stevens にちなんで名づけられたこの賞は、同校のビジネス優秀賞の晩餐会で授与される。晩餐会は同校への資金を募る行事としての役目もあり、開始以来 100 万ドル以上が集められた。

Adelson 氏は、商業用および住宅用建物の建築にリサイクルされた資材を利用することを専門とする成長中の地元企業、Akron エンジニアリングの最高経営責任者である。この会社がサステイナビリティに焦点を合わせていることは業界全体の注目を集めており、昨今、主要な国際的経済誌で大きく取り上げられた。

Adelson 氏の指導のもと、Akron エンジニアリングは、Newport 地域での開発プロジェクトの推進にさらに力を入れている。「企業は地域社会と分かち合うときに成功すると考えています」と、会社が行った慈善事業について詳しく話した際に Adelson 氏は述べた。Akron エンジニアリングは、25,000 ドル以上を図書館や公園などを含む地元の施設に寄付した。

Newport ビジネススクール校長の Theresa Harmon 氏は晩餐会で、Adelson 氏こそ、同校が推進しようと努める理想を象徴していると語った。これまでのビジネス優秀賞受賞者には、Green スーパーマーケットの社長である Ken Lawson 氏、Rubino 自動車学校の経営者の Victoria Rubino 氏がいる。

227. この記事の主題は何ですか。

(A) Akron エンジニアリングが新しい図書館を建てた。
(B) Newport ビジネススクールが新しい校長を発表した。
(C) 地元の実業家が賞を受賞した。
(D) 国際的な企業がこの地域に移転した。

228. Newport ビジネススクールについてどんなことがわかりますか。

(A) 企業のリーダーが地域社会を支援することを奨励している。
(B) 学校の構内はリサイクルされた資材で造られた建物が特徴となっている。
(C) 優れた経営学の教授へ贈る年間賞を主催している。
(D) 卒業生には Lawson 氏と Rubino 氏がいる。

正解　**227.** (C)　**228.** (A)

ceremony
[sérəmòuni]
式典、儀式 名

commitment
[kəmítmənt]
献身、委託 名

- commitment to ... ➡ …への献身
- **commít** ～を委託する、～をゆだねる 動

past
元の、過去の 形　過去 名 [pǽst]
～を過ぎて、～を通り過ぎて 前 [pǽst]

founder
[fáundər]
創設者 名

serve
[sə́ːrv]
役目をする 動　➡ p.267

- serve as ... ➡ …として役立つ

fundraising
[fʌ́ndrèɪzɪŋ]
資金調達の 形　資金集め 名

recycle
[riːsáɪk(ə)l]
～を再生利用する 動
再利用、リサイクル 名

- **recýcling**　再生利用 名

structure
[strʌ́ktʃər]
建物、構造、組み立て 名
～を組み立てる 動

sustainability
[səstèɪnəbíləti]
サステイナビリティ（環境を維持しながら社会活動を行うこと）、持続可能性 名

- **sustáinable**　持続できる 形
- **sustáin**　～を持続させる、～を維持する 動

gain
[géɪn]
~を得る 動　利益 名

- 類 obtain ➡ ~を得る

guidance
[gáɪdns]
指導、案内 名

- gúide　~を指導する、~を案内する 動

prosper
[práspər]
成功する、繁栄する 動

- prósperous　繁栄する、富裕な 形
- prospérity　繁栄、成功 名

detail
[dɪtéɪl, díːtèɪl]
~を詳しく述べる、~を列挙する 動
詳細、細部 名　➡ p.102

philanthropic
[fìlənθrɑ́pɪk]
慈善の、博愛(主義)の 形

- ● philanthropic activity ➡ 慈善活動

donate
[dóʊnèɪt, doʊnéɪt]
(~を)寄付する、(~を)寄贈する 動

seek
[síːk]
(~を)求める、(~を)捜す 動

- ● seek to do ➡ ~しようと努める

411

★★★
Questions 229-230 refer to the following article.

語句の説明 ⇨ p.415-417

THE CLERMONT TRIBUNE

Local News

November 15

Keito Tanaka, who for the past 12 years has been a violinist with the Clermont Symphony Orchestra, has many **fond** memories of the Woodlawn Theater. He attended many performances there, first with his parents, then with his friends as a **young adult**, and finally with his own children. But ten years have **passed** since a performance was last **staged** at the Woodlawn; in fact, until recently, the city council was considering **tearing down** the 75-year-old structure to **make way for** a department store.

That is when Mr. Tanaka decided to buy the property. He began gathering the necessary funds to **realize** his goal by requesting donations from several area businesses. Additionally, he organized a variety of fundraising activities, the **highlight** of which was an **open-air** concert at South Clermont Park featuring local musicians, including himself.

In the end, Mr. Tanaka **managed to** achieve his goal and for the past year he has lovingly **overseen** every aspect of the detailed renovation. He **sought out** volunteers to do **carpentry** work and painting; soon **a number of craftspeople** from the area were offering their services at no charge for this **worthy cause**.

On Saturday, November 25, The Woodlawn Theater will once again open its doors to the public with the screening of the **documentary** "The Rise, Fall, and **Rebirth** of the Woodlawn Theater." As the title suggests, the documentary captures the history of the Woodlawn Theater, **prominently** featuring the efforts of Mr. Tanaka to **preserve** the building. The event will take place at 6:00 P.M., with Mr. Tanaka having the honor of being the **projectionist** for the evening. After the screening, a reception will be held from 7:00 P.M. to 8:30 P.M.

問題 229-230 は次の記事に関するものです。

THE CLERMONT TRIBUNE

地域のニュース

11 月 15 日

Clermont 交響楽団でこの 12 年間バイオリニストを務める Keito Tanaka 氏には、Woodlawn 劇場にたくさんの懐かしい思い出がある。最初は両親と、青少年の頃には友人と、そして最終的には自分の子どもと一緒に多くの公演を見にそこを訪れた。しかし、Woodlawn 劇場で最後に公演が行われてから 10 年が経った。実は最近まで、市議会はその築 75 年の建物を取り壊して、デパートにその地を譲ることを検討していた。

そんなとき、Tanaka 氏がこの建物を買い取ろうと決心したのである。地元企業数社に寄付を頼み、目標を実現するために必要な資金を集め始めた。さらに、さまざまな資金集めの活動を企画した。その最大のできごとが、彼自身を含む地元の音楽家が出演した South Clermont 公園での野外コンサートだった。

最終的に Tanaka 氏はどうにか目標を達成し、この 1 年の間、細部にまで及ぶ修復のあらゆる面を愛情深く監督した。大工仕事と塗装をしてくれるボランティアを探し求めると、すぐに大勢の地元の職人たちが、この価値ある目標のために無料での作業を申し出た。

11 月 25 日土曜日に、Woodlawn 劇場は再び一般に扉を開き、ドキュメンタリー『The Rise, Fall, and Rebirth of the Woodlawn Theater (Woodlawn 劇場の発展、衰退、そして再生)』を上映する。タイトルからわかるように、このドキュメンタリーは Woodlawn 劇場の歴史を追ったもので、この建物を保存しようという Tanaka 氏の努力を大きく取り上げている。イベントは午後 6 時から行われ、この日は Tanaka 氏自身が映写技師となる栄誉を得る。上映後は、記念パーティーが午後 7 時から 8 時 30 分まで催される。

229. Why was the article written?

(A) To promote an upcoming theatrical performance
(B) To invite donations to an orchestra
(C) To discuss a renovation project
(D) To note that an orchestra has just hired a new violinist

230. What is indicated about the Woodlawn Theater?

(A) It was the main performance stage of the Clermont Symphony Orchestra.
(B) It was purchased with financial support from the local community.
(C) It is located in the area of South Clermont Park.
(D) It has been featured in a documentary before.

229. この記事はなぜ書かれましたか。

(A) 次の劇場公演を宣伝するため。
(B) オーケストラへの寄付を募るため。
(C) 修復の計画について論じるため。
(D) オーケストラが新しいバイオリニストを雇ったことを知らせるため。

230. Woodlawn 劇場についてどんなことが示されていますか。

(A) Clermont 交響楽団にとって主要な演奏会場だった。
(B) 地域社会からの資金援助で購入された。
(C) South Clermont 公園の区域に位置する。
(D) 以前ドキュメンタリー映画で取り上げられた。

正解　**229.** (C)　**230.** (B)

fond [fάnd]
愛情のこもった、〜を好んで 形
- be fond of ... ➡ …が好きである

young adult
10代後半から20代前半の若者

pass [pǽs]
(時が)経つ、(〜を)通過する 動

stage [stéidʒ]
(舞台などで劇)を上演する 動
舞台、段階 名

tear down
〜を取り壊す

- tear [téər] 〜を引き裂く 動

Tip! 発音に注意。同じつづりで「涙」という意味の名詞 tear [tíər] もある。

make way for ...
…のために余地をあける、…に道を譲る

realize [ríːəlàɪz]
〜を実現する、(目標)を達成する 動 ➡ p.137

- rèalizátion 実現 名

highlight [háɪlàɪt]
最重要点、呼び物 名 ➡ p.102

open-air
野外の 形

- open air 野外

| ☑ | **in the end** | 結局、ついに |

> 類 **eventually** ➡ 結局、ついに　　**finally** ➡ 最終的に

| ☑ | **manage to** *do* | どうにかして〜する、うまく〜する |

| ☑ | **oversee** [òuvərsíː] | 〜を監督する 動 |

| ☑ | **seek out** | 〜を探し出す |

> *Tip!* sought は seek の過去形。

| ☑ | **carpentry** [káːrpəntri] | 大工仕事 名 |

- ● do carpentry work ➡ 大工仕事をする
- ☑ **cárpenter**　大工 名

| ☑ | **a number of ...** | たくさんの…、いくつかの… |

| ☑ | **craftsperson** [kræftspəːrs(ə)n] | 職人、工芸家 名　複数形は craftspeople |

| ☑ | **worthy** [wə́ːrði] | 価値のある 形 |

- ● be worthy of ... ➡ …に値する
- ☑ **wórth**　〜の価値があって 形　価値 名

| ☑ | **cause** [kɔ́ːz] | 目標、大義 名　➡ p.303 |

416　Part 別語句 Part 7 文書

☐ **documentary** [dàkjəmént(ə)ri]
ドキュメンタリー、記録映画 名
事実を記録した、文書の 形

☐ **rebirth** [ribə́ːrθ]
再生、復活 名

☐ **prominently** [prám(ə)nəntli]
顕著に、著しく 副

☐ **próminent** 顕著な、傑出した 形
☐ **próminence** 顕著、傑出 名

☐ **preserve** [prɪzə́ːrv]
〜を保存する 動

☐ **prèservátion** 保存 名

類 conserve ➡ 〜を保存する

☐ **projectionist** [prədʒékʃ(ə)nɪst]
映写技師 名

☐ **projéct** 〜を映写する、〜を計画する、〜を考案する 動

INDEX

本書に出てきた「見出し語」の索引です。
（派生語、役立つフレーズ、類義語、反意語は含まれておりません。）

A

a number of ...	416
a pair of ...	94
abroad	239
abruptly	251
absence	244
absent	234
absolute	253
accept	140
access	291
accessory	176
accommodate	36
accompany	105
accomplish	204
according to ...	62
accordingly	261
account	146
account executive	96
account for ...	397
accounting	319
accurate	207
achieve	46
acquainted	246
activation	144
active	311
actual	390
actually	141
adaptable	269
additional	55
additive	260
adequate	257
adjacent	257
adjust	42
admire	155
admission	311
admittance	311
advance	240
advancement	262
adventure	167
advertisement	16
advise	150
affect	47
affordable	102
agency	124
agenda	14
agreeable	335
agreement	82
ahead	203
aim	310
aircraft	162
airfare	125
alert	298
alike	268
allow	38
along with ...	194
alternative	400
amateur	227
amount	24
ample	256
analyst	397
announce	38
announcement	385
annual	55
anonymously	245
anticipate	178
anywhere	287
apartment	290
apartment complex	176
apologize	69
apologize for ...	335
apparel	158
appeal	357
appear	142
appearance	168
appliance	291
application	13
apply for ...	96
apply to ...	259
apply + 物 + to ...	348
appointment	78
appreciate	294
approve	74
approximately	183
architect	183
architectural	214
area	322
arrange	37、168
arrangement	120
arrangements	286
array	290
artfully	272
article	104
artisan	381
artwork	192
as a token of ...	294
as ... as possible	352
as if ...	390
as of ...	260
as soon as ...	62
as to ...	344
A as well as B	250
as you know	365
ask for ...	63
aspect	102
assembly	130
assignment	145
assist	310
assistance	349
assistant	142
associate	215
association	222
assume	237、335
assurance	396
assure	366
assuredly	261
at least	62
at the same time	352
at this point	77
atmosphere	250
attached	335
attachment	344
attend	34
attendee	170
attention	26
Attention ...	162

attire	352	
attract	223	
attraction	280	
audience	109	
audio	108	
audit	265	
audition	136	
authentic	194	
author	156	
auto	278	
autograph	110	
automobile	240	
availability	212	
available	56	
average	226	
avoid	330	
award	22	
award-winning	286	

B

backyard	390
balcony	291
ballroom	170
banquet	120
bargain	195
battery	303
be able to *do*	98
be afraid (that) …	97
be aware of …	207
be committed to …	366
be concerned about …	98
be eager to *do*	206
be expected to *do*	239
be followed by …	183
be here to *do*	112
be impressed with …	360
be interested in …	117
be known as …	251
be located	326
be made up of …	272
be of use	302
be on one's way	85

be over	108
be pleased to *do*	140
be ready for …	72
be required to *do*	269
be scheduled to *do*	68
be slated for …	400
be sorry to *do*	203
be stuck	164
be subject to …	314
be suited to …	371
be sure to *do*	179
be welcome to *do*	94
be willing to *do*	133
be wrong with …	108
beneficial	306
beneficiary	280
benefit	140, 405
best-selling	156
beverage	395
bill	337
bin	232
biography	307
blend	243
bloom	286
blotch	303
blueprint	234
board	314
board of directors	72
bolster	396
book	51
boost	180
borrowing	252
botanical	322
bouquet	287
brainstorm	228
break	172
break down	281
break ground	222
break into …	228
breakable	90
breathtaking	194
brief	84
broadcast	182
brochure	22
budget	22

builder	255
business	18
businesspeople	323
by far	356
by oneself	64

C

calculator	302
call for …	150
call + 人 + back	77
campaign	82
cancellation	118
candidate	96
capable	237
capacity	260
capture	277
carbonation	395
career	26
carpentry	416
carpeting	191
carry	159
casework	360
catalog	128
catering	122
cause	303, 416
cautiously	235
ceiling	216
celebrate	310
celebrity	168
centerpiece	121
ceremony	410
certified	286
chamber of commerce	323
character	344
characteristic	102
charge	13
charge … to a credit card	337
charitable	224
charity	112
chart	19
check	51
check-in	314

419

chef	116	
chemical	241	
chief	202	
chief executive officer	384	
choose	238	
circulate	344	
citizen	187	
city council	132	
civic	222	
clarity	366	
classic	381	
classification	258	
clearly	207	
cleverly	215	
client	74	
clothing	86	
colleague	27	
column	118	
combine	93	
come	277	
come as a surprise	385	
come over	84	
come up with ...	100	
comfort	27	
comfortable	183	
comfortable clothing	307	
command	280	
comment	240	
commercial	57	
commissioner	298	
commitment	410	
committee	23	
common	215	
communicate	51	
community	27	
commute	188	
commuter	290	
compared to ...	245	
comparison	372	
compensate	159, 345	
compensation	279	
compete	212	
competitively	376	
competitor	345	
complain	108	
complaint	23	
complete	33	
complete with ...	290	
complex	250	
compliance	265	
complicated	204	
complimentary	164	
component	376	
comprehensive	191	
compromise	227	
concentrate	92	
concentration	280	
concern	187	
concerning	244	
concise	259	
condensed	246	
condition	162	
conduct	86	
conference	19	
confident	302	
confirm	43	
confirmation	315	
conflicting	138	
conform	344	
conformity	247	
consider	44	
consideration	268	
consist of ...	326	
consistent	263	
construction	13	
consult	204	
consultant	252	
consultation	175	
consume	406	
consumer	389	
contact	82	
contain	106	
content	232	
contract	21	
contrary to ...	274	
contrast	303	
control	241	
control panel	277	
convenient	133
conveniently	287
conventional	406
conversely	261
converter	405
convinced	242
cookware	118
cooperation	331
coordinate	220
copy	23
corporate	58
corporation	262
correct	105
correspondence	218
costume	138
county	186
coupon	27
course	257
cover	310
cover letter	344
crack	406
crackling	389
craftsperson	416
craftwork	380
creation	380
credible	281
credit	349
crevice	406
crew	92
criteria	344
criticism	265
crowd	299
culinary	116
current	55
custom	286
customer	28
customer relations	295
cutting-edge	395
cycle	406

D

damage	220
day of issue	295
deadline	19

420   INDEX

deal	124	
debate	266	
debris	405	
debt	252	
decade	376	
decision	361	
decline	361	
decor	196	
decorate	176	
decorative	243	
decorator	327	
decrease	264	
dedicate	223	
dedication	199	
defective	349	
define	365	
definitely	390	
delay	126	
delicate	89	
delighted	218	
deliver	51	
delivery	122	
deluxe	348	
demand	377	
demonstration	407	
depart	163	
department	19	
departure	28	
depth	278	
describe	134	
description	318	
design	319	
designated	341	
desire	361	
despite	214	
destination	124	
detach	336	
detail	102, 411	
detergent	406	
determine	263	
detour	299	
develop	167	
developer	327	
devise	279	
devote	203	

diagnosis	265	
diet	140	
difference	274	
digital	226	
dining	195	
direct	238	
direction	28	
director	136	
disadvantage	391	
discontinue	129	
discount	15	
discuss	122	
dish	117	
dishwasher	405	
display	128	
disposal	373	
dispose of …	341	
distribute	114	
district	183	
divide	381	
division	202	
do one's part	341	
document	78	
documentary	417	
domestic	315	
donate	411	
donation	219	
doorway	331	
double	44	
downside	390	
downtown	255	
draft	154	
dramatically	397	
driving license	314	
dryer	236	
due to …	271	
durability	340	
durable	130	
duration	315	
duty	254	

E

eagerly	255	
earn	381	

earnings	245	
ease	299	
economics	188	
economy	273	
edit	154	
edition	211	
editorial	142	
effective	372	
efficient	56	
effort	81	
either A or B	63	
electricity	407	
electronic	57	
electronics	276	
elevator	235	
eligible	256	
eliminate	94	
elsewhere	401	
e-mail	121	
embrace	395	
emphasis	380	
emphasize	186	
employee	206	
employer	146	
employment figures	273	
employment rate	186	
empty	93	
enable + 人 + to do	376	
enclose	40	
enclosed	234	
encounter	302	
encourage	37	
energy-efficient	400	
engage	220	
engineering	226	
enhance	397	
enlarge	401	
enroll	145	
ensure	126	
enter	330	
enterprise	166	
entertaining	306	
entire	175	
entitle	307	
entrée	195	

421

entry	114	
environment	184	
environmental	268	
equip	275	
equipment	12	
equivalent	259	
especially	372	
establish	202	
estimate	40	
evaluate	52	
even though ...	251	
every other week	407	
exactly	105	
examine	242	
exceed	36	
excellent	124	
excerpt	210	
excess	371	
excitement	275	
exclusively	272	
executive	21	
exhibit	25	
existing	377	
exit	330	
expand	52	
expect	54	
expectation	356	
expedite	106	
expense	168	
expense report	270	
expensive	391	
experience	89	
experienced	380	
experiment	86	
expert	17, 323	
expertise	258	
expire	253	
expo	166	
express	294	
extend	48	
extended	146	
extension	152	
extensive	310	
extensively	269	
extra	59	
extremely	236	

F

fabric	100	
fabricate	267	
fabulous	144	
face	377	
facility	14	
factor	361	
faint	303	
fair	184	
faithful	294	
familiarize	353	
fare	98	
faulty	271	
feasible	281	
feature	32	
fee	16	
feedback	28	
feel free to *do*	216	
field	220	
figure	29, 219	
figure out	102	
file	270	
fill	34	
fill out	84	
film	109	
filter	348	
finalize	52	
finally	349	
financial	56	
fine	380	
firm	20	
fit	48	
fitness center	144	
fix	190	
flavor	397	
floor plan	215	
florist	286	
flyer	113	
focus	39	
folder	73	
follow	42	
follow up on ...	348	

following	89, 290	
fond	415	
for a while	94	
for years	117	
for ... years to come	295	
form	69	
former	59	
forth	268	
fortunate	220	
forward	348	
found	118	
foundation	29	
founder	410	
fragile	90	
frame	192	
freeze	373	
frequent	389	
from week to week	353	
fuel	401	
full of ...	191	
full-sized	290	
function	258	
funding	254	
fundraiser	114	
fundraising	410	
furnishings	216	
furniture	25	
further	372	
furthermore	357	

G

gain	411	
gardener	323	
gather	246	
gear	86	
general public	117	
generate	275	
generous	219	
get into work	76	
get through	104	
gift certificate	287	
given	357	
go ahead	72	

go into detail 373	highlight ......102、415	in the end 416
go off 389	highly 178	in the hope that ... .180
go on 93	highway 298	in the meantime 163
go over 228	hike 184	inaccurate 212
gorgeous 125	hire 44	Inc. 318
gourmet 116	historic 182	include 158
government 248	historical 182	inconvenience 159
government official 323	hold 152	incorrectly 69
governor 186	home improvement store 192	increase 43
graduate 262	honor 202	increasingly 357
grand opening 88	hospitality industry 407	incur 349
grandson 184	host 12	indicate 264
grant 142	household ......241、407	individual 25
graphic 176	How can I help you? 128	industrial 214
gratitude 294	however 61	industry 198
grow 273	human resources 82	inexpensive 74
growing 327	hypothesis 274	influential 200
growth 264		inform 49
guarantee 44		informal 311
guess 389	**I**	initial 58
guidance 411		initiative 322
guideline 233	I am writing to *do* 294	injured 271
guilty 271	ideal 179	innocent 234
	identification 69	innovative 200
H	identity card 315	inquire 70
	imagine 353	inquiry 244
had better *do* 125	imitation 248	insider 246
hammering 93	impact 187	insight 260
hand out 207	implement 204	inspection 340
handbook 270	importance 247	inspector 188
handle ......42、216	impress 49	install 33
handout 94	impressive 272	instead 97
handy 389	improper 259	instead of ... .63
happen 138	improve 45	institute ......116、267
hardly 396	in a row 195	institution 29
have trouble *doing* 92	in addition 365	instruction 26
head 384	in advance 121	instrument 110
head up 80	in anticipation of ... .356	integrated 277
headquarters 17	in case ... .81	intend 249
healthcare 202	in fact 179	interest 171
hear from ... .155	in need of ... .298	interior 192
heavy-duty 390	in place of ... .274	intern 210
high level of ... .170	in progress 299	international 275
high-end 384		international call 365
high-frequency 405		interview 74

introduce + 人 + to ... 353	lead to ... 248	make sure 63
introductory 59	leading 384	make way for ... 415
inventive 194	leaky 190	manage to *do* 416
inventory 88	lean against ... 216	management 24
invest 242	lease 238	manual 208
invitation 322	leave a message 150	manufacturer 106
invoice 106	legal 360	manufacturing 267
invoice date 318	lengthen 371	manuscript 155
involve 357	lengthy 314	market 80
involvement 250	let + 人 + know 104	master 381
issue 12、266、322	level 326	match 315
item 29	liability 247	material 12
itinerary 82	librarian 310	mayor 179
	lighting 176	meal 164
J	lightweight 100	measure 366
	line 21	measurement 138
jewelry 90	list 40	media 264
journal 141	listed below 335	medical 306
journalism 172	liter 405	medical practice 150
judge 30	literary 154	meet 276
	livable 290	meet and greet 311
K	lobby 330	meet with ... 68
	local 132	membership 144
keep an eye on ... 172	location 24	memoir 218
kit 192	log on 76	mention 52
knowledgeable 196	long-term 210	mentor 212
	longtime 311	merchandise 184
L	look for ... 121	merger 204
	look forward to ... 155	metal 405
label 281	look through ... 128	method 381
laboratory 23	look to *do* 88	mind 97
land 162	lot 326	minimize 252
landmark 224	lower back 307	minimum 60
landscape 326	low-fat 140	misplace 70
laptop 200	loyal 365	misread 70
large number of ... 170	luggage 232	miss 212
largely 361	luxury 326	missing 78
last 37		mistake 104
launch 16	**M**	mix-up 106
laundry 291		money order 336
law office 318	mail 43	monitor 208
lay 190	maintain 45	moreover 367
layout 106	maintenance 235	motivate 279
lead 77	major 287	motorist 298
	majority 377	movement 384

moving service 88	office hours 151	overview 373
mutual 241	official 134	overwhelming 391
mutually 251	offset 264	overwhelmingly 357
	off-site 78	own 50
N	omission 260	owner 250
	on a budget 227	
name 198	on behalf of 222	**P**
narrow 96	on time 64	
nation 273	once 242	pace 273
national 171	ongoing 353	Pacific 376
national holiday 152	online 61	pack 53
nationwide 287	open an account ... 160	package 200
nature 341	open forum 322	packaging 253
necessary 366	open-air 415	packet 192
need 371	operate 45	pair *A* with *B* 310
negative 187	opinion 132	pamphlet 280
negotiate 53	opportunity 81	paperwork 24
neighborhood 134	opposed 269	park 70
network 171	opposite 234	parking area 330
nevertheless 385	optimal 236	parking garage 291
newly 174	option 18	part of 252
newsletter 306	orchestra 249	partial 337
newsstand 356	order 120	participant 15
no longer 159	ordinance 266	participate in 357
nominate 168	ordinary 241	particular 129
normal 151	organization 254	partner 360
not until 68	organize 49	pass 415
notable 224	orientation 206	passenger 30
note 35	original 380	past 410
notice 30	other than 314	patent 360
notification 345	out of stock 64	patience 163
notify 256	outgrow 262	patient 30
numerical 391	outline 233	patron 220
numerous 257	outlying 262	patronage 337
nylon 376	outstanding 199	paycheck 206
	outstretched 262	payment 146
O	over the next ... years	payment due 319
	 239	payroll 206
objective 279	overact 264	peak 278
obligation 138	overcome 249	per 365
observance 152	overhaul 395	per your request 348
obtain 45	overhead 232	perception 248
occasionally 104	overlook 196	perforation 336
occur 341	overseas 216	perform 137
offer 35	oversee 416	performance ... 20, 236

425

performing arts 249	preserve 417	publication 198
period 146	president 166	publicize 134
perishable 253	press 400	publicly 385
permit 248	press conference 186	publish 106
personally 385	press release 240	purchase 33
personnel 76	pretty 88	pursue 204
phase out ... 357	prevent 307	push + 人 + to do 180
philanthropic 411	preventable 241	put together 63
photo shoot 101	prevention 268	
pick + 人 + up 68	previous 56	**Q**
pickup 348	previously 254	
piece 380	price 376	qualifications 360
place an order 160	pride oneself on ... 352	quality 228
plant 376	primarily 272	quality-control 396
plastic 372	prior to ... 64	quantity 336
plausible 242	priority 247	quarter 31
play 136	privacy 247	quarterly 345
pleasure 360	procedure 208	
plentifully 245	process 14	**R**
plenty of ... 89	produce 50、280	
plot 167	product review 389	race 112
plus 100	production 137	raise 146
point out 356	productive 352	ramp 298
policy 17	professional 73	range 237
polished 73	professionalism 352	rapidly 327
pollution 268	profile 306	rate 345
position 17、258、377	profit 239	rather than ... 64
possess 401	profitable 203	rating 389
possibility 154	project proposal 331	ration 270
possibly 97	projectionist 417	raw 377
post 38	prominently 417	reach 41
postage 345	promising 155	reactivate 145
postpone 40	promote 41	real estate 82
potential 58	promotion 256	realize 137、415
pottery 89	promptly 307	rear 113
power generator 400	proofread 344	reasonable 60
precede 336	proper 341	rebirth 417
precision 381	properly 110	received 141
predict 97	property 15	receiver 366
preferred customer 287	proposal 133	recently 105
premises 216	prospective 74	reception 22
preparation 26	prosper 411	receptionist 151
presence 200	protect 219	receptive 242
present 141、315	protective 86	recipe 307
presentation 72	provide 37	recipient 353

426 INDEX

recognition 80	remark 396	retailer 81
recognize 196	remarkable 380	retain 279
recommend 34	remind 46	retire 54
recommendation 70	remind + 人 + that ... 330	return one's call 151
reconstruction 381	remodel 174	reuse 406
reconvene 228	remove 303	revenue 199
recruit 53	renovation 92	review 32
recycle 410	renowned 218	revise 94
redeemable 295	rent 90	revision 31
redevelopment 263	rental agent 327	revitalize 223
reduce 38	repair 36	revolutionary 216
refer 47	repave 341	right away 73
reference 142	repeat 331	rigorous 276
refinery 260	replace 34	rise 239
reflect 390	replacement 78	role 136
reflector 113	replenish 353	route 299
refreshment 311	replica 380	routine 60
refrigerator 290	reply 336	routinely 340
refuel 163	report 257	rug 243
refund 109	represent 278	
refurbish 366	representative 16	## S
regard 249	reputation 275	
regarding 158	request 70	safety 233
region 249	require 41	safety glasses 85
register 35	requirement 114	safety regulations 340
registration 112	reschedule 70	sales trend 356
regret 361	research and development 401	salon 295
regular 365		satisfaction 302
regularly 236	reservation 261	satisfactory 335
regulation 228	reserve 54、353	satisfy 397
rehearsal 137	resident 132	save money 125
reheat 373	residential 214	save + 人 + ... 407
reimbursement 345	resource 310	savory 253
reinsert 303	respect 401	scale 278
reject 77	respected 352	scenario 102
relative 294	respond 47	schedule 36
relatively 245	response 303	screening 109
release 198	responsibility 208	scrub 406
relevance 254	responsible 258	section 210
relevant 336	restore 224	security screening 314
reliable 58	result 47	seek 411
relieve 267	result from ... 259	seek out 416
relocate 401	résumé 14	seem 48
rely 240	retail 227	selection 175
remain 54		sell out 110

427

send out	281	specification	276	subsequently	261
seniority	247	specify	400	subsidiary	400
separate	290	speculation	385	substitute	337
series	306	spoilage	371	subtotal	318
serve	267、410	spokesperson	376	subtract	279
session	78	sponsor	166	success	80
set	113	spontaneous	116	succession	384
set up	65	spot	117	suggest	126、291
settlement	265	square	178	suggestion	142
shade	243	square meter	326	suitable	263
share	46	staff member	256	suite	318
sharp drop	356	stage	415	summary	20
shed	190	staircase	330	superior	256
shelf life	371	stand out	100	supervisor	84
shelter	299	standard	396	supplier	130
shield	340	start-up	310	supply	39
shift	232	state	145	supply closet	85
ship	46	stated	397	suppose	41
shipment	110	statement	348	supreme	348
shopper	174	state-of-the-art	310	surprisingly	195
showcase	101	status	130	survey	132
sightseeing	156	steadily	239	suspend	144
sign	299	steady	377	sustainability	410
sign up	62	steam	318	switch	367
signature	252	steep	391	symposium	141
significant	274	step-by-step	191	synthetic	243
significantly	176	stiff	377		
similar	121	stock	286	**T**	
simple	277	stock price	245		
since	154	stop by	129	tag	114
since then	198	storage	90	tailor	138、373
sincerely	295	story	222	take a look	126
site	187	strategy	18	take advantage of ...	
sitting room	291	striped	158		126
small business	238	structure	410	take one's place	384
social hour	322	studio	203	take place	112
society	182	study	248	take time	108
solution	302	stunning	194	talented	176
solve	211	style	129	target	226
sophisticated	395	subject	171	task	20
sound waves	405	submission	344	taste	396
source	385	submit	33	tax	319
spacious	178	subscribe	118	tear down	415
spaciously	255	subscriber	306	technical	276
specialize	120	subscription	356	technician	367

technique 219	undergo 298	voucher 164
technology 371	underwater 226	
temperature 406	undoubtedly 401	**W**
temporarily 235	unexpected 314	
temporary 57	unfamiliar 269	waive 266, 349
textile 376	unfit 390	wardrobe 352
Thank you for your	unforgettable 195	warehouse 130
patience. 335	unfortunately 61	warranty 259
therefore 352	unique 180	washable 101
threat 372	unit 250	waste material 395
throughout 61	unprepared 94	watercolor 204
tight 172	unsatisfactory 271	weekday 211
tile 190	unveil 400	weekly 182
time-consuming 211	up to ... 65	well-known for ... 215
timeline 224	upcoming 136	wheel 114
timely 172	update 32	whenever 298
tip 125	upgrade 303	whether *A* or *B* 65
to the right of ... 330	upset 384	while 85
tone 151	up-to-date 365	Why don't you *do* ... ?
torn 340	urge 298	126
total 319	used to *do* 315	wildlife 188
tour 84		willingness 395
tourism 180	**V**	wing 235
toward 160		winner 167
tracking 251	vacation 124	wiring 271
trade show 166	vacuum 318	within ... distance 179
transfer 39	vacuum-sealed 372	wonder if ... 128
transform 174	valid 295	woodcutting 381
transit 188	value 367	woodwork 381
transmit 276	various 263	work on ... 73
transport 253	vary 50	workshop 21
transportation 31	vary from *A* to *B* 340	worth 391
travel-related 102	venue 401	worthy 416
treatment 295	versatile 269	wrinkle-resistant 101
trial 396	version 246	
troubleshooting 302	versus 244	**Y**
turn in ... 146	via 98	
turn on 302	vice president 384	young adult 415
typical 216	view 18	
	virtual 223	
U	visible 326	
	vision 167	
ultrasonic 405	volume 371	
unavailable 160	volunteer 114	
undamaged 340	vote 360	

Memo